新时代大学生社会实践教育

主　　编◎沈昊驹
副主编◎李文龙　欧阳真

中国·武汉

图书在版编目(CIP)数据

新时代大学生社会实践教育/沈昊驹主编. —武汉:华中科技大学出版社,2024.2(2025.2重印)
ISBN 978-7-5772-0258-7

Ⅰ.①新… Ⅱ.①沈… Ⅲ.①大学生－社会实践－高等学校－教材 Ⅳ.①G642.45

中国国家版本馆 CIP 数据核字(2024)第 016389 号

新时代大学生社会实践教育　　　　　　　　　　　　　沈昊驹　主编
Xinshidai Daxuesheng Shehui Shijian Jiaoyu

策划编辑：周晓方　杨　玲
责任编辑：王晓东
封面设计：原色设计
责任校对：张汇娟
责任监印：周治超

出版发行：华中科技大学出版社(中国•武汉)	电话：(027)81321913
武汉市东湖新技术开发区华工科技园	邮编：430223

录　　排：华中科技大学惠友文印中心
印　　刷：武汉市籍缘印刷厂
开　　本：787mm×1092mm　1/16
印　　张：12.75
字　　数：241 千字
版　　次：2025 年 2 月第 1 版第 3 次印刷
定　　价：39.80 元

本书若有印装质量问题，请向出版社营销中心调换
全国免费服务热线：400-6679-118　竭诚为您服务
版权所有　侵权必究

前言

※ ※ ※

社会实践是人类认识世界、改造世界的各种活动的总和。大学生社会实践是在校大学生利用课余时间步入社会，进行社会接触，提高个人能力，触发创作灵感，完成课题研究，发挥自己的聪明才智，对社会作出贡献的活动。运用在学校学到的理论知识进行社会实践活动是每个大学生必须上的一门课程。

当前国际国内的社会形势都发生了重大变化，教育信息化逐渐成为常态，高校思政教学形成线上线下相结合的比较成熟的教学新模式，这种新教学模式对思政课实践教学内容与形式也提出了新的要求。如何在当今的特殊背景下打通第二课堂社会实践和思政课实践环节，实现平台共建和资源共享，构建新时代大思政课格局，以更好地做好对大学生的思想引导，贯彻落实好培养社会主义建设者与接班人的重要职责，是高校思政课亟须解决的重要问题。

"大思政课"是学校思想政治教育的新理念、新方法、新格局。2021年3月，习近平总书记在看望参加全国政协十三届四次会议的医药卫生界、教育界委员时指出："'大思政课'我们要善用之。""思政课不仅应该在课堂上讲，也应该在社会生活中来讲。"习近平总书记关于在社会课堂中讲好"大思政课"的重要论述，不仅指明了新时代思政课建设的方向，也极大扩展了由高校课堂走向社会实践全方位思政育人的边界。

本书的编写是基于"大思政"的思想政治教育格局，将思政课社会实践教学与学生"双创"活动等高度融合,从社会实践基地及项目管理到社会实践文本写作等全面讲授新时代大学生社会实践。全书共分七章。第一章由雷志春、曹婉婷和赵羡文编写,第二章由李文龙、吴鑫毅编写,第三章由杨炳祥、欧阳真编写,第四章由沈昊驹、沈孝鹏和郑启龙编写,第五章由周浪、刘琪琛编写,第六章由文红玉、徐清扬编写,第七章由刘兴花、肖丽敏编写。沈昊驹对全书的内容结构进行了设计。沈昊驹、李文龙和欧阳真负责最后统稿工作。

目录

第一章 新时代大学生社会实践教育概述 /1
- 第一节 新时代大学生社会实践教育的基本理论 /2
- 第二节 新时代大学生社会实践教育的价值与功能 /17
- 第三节 新时代大学生社会实践教育的基本要求 /22

第二章 新时代大学生社会实践基地与项目管理 /27
- 第一节 新时代大学生社会实践基地的管理 /28
- 第二节 新时代大学生社会实践项目的管理 /38

第三章 新时代大学生社会实践的组织 /49
- 第一节 新时代大学生社会实践的指导 /50
- 第二节 新时代大学生社会实践的实施 /55
- 第三节 新时代大学生社会实践的评价 /64

第四章 社会调查的研究方法 /69
- 第一节 社会调查的定性研究方法 /70
- 第二节 社会调查的定量研究方法 /82

第五章 新时代大学生创新创业活动 /105
- 第一节 新时代大学生创新创业活动概述 /106
- 第二节 大学生创新创业主要赛事 /112
- 第三节 大学生主要创新创业赛事的组织 /122

第六章 大学生社会实践常用文体的撰写 /133
- 第一节 大学生社会实践论文的撰写 /134
- 第二节 大学生社会调查报告的撰写 /138
- 第三节 大学生社会实践活动新闻的撰写 /143

附录 A 国货弄潮正当时,走好未来发展路——关于国货品牌现状及发展的调查报告 /149

/161	附录B 追忆战火情——浙大学子旧地探访纪念"里斯本丸"营救事件80周年
/165	附录C 鄂西土家族摆手舞现状调查与思考——以舍米湖村为例
/173	**第七章 新时代大学生社会实践注意事项**
/174	第一节 新时代大学生社会实践礼仪问题
/190	第二节 新时代大学生社会实践安全问题
/195	**参考文献**

第一章 新时代大学生社会实践教育概述

实践育人是高校思想政治教育体系的重要环节,是落实立德树人根本任务的重要抓手。党的十八大以来,党和国家高度重视实践育人工作,并出台了一系列制度文件,明确将实践育人作为高校思想政治教育工作的重要内容,思政实践育人工作得到进一步提升。在实践育人工作体系中,大学生社会实践教育是重要的组成部分。厘清新时代大学生社会实践教育的相关理论,对于正确推进高校实践育人工作,具有重要的奠基作用。

第一节　新时代大学生社会实践教育的基本理论

要针对新时代大学生开展有效的社会实践教育,必须正确认识新时代大学生社会实践教育的基本理论,具体而言,要廓清新时代大学生社会实践教育的含义、了解新时代大学生社会实践教育的特点、明确新时代大学生社会实践教育应遵循的基本原则及新时代大学生社会实践教育的类型。

一、新时代大学生社会实践教育的含义

"新时代大学生社会实践教育"这一名称(概念)由复合形式构成,要准确把握它的含义,需要对其核心概念——"实践""社会实践""大学生社会实践"——进行清晰界定。

（一）实践的含义和特点

1. 实践的含义

实践是马克思主义哲学区分以往哲学体系的重要范畴。马克思在《关于费尔巴哈的提纲》中指出:"从前的一切唯物主义(包括费尔巴哈的唯物主义)的主要缺点是:对对象、现实、感性,只是从客体或者直观的形式去理解,而不是把它们当做感性的人的活动,当做实践去理解,不是从主体方面去理解。因此,和唯物主义相反,唯心主义却把能动的方面抽象地发展了,当然,唯心主义是不知道现实的、感性的活动本身的。"[①] 马克思主义哲学的实践概念是指能动地、客观地改造物质世界的对象性活动。正是由于实践的引入,马克思主义哲学科学地揭示了人与世界相互作用的机制、认识的发生发展验证以及社会生活的本质所在。根据马克思主义哲学基本原理,实践是主观见之于客观的活动,是社会性、

---

① 《马克思恩格斯全集》第3卷,人民出版社1960年版,第3页。

历史性的活动,包含客观对于主观的必然及主观对于客观的必然。科学证明,人类历史和自然历史都是客观的过程。同样,构成人类历史的实践以及实践自身的历史发展也是一个客观的过程。马克思强调人的社会实践,强调实践的社会性,强调人的社会意识具有的生产力历史性、阶级性,它们都是物质的、辩证的;恩格斯在自然哲学中揭示了人的思想产生于劳动,即人的主观意识产生于人的实践行为,同时人的主观意识反作用于客观存在。

2. 实践的特点

实践是同思维和认识相互区别相互对立的主体行为,具有自身的规定和特点。

1）客观性

实践是客观的物质活动。实践的主体主要是指的存在于一定社会关系中从事实践活动的人。简单描述的话就是干这个事的人。实践客体也称作实践的对象,是可感知的客观物质世界,实践的手段也都是可感知的客观存在。实践活动本身及其结果都是外在于人们的意识而客观存在的。实践的客观性就表明它与纯粹的思维活动是不同的,只有坚持实践的客观性,才能从根本上与唯心主义实践观划清界限,承认实践的客观物质性,就在实践问题上坚持了唯物论。

2）自觉能动性

自觉能动性又称为主观能动性,是指认识世界和改造世界的有目的、有计划、积极主动的活动能力。实践的自觉能动性表现在:第一,在改造自然获取物质生活资料的实践中,人创造出自然中原来没有的新物质生活资料;第二,在改造社会的过程中,人创造出新的社会结构和社会关系。总之,实践给客观世界打上了深深的人的活动的烙印。人的实践,与自然界其他动物的活动有着本质的不同。动物没有自己的主观世界,他们的活动是本能的活动,是一种无意识无目的的活动。只有坚持实践的自觉能动性,才能从根本上与旧唯物主义的实践观划清界限。

3）社会历史性

实践是主观见之于客观的一种活动,实践活动必然在一定的时间与空间中进行。实践的社会性,就是指人类进行的实践都是通过社会的形式表现出来的;实践的历史性,就是指人类的社会实践贯穿于历史的发展始终。人是社会的主体,个人的实践与社会有着密切的关系。作为实践主体的人,是处于一定社会关系中的人,是在一定的社会关系中进行实践活动的。虽然实践可以是单个人的实践活动,但是人们的实践活动都无法脱离社会这个大环境。脱离社会条件的实践根本不存在。人们在一定社会条件下进行实践活动,都要受到社会条件的限制,并且随着社会的发展而发展,不会永远在一个水平上,因此实践又具有了历史性。不管是中国航天事业取得的伟大成就还是脱贫攻坚任务的完成,这些活动都是社会历史性的实践活动,正是因为有不同时期不同领域的人们的努力,才能取得巨大成就。只有坚持实践的社会历史性,才能够同唯心主义实践观、旧唯物主义实践观和实用主义实践观区别开来。

实践的上述三个特点是紧密相连的,人们客观的物质活动受人的自觉能动性的支配,也受社会历史条件的制约;同时,人的自觉能动性的发挥和实现又依赖于人们客观的物质活动和社会历史条件。

(二)社会实践的含义和理论基础

1. 社会实践的含义

广义的社会实践是讲人类认识世界、改造世界的各种活动的总和。即全人类或大多数人从事的各种活动,包括认识世界、利用世界、享受世界和改造世界等等。狭义的社会实践可以是假期实习或者是校外实习。社会实践具有非常重要的思想政治教育意义,是思想政治教育新法宝,是全面贯彻党和国家的教育方针、培养社会主义事业合格人才的重要路径之一。

2. 社会实践的理论基础

马克思主义关于社会实践有着丰富的论述,实践的观点是马克思主义认识论的基本观点。在学习社会实践相关理论的基础上,大学生能够更好地理解社会实践教育的功效,对社会实践有更加深刻的认识。

(1)社会实践的认识论基础。社会实践是认识的基础,表现在:实践是认识的来源,实践是推动认识发展的动力,实践是检验认识真理性的标准。

马克思主义哲学认为,认识来源于实践。没有人的实践,客观存在着的自然现象和社会现象是不会自动地反映到人们的头脑中来的。客观事物只有成为实践活动的对象,才会成为认识的对象。实践不仅是认识的来源,而且是认识发展的动力。社会实践总是一步又一步地由低级向高级发展的,人类的知识也随着社会实践不断由低级向高级、由浅入深、由片面向更多的方面发展。真理问题是认识论的重要问题。马克思主义认为,社会实践是检验真理的唯一标准。真理是符合客观事物及其规律的正确认识,这就决定了在意识范围内不可能解决认识是否符合意识之外的客观事物的问题,认识不能成为检验其自身是否正确的标准。

(2)教育与生产实践相结合的理论。人的一般认识过程大体由"实践到认识"与"认识到实践"两个阶段组成。教育过程也是一个认识过程,受教育者的认识过程也应遵循一般的认识过程规律,以一定的实践得到感性的认识为基础,才能获得新的理性认识。受教育者所学到的理论知识最终要付诸实践,到实践中去接受检验。

生产实践是最基本的实践活动，是人类存在和发展的前提与基础。教育与生产实践的关系是紧密不可分的，相辅相成、相互促进。一方面，生产实践是教育的基础，是教育的源泉、出发点和归宿；另一方面，教育又推动和促进生产实践不断发展和提高。

青年要健康成长和全面发展必须注重参加社会实践。从实践中获得感性认识，把感性认识上升到理性认识，再把理性认识付诸实践，从而促进自己的提高和发展。青年只有参加实践，才能出真知、长才干，在实践中实现全面发展，成长成才。

(三) 大学生社会实践的含义

大学生社会实践是大学生按照高等学校人才培养目标深入社会，有计划、有目的、有组织地参与社会政治、经济和文化生活，积极了解社会、增长才干、培养正确的世界观、人生观、价值观的实践活动。大学生所开展的社会实践，是理论联系实际的过程，是学期与假期、校内与校外、课内与课外相结合的过程，是大学生运用自己所学知识和特长，了解社会和服务社会，增长知识并全面发展的活动过程；同时也是大学生走向社会，深入基层服务并感受社会生活，进行以社会理想和职业理想教育、劳动技能训练、科学素质培养为主要内容的课外教育活动。大学生社会实践活动作为我国高等教育的一项重要的教育形式，是新形势下高校思想政治教育的延伸，是培养具有创新精神和实践能力的高素质人才的方式之一。

大学生社会实践活动有广义和狭义之分。广义的大学生社会实践是理论学习以外的各种实践环节，包括与生产劳动结合的实践活动，也包括与课堂教学相结合的实践活动，例如企事业单位实习、毕业实习等。狭义的大学生社会实践是指教学计划以外与课堂教学相结合的各种实践活动，例如社会调查、社会服务等。

(四) 新时代大学生社会实践教育的含义

当代社会发展速度的加快对我国高校大学生的综合素养提出了更高的要求。当代大学生不仅要有较强的专业知识，同时还需要具备扎实的实践能力，要有过硬的思想政治素质，这些既是社会对于高素质人才提出的标准，同时也是新课程改革的要求。所以，当代大学生的社会实践能力的培养就显得尤为重要，同时也逐渐成为教育者的热门研究课题。

新时代大学生社会实践教育的含义主要表现在两个方面：其一，新时代大学生社会实践教育是一种教育活动。人类的实践活动是多种多样、丰富多彩的，教育活动只是其中的一种。新时代大学生社会实践教育立足于高等教育的人才培养目标,力求实现学校教育与社会教育、理论与实践的结合。素质教育是新时代所倡导的教育模式,新时代大学生社会实践是进行素质教育的重要途径。其二,新时代大学生社会实践教育是一项实践活动。大学生社会实践教育主要是以学生为主体、以社会为舞台的社会实践活动。不同于学校以老师讲解为主导的理论学习,社会实践主要是离开书本、接触现实、获得知识的学习方式。因此,新时代大学生社会实践教育要推动社会实践活动内涵化、规范化、常态化、长效化发展,坚持在火热实践中培育有理想、敢担当、能吃苦、肯奋斗的新时代好青年。

二、新时代大学生社会实践教育的特点

(一)实践性

新时代大学生社会实践教育具有实践性。哲学中所讲的实践是人能动地改造客观世界的物质活动,是人所特有的对象性活动。全部人类历史是由人们的实践活动构成的。人自身和人的认识都是在实践的基础上产生和发展的。实践是认识的来源,是认识发展的动力,是检验真理的唯一标准,是认识的最终目的。高校大学生的社会实践教育正是借助实践对认识的决定作用来实现人才培养的。大学生能够在社会实践中接触社会,通过多种多样的实践活动来认识和了解社会;也能够在实践中验证和运用理论,加深对理论的认识,提升自身的技能,并为社会服务。大学生在社会实践中既改造着客观世界,又改造着自己的主观世界;不仅拓宽眼界,还培养了自主创新和动手实践能力,为实现长远发展目标奠定实践基础。专业实习、勤工助学、公益活动以及调研实践都具有很强的实践性,大学生能在实践中实现理论与实践的统一。

(二)教育性

新时代大学生社会实践教育具有教育性。高校的社会实践教育可使大学生在实践中开展马克思主义指导思想、中国特色社会主义共同理想、以爱国主义为核心的民族精神和以改革创新为核心的时代精神、社会主义荣辱观教育,充分发挥社会主义核心价值观在社会实践中的价值导向作用。大学生正处于世界观、价值观、人生观形成的关键时期,如何用社会主义思想和信念来占领他们的头脑,帮助他们树立正确的意识形态观念,是高校教育工作应当思考的问题。解决这一问题不仅需要通过课堂的理论教育来实现,还需要让学生走向更广阔的平台,深入社会生活,在社会实践中了解社会。通过社会实践,大学生能够走出学校这个平台,接触群众、熟悉社会、投身实践,从而全面地了解社会的

政治、经济、文化等各方面的变化和我国的基本国情,这有利于大学生把握社会的内在联系及其发展规律。正确认识国情是辩证看待社会、对待历史的重要内容,也是树立正确人生观、历史观的前提,只有在对整个社会生活正确理解的基础上才能树立科学的世界观、价值观和人生观。

(三)主体性

新时代大学生社会实践教育具有主体性。主体性是在主客体关系中生成的主体的规定性,是人作为主体在对象性活动中相对于活动客体所处的态势而表现出来的功能性特性,即能动性、自主性和创造性。主体性只有在与客体的相互作用中才能呈现其作为活动主体的本质特征。新时代大学生社会实践教育中展现出来的主体性,主要是指大学生通过实践活动展示了自己的思想、行为,培养自己的创新能力,满足自身全面发展的需要。从社会实践方面来讲,大学生作为社会实践的主体,在相对较为开放的实践环境中,能够充分发挥主观能动性,达到社会实践的最佳效果。在社会实践中,大学生将自己所学的理论知识运用到实践中,在解决现实生活中遇到的思想行为问题的过程中提高自己的思想政治素质和道德素质,这就充分发挥了大学生作为主体的能动性。与此同时,大学生能够在实践中学习和践行社会主义核心价值观,增强对中国特色社会主义的道路自信、理论自信、制度自信和文化自信,达到主体和客体的统一,最终实现自我教育、自我管理和自我完善的目标。

(四)创造性

新时代大学生社会实践教育具有创造性。知识经济呼唤创造性人才,环境因素制约着创造性的发展。组织大学生社会实践,接触社会环境,可以塑造创造性人才的思想品德,启发创造性思维能力,陶冶和激励非智力因素。创造性是指个体产生新奇独特的、有社会价值的产品之能力或特性,故也称为创造力。"新奇独特"意味着能"别出心裁"地做出前人未曾做过的事;"有社会价值"意味着创造的结果或产品具有实用价值或学术价值。创造性有两种表现形式:一是发明,二是发现。发明是制造新事物,例如瓦特改良蒸汽机,鲁班造出刨子等;发现是找出本来就存在但尚未被人了解的事物和规律,如门捷列夫提出元素周期律,马克思提出剩余价值理论等。创造性由创造性意识、创造性思维和创造性活动三部分组成。在创造性的组成部分中,创造性思维是其核心。创造性思维又包含聚合思维和发散思维。发散思维是创造性思维的核心,它与创造性思维关系最为密切,表现在行为上,即代表个人的创造性。大学生参加社会实践活动,一般都处于半社会化的状态,他们所面对的是不断变化的新环境,由此必然会产生新的矛盾和问题。这些新的矛盾和问题完全靠书本知识或学校经验是不能够解决的,这就需要大学生将学校所学的专业理论知识运用于社会实践,充分发挥自己的主观能动性,创造性地提出解决矛盾和问题的新方法。因此,大学生可在社会实践过程中学习与掌握创造性思维方法,积累丰富的社会经验,培养自己的创新精神和创新能力,为今后走向社会、进行创造性的工作奠定坚实的基础。

三、新时代大学生社会实践教育的基本原则

新时代大学生社会实践教育的原则是教师和学生进行社会实践活动必须遵循的基本准则和要求。它既是社会实践活动规律的体现,又是对社会实践活动经验的概括和总结,还是制定社会实践活动计划、内容、方法,以及组织社会实践活动的依据。正确理解和贯彻新时代大学生社会实践教育原则,是促成实践科学化、提高社会实践质量、实现社会实践目标的重要条件。

新时代大学生社会实践教育原则是一个相对完整的体系,贯穿于整个社会实践活动的始终。新时代大学生社会实践教育原则不是凝固不变的,它将随着人们对社会实践活动过程规律认识的加深和社会实践活动的日益丰富而逐渐发展。在新时代,大学生社会实践教育应该坚持的原则包括如下四个基本方面。

(一)理论联系实际的原则

根据马克思主义认识论的观点,在教育教学中,学生掌握知识的过程,实质上是一种认识的过程,具有"从生动的直观到抽象的思维,并从抽象的思维到实践"[①]的特点。教育教学中学生的认识又是一种特殊的认识过程:它是学生在教师指导下,以掌握人类历史上积累起来的书本知识为主的认识过程。这就决定了理论联系实际应该成为新时代大学生社会实践教育的基本原则之一。毛泽东同志曾将知识分为两种:书本知识和实践知识。只有书本知识而无实践知识不能算拥有完善的知识。某一学科的书本知识,是直接参与该学科实践的人们的实践经验的概括和总结,对于创立这一学科的人来说,他们完成了从实践到理论的整合与统一;但对于学习这门知识的人来说,还只是间接地得到别人的经验。只是有了这种间接经验还不能说已经有了完全的知识,只有自己亲自到实践中去验证一番后,才能将书本知识变成属于自己的完全知识。大学生从小到大接触的大部分是书本知识,缺乏实践经验,从一定角度看,他们的知识是不完全的,且动手能力也较差。因此,大学生在社会实践活动过程中必须自觉坚

---

① 《列宁全集》第38卷,第181页。

持理论联系实际的原则,在理论与实践相结合的过程中,掌握知识,培养能力,提高思想道德素质。

(二)实践育人原则

实践育人原则,是指大学生的社会实践教育要以育人为目的。马克思主义认识论告诉我们,来自社会实践的教育,其深刻性、丰富性、持久性是理论教育所无法替代的。教育与生产劳动相结合是党的教育方针的重要内容,理论教育和实践教育相结合是大学生思想政治教育的根本原则。把社会实践活动作为思想政治教育的有效途径,让大学生在实践中学会做人、学会做事,促进大学生良好思想道德品质的形成,是高校全面实施素质教育的首要任务。大学生思想道德品质的形成,从根本上讲是人的思想道德意识与思想道德实践互动的过程,同时也是社会占主导地位的法律制度、道德规范为大学生所认同,并得以具体化、个性化的结果。

(三)科学性原则

科学性原则,是指以先进的科学理论作为指导,运用合理的技术手段来进行社会实践活动所应遵循的基本要求。这是由实践活动自身的客观性和规律性决定的。在大学生社会实践活动中,应坚持从学校实际出发,结合大学生不同专业和年级特点,设计合理的社会实践活动方案,科学安排社会实践活动内容,精心组织大学生社会实践活动,制定科学合理的质量评价标准,构建有效的社会实践活动模式,有针对性地开展社会实践活动。

(四)双向整合原则

双向整合原则,是指学校和社会资源在目标上的双向整合。大学生参加社会实践,是认识社会、锻炼能力、接受教育的过程,是利用社会资源对大学生进行教育服务的过程。同时,大学生深入工厂、农村、科研单位等地进行实践,不仅要考虑自身需要,还要为工厂收益、农村致富、科研攻关作出贡献。大学生社会实践能够将校园信息和社会信息结合起来,实现资源共享,达到互惠互利,双向共赢。在市场经济条件下,单向的付出不符合经济规律,是不能长久的。只有双向服务、合作共赢,才能适应市场经济的要求。高校应当大力挖掘和整合社会资源,积极同优秀校友、政府有关部门和社区等建立联系,争取多方支持和配合,建立好社会实践基地;合作单位也应当为大学生社会实践提供良好的实践环境和条件,充分发挥高校的学科优势和智力资源优势,实现大学生社会实践与企业科研的有机结合,促进实践单位的经济或科研发展。只有坚持双向整合原则,才能够实现"双向服务,合作共赢"的局面。

四、新时代大学生社会实践活动的类型

大学生社会实践活动是人才培养的重要途径和环节,它为大学生提供了深入接触社会的机会。大学生社会实践教育内容和形式的创新,是当今时代和社会发展的创造型和创新型人才培养提出的要求。大学生社会实践教育的类型主要有以下三种。

(一)学术研究活动

大学生学术研究活动是旨在挖掘大学生的学术潜力,使广大学生参与进来,发挥个人的聪明才智,将学术活动变成理论与实践相结合、学术性和趣味性相结合的一种社会实践活动。通过学术研究活动,营造浓厚的学术氛围,令广大学生深入学习本专业知识、提高自己应用专业知识的能力、培养和提升自己的学术思维以及思维习惯,达到促进学术交流、培养创新型人才的目的。学术研究活动主要有以下类型:

1. 实验教学

实验教学一般与理论学习同步开展。实验指的是根据科研目的,排除外界干扰,通过实验的专门仪器,人为地控制、变动研究对象,通过数据或现象变化去发现自然现象和规律。实验教学的开设使教学内容逐步向多层次、多维结构转变,体现着人才培养的层次性和综合性,有利于辅助理论教学的开展,有利于培养学生的创新精神。

在自然科学中,实验教学初期,教师一般是实验的主导者,其主要工作是实验的设计、实验用品的准备、实验结果的辅助分析以及实验过程的指导等,并培养学生的自主操作能力;学生则是实验的主体者,将理论运用到实际的操作中。包括实验操作、数据测量、定性分析与定量计算、获得结论以及实验结果、实验误差等各个环节,主要由学生独立完成或学生合作完成。在实验教学的后期,该种教育则更注重学生创新能力的培养。在学生掌握基本理论知识和操作技巧后,由学生自主设计实验,在规定主题的范围内,允许学生自主选题和设计实验方案,自主实施实验操作、自主进行实验结果的分析与思考。

在社会科学中,田野实验(或称实地试验、现场试验)因为结合了田野调查和实验研究两种社会科学研究的传统,在社会科学系列领域得到了广泛的应用。其中,田野调查方法通常被定义为观察者对研究对象进行一段时间的专注观察,甚至在观察对象的生活环境中进行互动。在既往的研究中,政治学家多利用田野调查法对政治行为、政治过程、政治制度等展开事实性的研究,而实验研究主要关注个人的态度与行为,两者都是重要的研究方法。

2. 课程设计

所谓课程设计,是指围绕专业课或基础课,运用课程中所提供的知识,结合实际情况而进行的一种综合分析设计能力的训练。它是大学生实现理论与实践相结合的重要环节。课程设计的目的在于培养大学生能够在本课程的范围内,掌握解决问题的能力,为今后的实习和毕业设计打下基础。课程设计通常在课程的各教学环节(课堂教学和实验)完成之后进行。一般来说,学生经过两年的公共基础课和专业基础课的学习后就要进入专业课的学习,在此阶段可开展课程设计。课程设计一般包括确定选题、下达设计任务书、制定设计计划书、编写设计指导书、明确设计过程、完成设计内容(计算、编程或制作等)以及完成总结报告和答辩。其中,能否确定选题和明确设计过程是整个课程设计成功与否的关键。从设计方案来看,课程设计的选题非常重要,好的选题是实现教学目标的关键。课程设计的选题必须密切结合教学内容和生产实践,根据实际情况及可能达到的水平进行确定。设计过程的合理性、可行性是保证课程设计教学任务顺利完成的重要条件,其中,合理性主要体现在能否帮助大学生优化知识结构、提升课程认识层次、增强实践能力。

3. 专业实习

专业实习又称专业技能实践,是指大学生学完若干专业课之后在课程实践(实验、课程设计)之外分阶段独立开设的综合性强、规模较大的专业实践。简言之,它是结合专业教学进行的劳动实践和专业实践,如生产实习、金工实习、专业基础实践、专业技能实践、学年论文等,一般安排在大学三年级(上、下学期)和大学四年级(上学期)三个学期内完成。

专业实习是专业实践教学的重要环节,也是课堂教学的继续和发展。实习是一种实践,是理论联系实际、运用和巩固所学专业知识的一项重要环节,是培养大学生能力和技能的一个重要手段。专业实习能够培养大学生勇于探索的创新精神,提高动手能力、加强社会活动能力,为以后走上工作岗位打下坚实的基础。专业实习是教学计划的重要部分,它是培养学生解决实际问题能力的第二课堂,是专业知识培养的重要环节。

4. 毕业实习

毕业实习是帮助大学生进一步掌握专业技能的一种实践教学形式,往往与毕业设计(毕业论文)相联系,一般安排在毕业学年的第二学期。毕业实习的主要任务是通过综合运用所学专业知识,使大学生获得独立工作的能力,培养大学生的综合职业能力。大学生应有目的地围绕毕业设计(毕业论文)进行毕业实习,以便在实践中获得有关资料、为撰写毕业设计或毕业论文做好准备。毕业实习的主要任务是学生在完成全部课程以后到实习单位参与一定的工作,通过运用所学的理论知识来解决实际技术问题,以提升工作能力并得到全方位的锻炼。毕业实习的主要内容是在实习单位从事与专业相关的具体工作,力争解决专业技术问题。毕业实习往往通过顶岗实习的形式来实现,在工作内容、工作要求等方面更接近于职场的要求,是大学生走上工作岗位前的过渡阶段。

(二)社团活动

中国高校的社团历史悠久,1904年成立了第一个严格意义上的社团,至今已有百余年历史。学生社团是学生在自愿基础上,自动联结形成的具有群众性、艺术性和学术性的团体。学生社团突破年级和学科专业的限制,根据兴趣爱好来组成社团。学生社团的活动都是在保证学习进度和不影响学校正常教学秩序的情况下开展的,能够在课堂之外活跃学校氛围,丰富大学生的课余生活,学生也能够通过参加社团挖掘兴趣、培养技能。学生社团虽然自由度较高,但同样也要在学校和各院系团委的领导下开展活动,必须遵守法律法规和学校的各项章程。大学生的社团类型主要有以下几种:

1. 理论学习类社团

理论学习类社团是校园文化精神的体现,它秉持着实事求是的理念引导广大学子在学术领域不断钻研和研究,提升学生的独立思考能力。理论学习类社团主要是通过研究、讨论和实践等形式研究专业性问题,是理论与实践相结合的社团。目前高校的理论学习类社团主要有:马克思主义研究会、大学生理论研究会、辩论与演讲协会、英语口语协会等。理论学习类社团发展速度迅猛,受到高校的重视,也为具有多样兴趣的学生提供了交流学习的平台,为不同专业的学生提供了合作交流的机会。目前,理论学习类社团已经成为提高学生学术能力、培养创新精神的有效载体,有利于培养具有社会主义觉悟的人才。

2. 文体娱乐类社团

文体娱乐类社团主要是兴趣爱好一致的同学聚集在一起,自发地开展丰富的娱乐活动的社团。文体娱乐类社团形式多样,例如街舞社、滑冰社、汉服社等。文体娱乐类的社团相较于其他社团有更多的种类,社团成员人数也更多,文体娱乐活动的展开能够丰富学生的校园生活,为学生提供放松、缓解情绪的途径。目前各大高校也十分重视文体娱乐类社团的培养,践行全面发展的教育理念。

3. 实践应用类社团

实践应用类社团能够提高学生的实际应用技能,帮助学生适应和融入社会,提升大学生的社会责任感,实现教育的"预就业"和"预社会化",如职业发展协会、公共关系协会、"冲浪"口才协会、电脑协会等。实践应用类社团以实践性为特点,以提升实践能力为己任,以社会化为目标,在培养应用型人才、提升大学生创新素养等方面发挥着重要的作用。随着我国教育体制的不断改革,实践应用类社团也逐渐成为拓展素质教育的有效平台,契合了我国素质教育和全面发展的理念。

(三)社会调查

社会调查主要是指学生按照一定的要求和目的,对某种社会现象和问题进行实地走访和调查的活动。主要包括:走访参观、调查研究、社会考察等。社会调查是大学生社会实践活动常用的形式和方法,简单有效、容易组织。对于促进大学生接触社会和了解国情,树立正确的人生观、价值观、世界观有着重要的意义,也有利于大学生掌握科学的方法、储备社会知识和增加阅历。社会调查对于大学生社会能力的提高主要体现在以下三个方面:

1. 社会参与程度的提高

随着网络的发展和信息传播的加快,大学生接触社会的方式越来越多样化,接收信息的速度也逐渐加快;但学业压力使得大学生在校园中无暇过多地关注学习以外的事情。受阅历和自身实践经验的影响,大学生对于社会现象的理解和认识都较为欠缺和片面。社会调查能够使大学生走进社会,提高大学生的社会化程度和社会参与度。

2. 理论思维能力的锻炼

社会调查能够收集到第一手资料,是自觉的、理性的、指向性十分明确的社会实践过程。社会调查要求调查者在相关理论的基础上提出与主题有关的假设或观点,这是其基本环节,也是调查内容的理论基础。大学生在进行社会调查之前往往需要做好充分的理论准备,并在实践过程中学习,以长远和全局的目光来看待问题,可较好地提升理论思维能力。

3. 解决问题能力的增强

社会调查是通过分析第一手的数据得到结论的过程。从广义上看,凡是通过收集资料来探究问题的过程都属于社会调查的范畴,例如社会观察和文献调查等。从狭义上看,根据调查范围,社会调查可分为宏观和微观调查;根据调查内容又分为研究性调查(有关理论性或政策性问题)和工作性调查(为解决现实的实际问题而进行的调查)。但是不管是何种调查形式,都要结合社会的实际情况、调查对象的特点以及当下的时代背景来进行。社会调查的这些要求都能够锻炼大学生解决问题的能力,开阔视野,转变其思维方式。

(四)志愿服务

志愿服务是指在没有报酬、没有回报的情况下,为了改善和服务社会,而自愿付出个人精力和时间的服务工作。志愿服务的核心精神就是奉献。志愿者参与志愿服务,既促进了社会的进步,也实现了自我价值。

志愿服务最早出现在十九世纪初的西方国家,是具有宗教性质的慈善服务。英国为了协调民间和政府之间的慈善活动,在伦敦成立了"慈善组织会社";受宗教迫害而不得不迁移到北美大陆的移民们,为了克服遇到的困难,民众之间互相帮助,形成了志愿帮助别人的精神,并作为美国人民的美德留存下来。各阶层具有奉献和慈善之心的人们成为最早的志愿服务人员。

我国的志愿服务活动是伴随着改革开放展开的。1993年底,共青团中央开始组织实施中国青年志愿活动,中国的志愿服务由此变得有组织、有秩序。自实施青年志愿活动以来,我国志愿服务活动逐渐增多并得到了广泛的发展,志愿服务社会认知度的影响力大大提高。大学生参与的志愿服务活动主要有以下几种:

1. 大学生志愿服务西部计划

2003年,团中央、教育部、财政部、人力资源社会保障部根据国务院常务会议和全国高校毕业生就业工作会议精神,联合实施大学生志愿服务西部计划,招募一定数量的普通高等学校应届毕业生或在读研究生,到西部基层开展为期1~3年的志愿服务工作,鼓励志愿者在服务期满以后在当地扎根就业。西部计划按照服务内容分为基础教育、服务"三农"、医疗卫生、基层青年工作、基层社会管理、服务新疆、服务西藏7个专项。

从社会层面出发,"西部计划"能够引导年轻人才向基层流动,鼓励高校人才扎根基层、为基层服务,能够将更高素质的人才输送到相对落后缺乏人才的西部地区,通过输送人才的方式实现全国教育水平的平衡;从个人角度出发,"西部计划"为高校大学生提供了一个到基层接受锻炼的机会,不仅能够锻炼其意志品格,还能够让他们深入基层,了解我国的真实国情,加深与基层民众的感情,挖掘自身的发展潜能。大学生志愿服务西部计划自2003年实施以来,已累计招募派遣46.5万余名高校毕业生和在读研究生到中西部地区的2000多个县(市、区、旗)基层乡镇开展志愿服务。

2. 中国青年志愿者扶贫接力计划

中国青年志愿者扶贫接力计划是通过公开招募人员和定期轮换的方式,鼓励和动员广大青年以志愿服务的方式到贫困地区开展半年到两年的教育、农业科技推广、医疗卫生等方面的服务工作,服务期满以后由下一批志愿者接替其工作,形成了轮流接力制。中国青年志愿者扶贫接力计划是共青团组织在相对落后、需要扶贫开发地区长期开展的一项重点工作,是贯彻落实科教兴国战略和国家脱贫攻坚计划的具体措施。

扶贫接力计划从1996年9月开始试点,1998年开始在全国范围内实施。自从1998年1月26日中央领导对青年志愿者支教扶贫接力计划作出重要批示以来,团中央、中国青年志愿者协会联合有关部委扎扎实实推进这项工作,目前的青年志愿者扶贫接力计划主要有支教和支医两个支柱性项目,此外还包括支科、支农两个试点项目,形成了省份内对口支援以及跨省份支援两种模式。扶贫接力计划的持续实施,缓解了贫困地区教师、医生等人才短缺的困境,促进了当地教育、医疗等多方面的发展。扶贫接力计划通过科技、智力扶贫,抓住扶贫任务的根本和长远目标,为贫困地区注入了鲜活的人才动力,为人才输送和流动创造了有利的条件。在推进贫困地区全面发展、弘扬时代新风、培养新时代青年等方面取得了良好的成效。

3. "三下乡"活动

"三下乡"活动是指文化、科技、卫生"三下乡",是各大高校在暑期开展的一项有利于提高大学生综合素质的社会实践活动。1996年,中央宣传部、中央文明办、教育部、科技部、司法部、农业部、文化部、卫生部、国家人口计生委、广播电影电视总局、新闻出版总署、共青团中央、全国妇联和中国科协14部委联合开展了大学生"三下乡"活动。早在20世纪80年代初,团中央曾首次号召全国大学生开展"三下乡"活动,各大高校逐步在团中央的政策指引下开展"三下乡"实践活动,发展到今天,该实践活动已经成为高校提高大学生社会实践能力的常规活动,也成为考核学生素质的指标。"三下乡"实践活动通过"文化、科技、卫生"下乡,将图书,期刊、科技信息和卫生服务送到落后地区,通过与基层人民的接触能够让大学生真正树立为三农服务的意识,加深与人民的感情。下乡活动的展开还能够让未进入社会的大学生开拓视野、增长才干。在社会实践的过程中,需要与多方交流,从而锻炼大学生的分析和处理事务的能力。

4. 自发性的志愿活动

除了政府部门组织的大型志愿活动,在高校中还有自发组织或自发参与的志愿活动。大学生志愿者能够参与的活动众多,可以根据时间、服务类型、服务资料来划分高校的志愿活动。以时间划分,可分为定时性和临时性;以服务类型划分,可分为福利类、教育类及文化类等;以服务资料划分,可分为行政性志愿活动、专业性志愿活动及辅助性志愿活动。还可以根据志愿活动内容进行划分,如校内互助活动,主要有开学季的志愿迎新活动、电脑"义诊"、旧衣回收等活动。除此之外,还有需要走出校园,走进社区的为老服务类活动、阳光助残类活动以及应急救援与抗击疫情类活动。

相较于政府部门组织的志愿活动,大学生参与更多的还是自发性的志愿活动。在种类丰富的志愿服务活动中,大学生能够利用所学专业知识和技能奉献社会,在实践中检验真理,全面提升自身的综合素质。

(五)公益活动

公益活动是指一定的组织或个人向社会捐赠财物、时间、精力和知识等活动。公益活动的内容包括社区服务、环境保护、知识传播、公共福利、帮助他人、社会援助、社会治安、紧急援助、青年服务、慈善、社团活动、专业服务、文化艺术活动、国际合作等。

公益活动与志愿活动相互区别。志愿服务强调服务,偏重于过程;公益活动更注重完成一个目标,偏重于结果。两者的核心内容也不同,志愿精神的核心是服务,而公益活动则旨在通过自愿做好事、行善举给社会公众提供公共产品。两者虽有区别,但并不各自独立。公益活动中也体现志愿精神,志愿者作为无私奉献与服务的角色,是公益活动有力的支持者与参与者。

公益活动是服务于公共利益的活动,是社会实践的一种类型,以慈善公益精神为道德基础,以活动者的意愿为实践基础,以大学生的普遍参与为发展基础。公益活动具有无偿性、志愿性和组织性的特点。社会活动是为了社会公益事业的发展,这就要求社会公益的组织者和参与者都要始终坚持公益目的而不求回报;志愿性则强调公益活动参与者的动机应是自愿而不是外在要求的,组织者和参与者应当是自愿加入其中;组织性表明公益活动应当是在共青团的领导下有组织地展开。大学生公益活动主要有以下几种:

1. 社区服务

社区服务是指政府、社区居委会以及数字社区等其他各方面力量直接为社区成员提供的公共服务和其他物质、文化、生活等方面的服务。2004年起,团中央在全国各高校开展了"四进社区"的社会实践活动。近年来,我国大学生社区志愿服务活动更加正规化和体系化,更多大学生参与社区志愿服务活动,取得了良好的效果,高校也在社区建立了更多的实践基地。目前大学生能够参与的社区志愿活动主要有社区文化和医疗卫生宣传、文体活动以及社区助老等活动。随着大量的年轻人外出打工,空巢老人的数量逐渐增多,这些老人脱离社会发展节奏,自理能力不足。大学生社区服务能够帮助社区工作人员,为孤寡老人提供一些帮助。

2. 支教活动

大学生支教活动是指大学生利用寒暑假、毕业前的实习时间,或者应届毕业大学生直接参加国家支持贫困山区教育计划,到贫困地区的支援教育的行为。大学生支教开始于1994年,是一项由共青团中央、教育部、财政部、人事部共同组织实施的志愿活动,旨在改善贫困地区教育教学落后的现状。经过近三十年的发展,大学生支教事业不断发展和普及,社会影响力不断扩大,越来越多的大学生参与到其中。大学生支教是影响力深远的公益行为,对大学生本身来说,支教能够磨炼其意志,提高其综合素质。大学生支教活动的开展能够锻炼大学生团队协作和管理能力,为今后的工作生活打下基础。

3. 公益宣传活动

公益宣传活动有利于知识的普及,也能够扩大公益活动的影响力,让更多的人认识公益、了解公益、参与到公益活动之中。较为典型的公益宣传活动有普法宣传和环保宣传。其中,普法宣传,主要是为了发挥法学专业学生的特长,在社区或者校园内开展免费的法律咨询活动,向大学生或者社区居民传授法律知识,进行法律知识宣讲;环保宣传一般围绕一定的主题通过漫画、微电影等方式展开,通过趣味性的方式激发学生对于环保公益的热爱,提高人们的环保意识。

第二节 新时代大学生社会实践教育的价值与功能

新时代大学生社会实践教育活动是课堂教学的延伸,是培养学生合作精神、社会责任感、社会适应力的一项重要举措。学校经过精心组织、充分准备及系统训练,让大学生积极参加多样化的社会实践,使大学生认识社会、了解国情、拓宽视野、丰富自我和改善知识,弥补学校理论教育的缺失与不足。因此,大学生社会实践活动对大学生个人身心健康发展具有重要作用。

一、新时代大学生社会实践教育的价值

2017年,中共中央、国务院印发《关于加强和改进新形势下高校思想政治工作的意见》指出,要"坚持全员全过程全方位育人","把思想价值引领贯穿教育教学全过程和各环节,形成教书育人、科研育人、实践育人、管理育人、服务育人、文化育人、组织育人长效机制";还要"坚持遵循教育规律、思想政治工作规律、学生成长规律","把握师生思想特点和发展需求,注重理论教育和实践活动相结合、普遍要求和分类指导相结合,提高工作科学化精细化水平"[①]。新时代大学生社会实践教育活动,对于大学生了解社会、了解国情、增长才干、奉献社会、锻炼能力、培养品格、增强社会责任感具有不可替代的作用。

(一)增强大学生对社会和国情的了解

大学生日常的学习和生活主要集中在校园中,校园环境具有一定的封闭性,这使得大学生很少有机会同社会生活与生产劳动直接接触,他们对社会的

---

① 十八大以来重要文献选编(下)[M].北京:中央文献出版社,2018:496.

了解和认识基本上来自网络、报刊或电视，或者来自师长、亲朋的描述，使得他们对于社会的认识往往片面、肤浅，形成的社会评价也常常有失偏颇。长此以往，导致大学生在看待社会现象和解决实际问题时，往往过多地从自身利害出发，片面地推崇和强调个人的价值观念，很难用联系的、发展的思维方式去思考问题。通过社会实践教育活动，能够在一定程度上帮助大学生更好地了解社会和深刻认识国情。

1. 有助于了解社会主义建设成果，增强自豪感和爱国心

习近平总书记在党的二十大报告中指出：改革开放和社会主义现代化建设深入推进，书写了经济快速发展和社会长期稳定两大奇迹新篇章。在改革开放四十余年的历程中，我国的社会主义现代化建设取得了长足的进步，整个社会发生了翻天覆地的变化，而这些成就是大学生在书本上无法直观感受到的，通过参加社会实践活动，有助于大学生切身体会到改革开放所带来的实惠；在感受改革开放所带来的实际好处的同时，使大学生们得以学习和认识在中国共产党领导下的改革开放发展史，同时意识到现阶段我国在物质文明、政治文明、精神文明建设过程中所面临的考验，从而认识改革和建设的现状，加深对国情的理解，把朴素的爱国情感上升到理性认识高度，进而增强热爱祖国、热爱家乡的感情。

2. 有助于深化大学生对党和国家的方针政策的理解，增强"四个自信"

党和国家制定的方针政策通常具有高瞻性和宏观性，仅仅通过书本上的内容是很难理解和把握的，只有在深入社会实践活动中，通过同社会实际生活的接触和分析，才能缩短理论知识同客观实际之间的距离，提高大学生对党和国家方针政策的理解和认识，从而使大学生在思想上实现同党和政府政治路线的高度一致。

3. 有助于大学生更好走进群众，为向群众学习提供条件

只有通过一定的社会实践活动，大学生才能走出家门、校门，走进城市、乡村，才能对人民群众的生产生活有亲身感受，才能对人民群众的认识由抽象走向具体，才能由对劳动群众的不了解和不关心转变为关心、尊重和佩服，从而自觉走上与工农群众相结合的成长道路，自然地增强人民性。

（二）全面提高大学生的综合素质

当今社会发展突飞猛进，新的知识不断涌现，知识体系日益更新，在这种情况下，高等院校尽管不断努力把新成果、新信息、新知识引入课堂，但由于多种因素的限制，大学生最终掌握到的知识主要局限于理论知识，不能很好地适应社会和经济的发展需要。因此，大学生多参加社会实践活动，可以弥补课堂理论教育的不足，实现自身综合素养的全面提升。

1. 锻炼学生实践能力

通常情况下,学校为了使学生尽可能全面地掌握与专业相关的基础知识,给学生指定的专业必修课程多达二三十门乃至更多。从当前的实际教学效果来看,绝大多数学生能够按照教学要求顺利完成学习任务,能够储备扎实的理论基础知识;但是,课堂教育往往缺乏具体的实践情境,导致学生将理论知识转化为具体应用的能力往往不足。通过社会实践教育活动,可以较好地弥补这一点。社会实践教育活动给学生提供了观察社会、发现问题和解决问题的机会,提升学生的实践能力。

2. 丰富大学生的知识体系,增长学生才干

当大学生进入社会实践时,能够亲身接触到社会中实际存在的问题,并通过对具体问题的分析和思考,形成自己的判断,在利用书本知识解决具体问题的过程中,不断质疑并完善所学知识,扩大自身既有的知识面,丰富自己的知识体系。

通过社会实践能够培养大学生的组织协调、社会交际能力,锻炼大学生分析问题、解决问题的能力,增强团队合作、助人为乐的意识。

(三)促进大学生健康成长

大学生深度参与实践,能够加深对社会的认识,提高自己的思想觉悟,增强社会责任感。同时,大学生在社会实践中能够磨炼品格,发扬奉献精神,加强自身修养,实现健康成长。

1. 有利于大学生理论知识的转化与拓展,砥砺其奉献社会的品格

大学生在实践活动的工作岗位上,能够运用所学的理论知识分析问题、解决问题,直接参与到经济建设服务当中,使潜在的生产力变为现实的生产力。这个过程既是大学生学习知识、增长才干的过程,也是大学生奉献社会、实现自身价值的过程。通过社会实践,大学生将自己的知识转化为社会效用,有助于砥砺其奉献社会的品格。

2. 帮助大学生树立崇高理想,增强社会责任感。

实践是连接校园与社会的桥梁,为学生提供增进认识和阅历的机会。一次支教活动、一次志愿活动、一次调研宣传活动能让未出校园的学生增长见识,陶冶情操,树立正确的人生观、价值观、世界观,树立崇高理想。

大学生通过社会实践可能还会深刻感受中华民族五千年的文化底蕴,增强民族自豪感,使大学生更加深刻认识青年是祖国和民族的未来、社会主义事业的接班人,要敢于担当大任,增强社会责任感。

3. 培养大学生的优秀品格,实现个性发展

社会实践作为联系"知"与"行"的纽带,在实践过程中,大学生的"知、情、行、意"得到有效结合,"知"得到巩固加强,"行"得到完美体现,大学生作为实践主体的品格得到提升和完善。

社会实践活动也是考验大学生修养品性的好环境。在相对艰苦的实践环境中,大学生养成的"娇、骄"二气得到克服。大学生在积极的社会实践过程中,逐步养成坚韧、顽强的优良品性,养成务实的学习态度和生活作风,不断提高自己、完善自己,实现个性的良好发展。

二、新时代大学生社会实践教育的功能

(一)全面发展功能

马克思从分析现实的人和生产关系入手,指出了人的全面发展的条件、手段和实现路径。所谓人的全面发展,是指由自然和社会长期发展而赋予每个人的一切潜能之最充分最自由最全面调动。

2016年12月7日,习近平总书记在全国高校思想政治工作会议上强调:高校思想政治工作关系高校培养什么样的人、如何培养人以及为谁培养人这个根本问题。要坚持把立德树人作为中心环节,把思想政治工作贯穿教育教学全过程,实现全程育人、全方位育人,努力开创我国高等教育事业发展新局面。高校要培养德智体美劳全面发展的人才,"人的全面发展"指的就是人的最基础的素质得到全面发展,也是指人的劳动力得到全面发展,即人的智力和体力都得到了充分发展;除此之外,人的兴趣爱好、聪明才智和道德品质也都实现了全面发展。

大学生社会实践教育符合马克思主义实践观和青年观,符合人的全面发展理念。它遵循了教育规律和人才成长规律,是青年人成长成才的重要环节。社会实践是把理论知识转化为价值的必要载体,也是丰富知识的必要环节。人与社会的发展离不开社会实践,大学生也只有在实践中才能实现全面发展。社会实践提供了学校以外的课堂,给大学生提供了走进社会的平台和机会,激发了大学生的主体性、创造性意识,使大学生能够在社会实践活动中完善人格、挖掘自身潜力。通过社会实践活动,大学生获得了拓展多方面技能,实现全面发展的机会,实践活动也提高了他们的社会责任感和时代使命感。这不仅是时代发展的客观要求,也是新时期大学生成长成才的现实需要。

(二)教育引导功能

新时代大学生社会实践的教育引导功能,是指通过社会实践活动对大学生思想政治素质和道德素质的形成所起的教育引导作用。具体而言,就是在社会

实践过程中,高校教育者应当用一定的思想政治观点和道德规范,对大学生进行有组织、有目的、有计划的教育和影响,使他们通过积极参与社会实践活动,提高思想政治素质和道德素质。社会实践活动的教育引导功能是大学生社会实践的一根主线,始终贯穿于社会实践活动的全过程之中,发挥着导向、凝聚和激励的作用。社会实践的教育引导功能主要表现在以下几方面:

1. 导向功能

大学生社会实践中的教育引导功能好比指路的明灯,始终指引大学生朝着理想的方向前进,为其社会实践活动的顺利进行提供条件和保证,并指引着社会实践达到预期的目的和效果。高校通过社会实践活动使大学生受到深刻的教育,发挥着社会实践所具有的导向作用,这样自始至终把大学生社会实践活动引向要求的方向,并使社会实践活动产生期望的教育效果。在当前经济全球化、价值多元化的时代背景下,这一功能的价值尤为凸显。

2. 激励功能

激励是关于如何满足人的各种需要、调动人的积极性的原则和方法的概括。激励的目的在于激发人的正确行为动机,调动人的积极性和创造性,以充分发挥人的智力效应,取得激励者所期望的结果。大学生社会实践教育所表现出来的激励作用主要表现在:一方面,它能够调动大学生的潜在能力,使之为实现社会实践活动的目标而尽心尽力,从而使大学生在社会实践活动中创造出最佳成绩;另一方面,它能够使大学生通过实现社会实践活动目标后所产生的成就感和满足感,来激发为实现社会实践活动新目标而努力奋斗的内在动力。

3. 凝聚功能

大学生社会实践教育所具有的凝聚功能,是指社会实践活动将高校教师和大学生团结起来,齐心协力地为实现社会实践活动目标而采取一致行动。高校社会实践的凝聚作用,是大学生社会实践活动成功开展和目标实现的重要保证;如果没有凝聚作用,社会实践活动将会是一盘散沙,其活动目标也不能得以实现,从而失去了社会实践活动所具有的教育引导意义。

(三)社会化功能

社会化就是由自然人到社会人的转变过程,每个人必须经过社会化才能使外在于自己的社会行为规范、准则内化为自己的行为标准。社会化是人类特有的行为,人只有在社会中才能实现人的社会化。人的社会化是指人接受社会文化的过程,即自然人(或生物人)成长为社会人的过程。

对大学生而言,社会实践有利于推进大学生的社会化进程。大学生由于学校单纯的学术环境的限制,虽然拥有良好的知识储备和专业技术优势,但他们对社会的了解不够全面。社会实践活动能使他们清醒地看到自己的缺点和不足,从而重新调整自己、完善自己、发展自己,实现理想与实际、理论与实践、自身与社会的统一,尽快成为一个具有独立个性的人。大学生能通过社会实践提高人际交往能力、独立生活能力和处理复杂问题的能力,以便做好从学习角色到工作角色的转变,实现大学生由自然人到社会人的转化。通过社会实践,大学生可以提高对社会认知的正确度,让他们走出学校这个相对狭窄的空间,投入真实的生活和工作中,为他们将来的独立生活和发展做好准备,尽早实现从自然人(或生物人)向社会人的转化。

第三节　新时代大学生社会实践教育的基本要求

要充分实现新时代大学生社会实践教育的上述功能,必须做好相关工作的顶层设计,并在顶层设计的框架结构下,引导组织管理者和社会实践的实施者各司其职。

一、科学地做好新时代大学生社会实践教育的顶层设计

大学生社会实践是一件系统且复杂的事情,社会实践活动的展开需要多个部门的相互支持和配合。地方政府要制定相关政策推动大学生社会实践活动的展开,高度配合大学生社会实践教育活动,支持高校的实践育人活动。高校要加强大学生对社会实践的认识,整合社会实践的资源,建立健全稳定的社会实践基地,以实现"实践育人"的目标。

(一)加强实践教育制度保障

实践教育对于深化教育教学改革、提高人才培养质量,培养中国特色社会主义合格建设者和可靠接班人具有重要意义。高校要加强实践教育制度保障,将实践教育纳入高校教育教学体系和人才培养体系中。高校应高度重视实践教育的开展,在责任划分、资源配备、人力保障、管理考核等方面积极构建实践教育长效机制,推动实践教育的价值回归,改变临时性、随意性、运动式等表层化的实践教育形式。应将实践教育作为高校人才培养体系的一个重要环节纳入学生培养方案,通过构建融课程实验、专业实习、社会实践、项目活动等于一体的实践教育课程体系,做到精准定位、精心设计、精细实施,形成规范的教学体系、严谨的教学计划、科学的激励考核方式。

(二)构建实践教育互动机制

实践教育的互动机制包括家庭、学校、社会的联动。其一,父母在子女教育中具有不可推卸的责任。虽然在大学阶段,家长的教育参与度有所下降,但是家庭教育的模式仍会在大学阶段延续。因此,在高校实践教育开展过程中,要将家庭资源纳入其中,在新生入学教育以及家校互动中,提升家长对实践教育意义的认知与配合。其二,教育行政部门的政策导向对于实践教育工作的开展具有指挥作用。如果将学生实践教育考核的结果作为学生升学、就业以及各种人才选拔过程中的重要评价指标,将会在全社会逐步形成重视实践教育的文化,使学生养成自觉实践的意识。其三,社会各相关部门、单位和企业团体也有配合实施实践教育的责任与义务,应提供更多的资源与支持,确保学校实践教育的有效开展。学校不是开展实践教育的孤岛,需要打破传统学校教育相对自我封闭的状态,积极构建家庭、学校、社会协同育人的整合机制。

(三)营造良好的社会实践氛围

大学生社会实践教育不能只有高校和大学生参与,社会实践的顺利推进需要社会各界协同努力。各企事业单位应树立正确的实践育人理念,联合地方政府争取获得更多相关的政策支持和资金保障,并积极与高校开展深度的合作,利用大量的社会资源打造出一系列以注重培养学生德育为主的精品实践活动。社会各单位在提供物质条件和技术条件的基础上也要注重保证实践团队的管理问题、安全问题以及后勤问题等,并与实践团队成员保持密切的联系和深度的沟通,提供良好的保障,从而促进大学生更好地开展实践活动。

二、强化对大学生社会实践的组织管理

习近平总书记强调,要重视和加强第二课堂建设,重视实践育人。第二课堂教学内容丰富多样,以学生兴趣和需求为主,教学场景灵活多变,可以在校内或校外展开,是对课程教学第一课堂的协同、延伸和拓展。高校在完成正常教学课时的同时也应侧重发展"第二课堂"的教学任务,以实践育人为主,利用丰富的教育资源和良好的教学环境来支撑实践活动的开展。高校对于大学生社会实践教育要有明确、科学和整体的规划,做到与时俱进,改进社会实践形式、建构稳定的实践基地、建立健全有利于大学生自身发展的社会实践育人体系,促进实践育人的不断发展。

(一)丰富内容和形式

高校社会实践活动的开展应当融入时代主旋律,创造性地打开新思路,这样才能吸引更多的学生参与其中。现阶段开展的社会实践活动要以习近平总书记的系列重要讲话为指导,为社会实践活动增加更多丰富的内容,不断了解中国特色社会主义理论的新成果,引导学生做到学思践行。

1. 丰富实践内容

一方面,大学生社会实践教育要积极开展党史学习教育。开展党史学习教育,是牢记初心使命、推进中华民族伟大复兴历史伟业的必然要求。高校在开展主题类和历史人文型社会实践时要组织党史学习及党史宣传教育的实践活动,帮助大学生在社会实践中开展理论与实践相结合的"大思政课",让广大青年能够清楚地了解历史并学习历史。广大青年学子学习历史能够增进对理论知识的理解,增强"四个自信",更加崇尚道德,从而不断增强前进的力量。

另一方面,引导大学生积极了解和主动弘扬红色精神。社会实践的方式可以让大学生以更为直观、更为生动的形式感受红色文化,学习党史国史。大学生社会实践活动的任务和中心内容要以红色精神为根基,深入红色基地,充分利用红色资源。高校应倡导大学生参观革命遗迹,探寻红色记忆,在丰富多彩的社会实践活动中,讲述红色故事,传承红色基因。例如,鼓励大学生参观红色教育基地(如红色革命旧址、烈士陵园、烈士纪念碑、革命历史博物馆、革命先烈故居等),在参观后通过座谈会、交流会等形式,引导学生将参观学习中所获得的感性认识及时转化。此外,其他社会实践活动也可以融入红色精神,如开设"三下乡"红色专题实践项目、开设创新创业红色赛道等活动,大学生可以作为实践主体,主动学习和输出红色文化。红色文化融入高校社会实践,能够增强大学生的政治认同,培养爱国情怀,弘扬民族精神,促进和谐发展。

2. 丰富实践形式

大学生社会实践要将传统的单一形式转变为分散与集中、校内与校外、线上与线下等多种方式并存。采取课余时间经常开展、周末重点开展、寒暑假集中开展的形式,使社会实践贯穿全年。高校可以利用现代科技手段,运用互联网和云计算等构建线上的社会实践体验平台,将教学内容和社会实践结合起来,通过各种形式的文字、图像、视频等途径体现出来,这种虚拟仿真教学,能够让学生有更直观的体验,提高学生对社会实践的兴趣。

高校还可以根据当地特色资源开展课内课外相结合的活动。在社会实践活动开始之前,高校可以通过新媒体技术和互联网技术进行宣传,借助网络平台可以获得更多大学生的关注,传递更多信息;在社会实践结束之后,可以对社会实践成果进行展示,提高全社会对大学生社会实践的认识,以争取社会各界对大学生社会实践的支持,引领大学生在实践中树立正确的价值观,强化实践育人的价值。

(二)优化社会实践组织形式

高校要以实践育人为目标,打造"第二课堂",将课堂延伸到学校之外更广大的平台,以具体的活动形式为载体,优化组织结构,实施科学化管理,实现社会实践与理论教学的衔接,把实践育人更好地融入课堂教学之中。

高校还应当建立一支专业性、实践性强的指导教师队伍,监督和指导社会实践的展开和运行。社会实践中的学生既可以是组织者也可以是参与者,社会实践的主题和开展形式要广泛听取学生意见,只有学生感兴趣,才能调动学生积极性。

除此之外,社会实践可以与特色主题相结合,如调研家乡乡村振兴情况、家乡城镇化进程等。

(三)建立社会实践评价和激励机制

科学合理的评价机制不仅能够调动大学生参与社会实践的积极性,还能调动专业指导教师的积极性和主动性。高校的社会实践评价机制要从多方位和多角度进行,科学评价学生和老师参与社会实践的质量和效果。

高校应该建立一套完善且长效的社会实践评价和激励机制,重视社会实践团队的组建,对于参加社会实践的广大教师和学生要给予一定的表彰和奖励,从而吸引更多经验丰富的指导教师加入社会实践团队,提升社会实践的关注度和知名度。如,高校可以将社会实践与大学生综合素质测评,以及优秀个人、奖学金评比等多方面相关联,将指导社会实践与教师聘期考核相关联,提高大学生参与社会实践和教师参与指导社会实践的积极性。

三、培养大学生对社会实践的正确认识

大学生参与社会实践不断促使其深入社会、认识社会,从而形成正确的实践观,加强大学生自我教育能力以及充分调动大学生的主观能动性等,使广大青年学生能够更好地成为新时代的奋进者。

(一)引导大学生树立正确的实践观

高校在开展社会实践时要对大学生的思想观念和行为给予引导,要对学生进行及时正确的指导。一方面,高校要有效地引导学生转变对社会实践的态度。当前,由于长期受应试教育的影响,大学生对社会实践的认识不够全面,对

大学生社会实践存在片面的观点,所以教育者必须引导学生端正对社会实践的态度,不能只是注重理论知识的学习。另一方面,高校还要引导学生树立正确的实践观,使其认识到大学生不仅需要掌握理论知识,还需要在实践中更好地应用他们的知识,在实践过程中增强家国情怀。具体而言,高校要大力宣传社会实践活动,让学生真正认识到实践活动对自身发展所带来的作用,从而带动更多的学生自愿参与社会实践。

(二)加强大学生自我教育能力

作为学校德育的一种方法,自我教育要求教育者按照受教育者的身心发展阶段予以适当的指导,充分发挥受教育者提高思想品德的自觉性、积极性,使受教育者能把教育者提出的要求,变为自己努力的目标。大学生作为社会实践的主体,他们不仅需要学习书本知识,还要不断地从新的领域获取大量新知识;需要做好自我教育,提高自我认识,促进自身获得更高水平的发展。高校通过社会实践活动,要帮助受教育者树立明确的是非观念,善于区别真伪、善恶和美丑,鼓励他们追求真、善、美,反对假、恶、丑;要培养受教育者自我认识、自我监督和自我评价的能力,善于肯定并坚持自己正确的思想言行,勇于否定并改正自己错误的思想言行;要指导受教育者学会运用批评和自我批评这种自我教育的方法。

大学生在社会实践活动中进行自我教育,可以在现实中认清自我,在社会实践中感悟到理想与现实之间的差距,感悟到理论与实践相互促进又各有不同,以便更好地认识、发现并完善自己,以此找到自身价值和前进的方向。

(三)调动大学生的积极性

大学生是社会实践的参与者,也是社会实践的受益者。大学生要树立长远的人生目标,找到自己的人生方向。在社会实践中努力实现自我,并强化专业知识的学习,培育自身的涵养和才能。社会实践不是大学生与社会单向的交流,高校还要给予大学生一定的引导,为大学生创造客观条件,引导大学生积极投身到实践活动中,使得学生可以充分地体会到社会实践所起到的关键作用,激起广大学生参加实践活动的兴致和激情。

在当前严峻的就业形势下,大学生面临着许多的压力,大学生在社会实践的过程中可以获得相应的思想政治教育。通过参加社会实践活动,能够深化大学生自身的爱国情怀,提升其社会责任感。在社会实践过程中,团队成员的共同协作使社会实践活动焕发新的活力和生命力,也能促使大学生不断丰富自身的知识结构、磨炼坚强的意志、培养乐观的心态,为实现个人价值而不懈努力,为今后的学习和工作打下牢固的根基。

第二章 新时代大学生社会实践基地与项目管理

社会实践基地是大学生开展社会实践的重要平台，加强实践基地的建设和管理，有助于形成良性的长效机制，保证大学生社会实践教育的效果。在对实践基地进行建设和管理的同时，也要着眼于大学生具体的社会实践项目，加强对项目的指导和管理，这样才能最大限度地发挥平台和项目的双重价值。

第一节 新时代大学生社会实践基地的管理

大学生社会实践基地包括体验教育基地、社会服务基地、见习训练基地、就业创业基地等主要类型，其具有目标明确、机制联动、专业相关、功能互补、持续发展等基本特征。推进大学生社会实践基地建设，蕴含着加强和改进大学生思政教育工作、培育和塑造大学生正确角色意识、加快和促进大学生角色的社会化等功能，有利于社会资源的有效利用、高校建设的改革发展、提高大学生核心竞争力。因此，要秉持层次性原则、服务性原则、教育性原则，不断完善大学生社会实践基地的建设体制、管理机制，借此强化和推进大学生社会实践基地的选择与管理。一方面，建立健全高校与基地单位双向受益机制、教学科研与生产相结合的机制、政策引导机制和全程淘汰机制、社会实践基地的资金支撑体系；另一方面，健全以专项工作人员为核心完善基础的管理机制、以项目指导教师为力量提升育人功效的管理机制、以合作单位为纽带打造发挥社会功能的管理机制、以大学生为本建立符合时代发展潮流的管理机制。

一、新时代大学生社会实践基地的基本内涵

《教育部等部门关于进一步加强高校实践育人工作的若干意见》（教思政〔2012〕1号）指出："实践育人基地是开展实践育人工作的重要载体……以加强实践育人基地建设为依托，积极调动整合社会各方面资源，形成实践育人合力，着力构建长效机制，努力推动高校实践育人工作取得新成效、开创新局面。"[①]大学生社会实践基地建设，在实践育人中有着重要的地位，它是大学生社会实践工作中的一个重要环节，也是大学生社会实践活动顺利开展的重要保障。

社会实践基地建设是指以某个单位或地区为中心，建立大学生开展社会实

---

① 教育部、中宣部、财政部等七部门：《教育部等部门关于进一步加强高校实践育人工作的若干意见》，2012-01-10，http://www.moe.gov.cn/srcsite/A12/moe_1407/s6870/201201/t20120110_142870.html.

践活动的基地,通过社会实践基地的科学化、专业化、制度化运作,对大学生的社会实践行为予以组织、整合、规范。大学生社会实践基地是指高校按照高等教育目标的要求,对在校大学生有组织、有计划、有目的地深入实际、深入社会,参与具体生产与社会生活,了解社会、增长知识、磨炼品质,全面提高素质与能力进行教育的稳定场所,是开展大学生社会实践活动的稳定载体。由此可见,大学生社会实践基地具有明确的计划和目标,时间、内容、场所较为固定。

社会实践基地是高校根据人才培养目标,为大学生开展社会实践教育活动提供的持续稳定场所,它承载着知识技能传授促进者、社会生产管理工作者、社会主义文化价值观念拥护者、个性发展启蒙者等职能。应该看到,稳定的社会实践基地能为大学生社会实践提供一定的人力、物力和财力支持,同时促进大学生社会实践的连续化和常态化。因此,持久、稳定、有效地开展大学生社会实践教育活动,促进社会实践的内涵式、可持续发展,离不开实践基地的重要作用。可以说,实践基地既是对大学生进行思想政治教育的有效场所,也是大学生社会化的最佳场所。

二、大学生社会实践基地的基本特征

大学生社会实践基地的类型多样、优势突出,具有目标明确、机制联动、专业相关、功能互补、持续发展等基本特征,能够为大学生的成长成才提供良好的实践平台。

(一)目标明确

实践基地蕴藏着形形色色的教育方法,既有大张旗鼓进行思想政治教育的模式,也有润物无声进行表率示范教育的模式,可促使大学生迅速提高改造主观世界的能力。同时,大学生社会实践基地教育类型多样,可以根据各种主题开展前后连贯、自成一体的社会实践教育活动。大学生社会实践基地是一个相对完整的结构性系统,包含教育资源、文化场所、教育体系、实践机制等,由此促进了大学生德智体美劳全面发展,并使之形成正确的政治观、社会观、道德观、知识观、科技观等。

培育人才是大学生社会实践教育的核心目标,实践基地作为高校人才培养工作的重要组成部分,自然要为这个核心目标服务。因此,大学生社会实践基地建设,是争取社会各方对社会实践工作的认同和支持,进一步挖掘社会资源满足大学生实践需求,对社会实践活动进行社会化整合,创造良好社会环境的有效措施。大学生社会实践基地要体现人才培养目标,按照培养德智体美劳全面发展的社会主义事业建设者和接班人的标准进行建设,这个建设标准也体现了国家、社会、时代的要求,即为培养新时代高素质人才服务。

(二)机制联动

"打一枪换一个地方"的游击式社会实践活动,往往无法起到持续育人的良好效果。经常性、制度化开展大学生社会实践活动,是深化大学生思想政治教育、提升大学生综合素质的必然要求。实现学校教育社会化,充分利用各种社会教育力量来加强对大学生的思想政治教育和业务知识技能训练,是社会实践的最根本途径。实现大学生社会实践基地的科学化管理、规范化建设,一个基本的前提条件是要有足够的可持续的人力、财力、物力保障,这就需要建立校内外合作的长效联动机制,共同培养合格的社会主义建设者和接班人。

社会实践基地建设应该以提高实效性和长效性为目的,不是为了挂牌以应付检查而流于形式。大学生社会实践基地建设,需要多方联合协作,构筑专人指导、专项经费、配套设施、管理服务等保障体系,使大学生社会实践基地建设与发展形成制度、创新机制。高校与用人单位在基地建设中,应明确规定双方的责任和义务,将接收学生的时间、数量、实践内容、条件、双方责任等作出明确规定,立足长远,在实施过程中互相监督,真正实现学生、用人单位和高校多方受益,建设长效机制,这是打造大学生社会实践精品基地的制度保障。以此为指导,要逐步建立健全大学生社会实践基地的相关体制机制,这主要包括运行管理体制、双向受益机制、产学研用一体化机制、政策引导与淘汰机制、人力物质资金支撑体系等。

(三)专业相关

相对于学校而言,大学生社会实践基地具有学校课堂无可替代的功能与作用,但是实践基地的建设要遵循专业相关的原则,方能弥补学校课堂教学之不足,达到共育人才的核心目标。大学生社会实践基地为大学生成长成才提供了强大的社会教育力量,以潜移默化、润物无声的方式,加快大学生知识结构与工作能力的社会化进程,从而促进其角色的社会化转变。各类大学生社会实践基地的选择与建设,并不是盲目随从、毫无目的地进行,而必须与高校人才培养目标紧密关联,以此实现理论与实践相结合。换言之,大学生社会实践基地建设,要与高校的办学定位、发展特色、教学目标、学科体系、培养模式相适应,既能满足高校相关专业人才培养要求,又能为大学生社会实践提供设备、场所等,更能实现高校与社会的双向互动、合作共赢。在此过程中,高校加强对大学生社会实践基地的建设、管理,确保在专业相关性上紧密联系、有机结合。

(四)功能互补

不同的大学生社会实践基地,具有不同的育人功能,它们之间能够实现优势互补、协同育人的目标。社会实践基地建设既能够满足大学生专业实习需求,也能够满足大学生志愿服务、社会实践需求。大学生社会实践基地不仅可以为大学生提供志愿服务等实践机会,也能为大学生提供实习锻炼等教育机会,实现实践与教育的相互促进、协同发展。目前,大学生社会实践基地已经改变了单一化功能,能够针对人才培养总目标、具体实践分目标进行育人服务,最大限度地发挥实践基地的应用性、效能性。有的实践基地是大学生了解时代、国家、社会的窗口,有的实践基地是大学生完善知识、提升能力的场所,有的实践基地是大学生走出校园、走向社会的桥梁。因此,只有把不同的实践基地结合起来,才能更加全面、充分发挥大学生社会实践活动的育人作用。

(五)可持续发展

规范化管理是大学生社会实践能够长期、有效运转的保障,是实现大学生社会实践基地可持续发展的基础。社会实践基地作为大学生素质教育的重要实体,是由一系列、各类型基地组成的育人系统,具有相对稳定性、持续发展性。高校与基地保持着长期稳定的合作关系,大学生社会实践要有相对稳定的发展环境。因此,大学生社会实践基地建设要发挥其自身教育功能,基于可持续发展的角度考量,进行长远规划、出台专项计划、制订实施方案,不断完善大学生社会实践的保障体系。此外,高校与大学生社会实践基地如果仅是单向输出,就会使得接收大学生社会实践的单位逐渐失去对这项工作的热情,因此,技术合作与人才培养成为大学生社会实践基地共建的重要互利机制。大学生社会实践基地应制订共建协议,明确工作方案、工作机制、建设制度、建设体系,着力围绕课题研究、技术攻关、咨询管理、志愿服务、人员培训、挂职锻炼等内容与主题,开展形式多样、持续深入、互利共赢的交流合作。

三、新时代大学生社会实践基地的价值功能

大学生社会实践基地作为大学生开展社会实践的重要平台,对于大学生的思想政治教育和专业素养提升具有重要的价值功能。

(一)整合社会资源,加强和改进大学生思政教育工作

实践育人同课程育人、网络育人、组织育人一样,属于大学生思想政治教育的重要途径;在针对大学生开展思想政治教育的过程中,必须坚持协同育人的

原则,充分调动各级政府、各类学校、家庭和社会力量的积极性,形成育人合力。通过大学生社会实践基地建设,既能充分发挥社会实践在未来工作平台中的实际作用,也有利于社会资源的有效利用。在基地,大学生可以学以致用,将他们已经学会的知识点应用到社会实践中去。

社会实践基地大致可以分为三种类型:研究型实践基地、养成型实践基地、服务型实践基地。在研究型实践基地中,大学生可以参加丰富多彩的活动,如学习专业知识,培训专业技能,通过参加科技服务、调查研究、社会实践等多种活动,改善知识结构,提升知识素养,增强创新创业能力。在养成型实践基地,大学生可以通过参加军政训练、勤工助学和生产劳动等活动,掌握军事技能、生产劳动技能和生活本领,培养百折不挠的意志品质、坚韧不拔的毅力和不畏艰险的吃苦精神,坚定信念,提升素质,加快社会化。在面向服务的基地中,大学生通过参加"三下乡"、进社区、进学校和志愿服务等活动,接受和传播先进思想文化,满足群众多样化需求;接受教育、增长才干、努力做贡献,进一步增强社会责任感和使命感。社会实践基地平台要全面向大学生开放,让大学生在成长过程中,既能更好地发挥社会实践平台的作用,又能更加有效地整合利用好现有的社会资源。

(二)促进高校发展,培育和塑造大学生正确角色意识

随着高等教育的大众化以及全民教育的普及,高校必须跟着社会形势的发展进行体制机制改革,把培养理论与实践相结合的复合型人才作为主要目标。大学生社会实践基地是大学生开展社会实践活动的重要场所,它可以为大学生实践能力培养提供一个稳定的平台,使学校教学与社会发展相结合,提升学生理论联系实际的能力,促进高校培养社会所需人才,增强高校竞争力。

当前,随着高校改革的不断深化和社会经济的飞速发展,大学生们的工作基础、工作方式、工作环境和工作对象也随之发生了巨大的变化,如果从社会和社会制约中脱离开来,就不可能成长为社会主义事业的合格建设者和可靠接班人。然而,由于各种主客观因素的影响,大学生并未意识到社会制约力量的存在。社会制约是指社会或社会团体、组织对其成员行为的引导、约束或制裁,同时也是指社会成员之间的相互影响、相互监督和相互批评。单纯的课堂教育与社会现实存在着一定的差距,社会制约机制相对脆弱。所以,社会实践基地为大学生的成长提供了强大的社会制约力量。在基地,大学生和其他人交流,努力建立与各类社会团体、组织的广泛联系,让自己主动去适应社会制约,并在社会主义先进文化和价值观的监督和评价下,使个体社会化得以完成。通过重视和培养大学生适应社会制约的意识和能力,使得大学生步入社会时,能够从容面对社会生活,把在学校学到的知识和能力融入社会实践,在社会实践中不断

提升自己。因此,社会实践基地为大学生社会实践提供了多层次的社会制约力量,对大学生的人生观、价值观和世界观的形成有着积极的影响,能够积极地培育和塑造大学生正确的角色意识。

(三)提升核心竞争力,加快和促进大学生角色社会化

随着经济和社会的快速发展,提升学生的综合素质是应对严峻就业形势的必然要求。通过大学生社会实践基地的建设,可为大学生的实践提供更多的平台,提高大学生的社会实践能力。大学生通过理论与实践教育相结合,把理论知识转化为经验,在实践过程中锤炼意志、磨砺品质,提高大学生的社会适应能力与就业创业的核心竞争力,从而进一步促进大学生的全面、自由、个性化、和谐发展。

大学生通过学习先进的科学文化知识和技能,与社会各界不断接触,融入社会、适应社会、服务社会。随着我国市场经济的逐步完善和对外开放的不断扩大,高校人才培养日益社会化。社会实践基地为大学生成长提供了强大的社会教育力量。社会教育力量以渗透的、潜移默化的方式影响着大学生,它比课堂灌输式教育更加自然,不具有形式上的强制性,因此,更容易被大学生接受。大学生的社会实践不仅可以促进其知识结构和工作能力的社会化,更可以促进其身份角色的社会化。

四、新时代大学生社会实践基地的管理实践

(一)新时代大学生社会实践基地管理的原则

高校在管理大学生社会实践基地时应遵循以下原则:

1. 教育性原则

大学生的社会实践要以教育为目的。在社会实践中,要选择充满教育意义的实践基地,将实践活动融入社会发展和经济建设的主流,唱响时代强音,在弘扬社会正气、服务经济发展中使大学生受教育。要充分发挥基地教育功能,在思想素质、知识技能、价值观念、行为规范等方面引导大学生成长,并且以潜移默化的方式发挥影响,时时处处对大学生进行感染、引导、激励和教育。社会教育比灌输式教育更加自然,更加具备思想教育的有效性和影响力,更容易为大学生所接受。思想教育活动必须借助于实践基地,跳出高校"单打独斗"的模式,构建新的运行机制,优化资源配置,实现大学生思政教育的社会化。

2. 服务性原则

高校在选择大学生社会实践基地时必须服务于社会发展和经济建设,服从

于大学生的发展和成才,这是由社会实践的目的所决定的。所以,大学生社会实践基地的选择要以服务性为原则,也就是要联系专业特色和学科优势,服务和服从于大学生发展成才和经济社会发展的需要;就是要坚持受教育、长才华、做贡献的主旨,切实发挥社会实践的服务功效。因此,选择社会实践基地必须紧密结合高校的专业特点和学科优势,结合学生实际需求,结合行业特点和基地实际,努力实现专业对口服务。如工厂企业应侧重选择理工科学生,社区则应侧重选择社科类学生,使学生在服务中学以致用,在服务社会的同时巩固专业知识,并为学生就业搭建平台。

3. 层次性原则

办学层次主要是指一所大学在高等教育体系中所处的位置,体现在办学水平、办学条件和办学特点三个方面。不同的高校办学层次各异,按照我国高校的办学水平等特点可大致分为研究型、教学研究型、应用技术型三个层次,对应的学术水平、人才培养条件、社会服务能力也不尽相同。按照高校办学层次,科学选择大学生社会实践基地,对推进大学生社会实践的深入开展具有非常重要的现实意义。

研究型高校应当凸显自身的研究特色,积极探索并建设面向社会开展科技服务、创新创业服务、志愿服务、公益服务等类型的社会实践基地;教育研究型高校应当凸显本身的教学与科研特色,积极探索并建设面向社会的专业教育服务、科技服务、志愿服务、公益服务等类型的社会实践基地;应用技术型高校应当凸显自身的应用技术优势,积极探索并建设服务生产第一线的专业生产实践、产业技术服务、实用技术服务、志愿服务等类型的社会实践基地。

与此同时,不同层次的高校还应积极扶植校内共建的实践基地,引导大学生参加军政训练、勤工助学等,不断丰富大学生社会实践活动。

(二)新时代大学生社会实践基地管理的方式

1. 完善培训、评价及责任人制度

大学生社会实践管理的核心组织包括学校团委、学生辅导员、学生干部等专项工作人员,他们往往承担着较为重要的管理角色。

(1)要完善专项工作人员培训制度。高校团学系统作为大学生社会实践活动的主要管理方,其工作形式、工作能力毫无疑问左右着大学生社会实践活动的管理成效和运行成果。因此,要完善专项工作人员的培训制度:一是要加强大学生社会实践活动的管理指导队伍,要以团学部门为核心,吸引政治素质好、责任心强、业务水平高的专业教师、合作单位负责人以及具有组织能力的学生干部来从事大学生社会实践的组织指导工作,建立一支由共青团干部为主,专业教师、社会各界人士广泛参与的社会实践管理指导队伍。二是开展必要的培训课程。建立定期的培训交流机制,开设相关讲座或者邀请有经验的团学系统的老师来分享经验,以满足大学生社会实践管理的工作需求,提升参训人员在指导、管理大学生社会实践活动的成效。

(2)要健全实践活动评价机制。高校实践育人工作已经得到高校及社会各界的广泛重视,对大学生社会实践活动如何增强社会服务能力、提升科技创新能力、推进文化传承创新等提出更高要求。高校团学部门应当在下放权力的同时,依照构建评价标准的五大依据:教育目标、相关政策与法规、有关的科学理论、实践中积累的经验、评价对象和条件,结合大学生社会实践活动的背景与经验,健全实践活动评价考核体系。要科学设计考评指标体系,包括一级、二级指标与相应的评价标准,制定合适的考评标准,保障大学生社会实践活动公平、公开、公正运行,同时也能提升大学生对于高校组织管理的认可度。

(3)制定项目负责人责任制度。各项目负责人要切实加强组织领导,强化对项目运行的管理规范,制定《项目负责人管理手册》,内容上不仅包括活动目标、活动要求、活动时长等内容的落实,还要包含人员上岗情况、突发事件处理等事务的监管。对象上不仅包含大学生社会实践活动各项目的负责人,还要涉及校院两级负责大学生社会实践活动的团学系统负责人。

2. 加强指导教师队伍建设管理制度

通过加强项目指导教师的队伍建设、建立规范的选拔制度、健全与重视项目指导教师的激励机制以及与学生的沟通途径等管理制度,增强项目指导教师在大学生社会实践过程中的自主性,提高社会实践活动的育人成效。

(1)高度重视指导教师队伍建设。组建优秀的项目指导教师队伍,不但要组织热心于大学生社会实践活动、专业基础扎实、专业技术能力强的专业教师来担任指导教师,还要选拔对思政工作有经验的辅导员和在思政专业领域能力突出的思政课教师来担任指导教师。在社会实践项目开始初期,应对项目指导教师进行思想动员,贯彻社会实践育人观念,让其充分认识到社会实践对于大学生成长成才的必要性和重要性;同时还要注重开发校外指导教师资源,利用合作单位、校友等社会资源,聘请外校的、专业领域的专家担任大学生社会实践指导教师。

(2)建立项目指导教师的选拔制度。大学生社会实践活动的指导教师应当先由具有专业背景和相关知识的教师个人提出申请,学生申报项目立项后,经项目与教师的专业匹配,通过"双向选择"进行选拔。大学生社会实践活动中,指导教师不仅担负着培养、指导学生的重要职责,还须对合作单位提供专业服务,更要培养大学生的热心奉献、服务他人的精神。

(3)建立健全项目指导教师的激励机制。要建立健全社会实践项目指导教师的激励制度,把指导大学生社会实践活动的成效纳入教师的考核指标体系,要求全体教师参与指导大学生社会实践,可以把教师指导大学生社会实践的成果作为职称评定、评奖评优的必要条件。通过设置多样化的奖励机制,增强指导教师工作的自主性,形成高质量的实践育人成果。

3. 建立与合作单位共同育人的管理制度

在社会实践活动中,要与社会实践活动合作单位建立共同育人的责任意识,与合作单位共同探索总结大学生社会实践教育的有效性。

(1)强化共同育人的责任意识。高校和合作单位在大学生社会实践中分别承担着不同的责任。高校在大学生社会实践中应当充当组织者和引路人的角色,以合作单位为代表的社会力量需要在大学生社会实践中充当呵护者的角色。作为大学生社会实践期间接触最多的组织,合作单位必须具有共同教育培养大学生的责任意识。大学生由于自身的社会经验、专业技能有限,身心素质还未完善,在社会实践中难免会有错误发生,合作单位应当宽容对待大学生并且积极给予指导和鼓励。

(2)丰富科学多样的实践形式。在开展社会实践活动时,高校应当将大学生参加社会实践的服务时间、排班安排转交合作单位。由合作单位视不同情况、不同岗位的需求,以及经与项目负责人沟通后落实的大学生报名情况来进行科学、可行的安排设置,以便更全面系统地组织大学生社会实践工作。

(3)共同选拔评价参加社会实践的学生。作为合作单位,对于来参加社会实践活动的大学生是否积极参与社会实践、是否具有服务精神,有着最直观的感受。因此,要与合作单位共同选拔参与实践活动的大学生,要与合作单位共同制定社会实践内容,根据实践内容共同招募适应实践项目的大学生,并对大学生的社会实践进行共同评价。在此基础上,细化实践项目及社会实践的具体活动,明确对参加实践活动大学生的工作要求,共同做好社会实践前的培训工作。

(4)共同探索社会实践教育的实效提升方案。要加强与合作单位的合作,努力探索总结大学生社会实践教育的有效性现状,不断提高大学生社会实践教育的实效。要与企事业单位加强合作,共同建立实践基地。通过强调合作单位对于大学生服务评价的重要性,提升大学生责任意识,使之努力投身社会实践服务,增强社会责任感,提高大学生服务社会的思想认识与服务能力。

4. 建立高校与基地单位共同受益机制

高校与大学生社会实践基地单位双向受益的机制,就是指高校与社会实践基地单位在合作建设大学生社会实践基地的过程当中,高校及其师生与基地单位各方均能取得收益,实现共赢。

大学生社会实践基地的建立可以加强高校与基地单位的合作,形成校地、校企合作的桥梁。借助高校的人才资源和科研能力,基地单位可以取得校方的科技支持、人才支持、文化服务、科研信息、志愿服务等,进一步提升企事业单位和地方的发展空间;高校则获得企事业单位和地方在人才培养方面的实践支持,在科学研究、服务社会方面获得良好的载体。

为此,在建立大学生社会实践基地时,合作各方要本着互惠互利、互助共赢的原则。基地单位要积极为大学生供给固定的实践基地设施,配备优秀的指导教师、配套相关的装备、提供相关保障条件;高校也要积极地支持基地单位的事业发展,为基地单位提供智力支持和人力资源服务,提供科技服务、精选联合项目、联合开发新产品,优先、优惠让渡科技成果,推荐优秀毕业生到基地单位就业,使双方互助互利关系不断加强,推进共同发展,实现双向受益、互助共赢,提高实践育人成效。以华中科技大学为例,华中科技大学"喻竹计划"先后举办数期政务实习培训班,以加深培训班学员对基本国情与基层工作方法的认识。对参加政务实习的社会实践团队,侧重指导掌握党政机关工作方法等实践技能;对参加科技服务的实践团队,侧重指导并研究本地科技型企业发展的重大现实问题。同时,以实践基地为单位成立若干专题调研小组,取得调研成果如黑龙江鸡西的《边远、边境、资源型城市的人才工作现状及其突围之路》、重庆荣昌的《成渝地区双城经济圈战略背景下荣昌区规划发展建议》、四川都江堰的《旅游型城市绿色发展的经验总结与路径探索》、广西壮族自治区的《健康扶贫衔接乡村振兴的发展现状与路径探索》、广东韶关的《韶关市发展改革年中莞韶对口帮扶工作成效及不足》、湖北鄂州的《关于鄂州市乡村振兴战略的调研报告——以茅圻村张家湾为例》、宁夏吴忠的《吴忠市葡萄酒旅游发展现状》等[1],由此把握了地方需求,定制化开展调研。

此外,还应完善调研计划、建立调研制度、明确团队分工,定期开展团队调研、团队分享、团队交流,营造"大学习、大讨论、大调研"的良好氛围。用好调查研究这个"法宝",精准发现问题、揭示问题,进而解决问题、推动工作,实现高校与基地单位双向受益。

5. 建立产学研相结合的机制

高校教学、科研与企业生产、地方经济发展相互结合,不仅是人才培养与建设规划的实际需要,也是科学研究的前提条件,更是企业生产、生存的迫切需求。从高校方面来看,教学与科研相结合,既为科学研究提供了强有力的人才支撑,也能扎实提高高校人才培育质量。从合作单位来看,教学与生产、地方经济发展相结合,既为企事业单位提供了丰富的人才资源,又为在校大学生提高综合素质搭建了良好的平台。因此,科研与生产相结合,既有利于高校科技成果实现产业化,又有利于企业科技创新和技术进步。教学、科研与生产相结合

---

[1] 中国青年网:《青春"喻竹":从"正当时"到"最基层"》,2021-09-27。

的机制,是区域科技创新的根本路径,是发挥高校科学研究及学科建设服务于地方经济发展的重要机制,是鞭策企业发展的强劲动力和不竭源泉。高校与企事业单位之间必须克服条块分割的状况,进一步增强合作,努力实现资源共享、优势互补,形成高校与企事业单位之间的良性互动,共同建立健全大学生社会实践基地的高效协同运行机制。

6. 建立社会实践基地的资金与资源支撑体系

要努力完善社会实践基地的资金支撑体系,不断扩大大学生社会实践资金来源,努力提高资金利用效率。大学生社会实践基地建设离不开资金的投入,要构建多元化资金投入系统,多渠道筹集和吸引社会资金。

高校要进一步拓宽大学生社会实践经费的投入渠道,在国家支持和社会捐助下,增加社会实践经费的投入,减轻社会实践给大学生带来的经济负担。高校要探索社会实践的有偿运行机制,在老师指导下,发挥高校人才资源和科学研究的优势,力所能及地为实践基地所在单位服务,争取能够解决实际生产中的科技问题,通过有效的科技服务获得大学生实践经费的支持。社会实践基地所在单位要积极看待大学生社会实践所带来的效益,充分考虑高校及大学生在社会实践经费上的实际困难,努力提供各方面支持,尽可能在生活条件保障方面提供优惠。同时,要成立实践基地管理人员,积极支持大学生社会实践,确保大学生社会实践持续健康发展。

第二节 新时代大学生社会实践项目的管理

一、大学生社会实践项目的内涵

将大学生社会实践进行项目化管理,有助于整合相关优势资源。以社会实践课题项目为载体,通过灵活运用策划、组织、协调、控制、激励和评价等管理职能,激发、培养和锻炼学生的主体意识、主体能力和主体人格,最大限度地挖掘和发挥学生和各种教学资源的效能,使学生在对社会现实问题的思考和与同学、社会的互动中达到自我体验和自我提升,进而内化社会主义核心价值,提高实践教学的实效性。

社会实践项目化管理模式有着深厚的管理学和教育学理论基础。现代管理学理论认为,以人为本是管理的核心理念。社会实践教学管理必须充分尊重人、塑造人、培养人,给个人的发展提供广阔的空间。社会实践教学项目化管理模式把满足学生自我发展、成人成才的内在诉求作为管理的出发点和归宿点，社会实践教学模式的设计立足于发挥教师主导作用，调动学生主体作用，把"以人为本"理念贯穿在整个社会实践教学的组织、协调、控制、评价各个职能之中，反映了人本管理的本质要求。建构主义学习理论认为，学习是学生根据外在信息，通过自己的背景知识和实践经验，对外部信息进行主动地选择、加工和处理，从而构建知识和意义的过程。这种知识和意义的获得不仅是个人主动构建的结果，而且需要依靠社会共享和协商进行深层次建构。在社会实践教学项目化管理模式实施过程中，以学生为主体来设计与实施实践项目，为团队成员提供交流、讨论和合作共事的机会，以实现知识互补、资源共享。学生通过协作实施社会实践项目，在彼此支持帮助和协作学习中，学生的主体性地位更加突出，更有利于培养学生的社会协作精神与人际交往能力。

二、大学生社会实践项目化管理的价值功能

(一)高校教育教学实践矛盾的应对价值

1. 社会环境变化的必然要求

当今社会，高校教育教学环境发生了广泛而深刻的变化。多元文化对我国当代大学生的思想观念、生活方式、行为方式和人生观、价值观产生了深刻影响，市场经济的深入发展、社会经济成分和社会阶层进一步多样化也导致大学生的思想观念更具复杂性。这些因素使高校教育教学面对着比以往更为复杂的社会环境和更为多样的问题。要让学生正确认识这些问题、提升大学生的政治鉴别力，需要引导学生亲自观察社会、了解社会、认识社会；而通过大学生社会实践项目化管理，高校择优选择一些有价值的调研主题开展资助，有助于提升大学生深入社会和了解社会的意愿，给大学生一个亲自体验和验证的机会，实现大学生政治鉴别力和政治批判力的提升。

2. 新时代大学生群体特点的必然要求

新时代大学生群体出现了价值取向多样化、人生追求个性化和多层次化、思想发展多样化的情况，实践教学也面临着教学目标和培养目标的统一性，以及与教育对象的思想多样性、层次性、复杂性的矛盾。为了更好地实现统一性和多样性相结合的教育目标，就必须加强教学的层次性和针对性。着力点应放在激发学生自我教育和自我塑造的欲望上，充分发挥实践教学的内塑效应，提高他们的参与程度，激发大学生的探索精神。通过大学生的独立思考，使外在目标和要求被认可并转化为他们的内在目标和要求，从而达到党和国家要求的培养目标。

3.解决社会实践教学矛盾的必然要求

社会实践教学资源不足与日益增长的教学需求之间的矛盾突出是各高校面临的普遍问题。很多学校在校级层面组织学生社会实践团队方面出现了一些亮点,但社会实践无法兼顾全面,绝大多数学生仍被排除在外。同时,各高校校内相关资源没有得到充分整合。校内教学机构的教学资源和以学工部、团委为代表的学生管理机构的社会实践活动资源相分割、脱节的问题比较突出。社会实践教学难以延伸到大学生的社团活动,管理机构组织的各种校园社团活动也不能与教学相协调。实践基地和场所少,缺少固定、长期定点的实践教学基地,满足不了大规模开展社会实践活动的需要。教学面临着经费不足的问题,一些社会实践项目,由于没有足够的经费而无法有效开展。通过大学生社会实践项目化管理,可以使资源和机会更加均等地分配给大学生,有效解决实践教学中的这些矛盾。

(二)学生主体性提升价值

社会实践的主体是大学生,实践的任何一个阶段均要体现大学生的主体作用。社会实践项目化管理把提高学生自主性和创造力放在首位。

在选题阶段,学生根据项目命题原则和自身特点,综合各方面资源和优势,自主设计和选择实践项目,充分发挥学生自主选择、自我判断、自由思考的能力,选择他们应该、愿意和可行的实践内容与方式。对校级项目要在全校范围内招标,引入竞争机制。在老师的指导下,学生通过公开竞标,发挥各自专业优势、学科交叉优势与自身特长,有效调动广大学生参与实践、解决问题的积极性。实践项目或由学生自己选择,或由自己设计并在与其他同学的合作中共同实施,学生既是方案的设计者,又是活动方案的实施者,这能充分发挥学生的主观能动性,提升其分析问题、解决问题的能力,也体现了学校对学生情感、兴趣、需要和价值选择等多元要求的尊重。在以项目小组的形式开展实践活动过程中,学生实施实践项目已不是简单的个人行为,而是通过群体活动发展个性并向社会化转变,满足青年学生人际交往和自我实现的需要。在实践项目的论证、实施过程中,学生深入社会,满足了增加社会阅历的需求。

(三)教师主导性激活价值

通过大学生社会实践项目化管理,更好地激活了专职教师、学工系统教师和项目指导教师的主导性作用。这主要体现在对实践项目原则方向的把握、指导和结果评定等方面:第一,组织专职教师和学工系统教师展开研讨,制订年度社会实践项目设计原则方案和课题指南;第二,专职教师对口负责一些专业和班级,与所在院系(二级学院)学工系统负责社会实践工作的教师共同开展对学生社会实践的动员、实践方案的编制与社会调查方法的培训,使学生明确要求,正确认识并有效地开展好社会实践活动;第三,在社会实践过程中,以项目指导教师为主,指导学生实施社会实践过程和撰写社会实践报告,在启发引导、组织协调以及方法、知识和技术等方面,要为学生提供必要的帮助;第四,项目完成并提交成果后,由学工系统教师完成实践项目过程记录的成绩评阅,对口负责的专职教师完成社会实践报告文本内容的评阅,所得成绩加权后成为该项目组社会实践的总成绩。

三、大学生社会实践项目化管理的实现路径

项目化管理模式是当前实践教学改革发展的主要趋势。这一模式以创新管理理念为突破口,注重激发、培养和锻炼学生的主体意识、主体能力和主体人格,使学生在对社会现实问题的思考,在与同学、社会的互动中,达到自我体验和自我提升。

(一)大学生社会实践项目化管理遵循的原则

1. 时代性原则

社会生活的时代特点决定着大学生思想政治素质的时代特点,这就意味着高校在社会实践活动内容的指导和选题上,既要符合大学生的思想实际,又要与大学生关注的热点、难点和当前社会发展的需要、改革深化的焦点及地方特点多方面结合起来加以考虑,引导学生站在时代的高度认识社会发展的趋势和社会发展的远景。教师要鼓励学生勇于突破成规、大胆运用假设、运用所学知识去思考问题、构思实践主题。

2. 实效性原则

实践育人不能只做表面文章,评价标准要体现多样性、综合性,避免形式上的单一化和"一刀切"做法。力求实践活动使学生真正有所收获,对内心有所冲击,防止看热闹、走过场、弄虚作假现象的发生。因此,社会实践的重点应放在那些具有可操作性又能体现高校教学内容和宗旨的活动方案上,且准备要充分,不打无准备的仗。评价标准为团队精神、综合能力、创新能力、调研报告的质量等多种因素的综合。

3. 以点带面原则

在运作过程中,不仅要抓好重点项目和学生骨干,更重要的是将大多数学生组织起来参与活动,以骨干带动多数,以点带面,扩大社会实践活动的参与面,使在校学生普遍受到教育,得到锻炼。大学生社会实践是涉及学校教学工作、学生工作、思想教育等各个方面的全局性工作。在社会实践的实施过程中,

要建立起"大思政"的理念,在各高校马克思主义学院和团委、学生处等部门牵头组织下,充分发挥专职教师、学工系统教师、部分专业教师等多方面的作用。学生所在的二级学院党委(党总支)、分团委不仅熟悉学生,而且在专业上也是行家,可以动员力量,并与二级学院人才培养相结合。是否充分发挥二级学院党委(党总支)、分团委的作用,可以说关系到整个社会实践组织工作的成败。因此,社会实践要在学校党委的领导下,整合学校各方面的资源开展工作,大学生社会实践才会结出累累硕果。

(二)大学生社会实践项目化管理的实现方式

社会实践项目化管理模式的运行方式,以发挥教师的主导作用为基础,以激励学生主体能动性为核心,以组织管理体制为保障,进行实践教学活动的全程策划和质量管理,实现管理目标的最优化。

1. 发挥教师引导作用

对专职教师的要求:第一,根据社会实践方案和相关规定的要求,对口负责一些专业和班级,与所在的二级学院学工系统负责社会实践工作的教师共同开展对学生社会实践动员和项目申报、实践方案编制,以及社会调查方法等方面的培训工作;第二,项目实施期间,配合指导教师参与社会实践指导;第三,项目完成并提交成果后,专职教师完成对口负责的二级学院学生社会实践报告文本内容的评阅。

对学工系统教师的要求:第一,加强对学生的安全教育,与学生所在的二级学院对口教师共同开展对学生社会实践动员、实践方案编制及社会调查方法的培训;第二,在二级学院社会实践工作小组的领导下,完成所在学院学生自选项目、院级项目审核立项工作并报马克思主义学院;第三,项目实施期间,配合指导教师完成社会实践指导,组织学生开展对学院社会实践情况的报道工作,着力宣传学生所在学校及其二级学院,树立起良好形象;第四,项目完成并提交成果后,由学工系统教师完成社会实践自选项目实施过程成绩的评阅。

对社会实践项目指导教师的要求:在社会实践项目申报和实施过程中,对学生的指导工作以项目指导教师为主。指导教师应与学生保持经常性的沟通与联系,指导学生开展项目申报,指导学生实施社会实践过程和撰写社会实践报告,给出实践报告评语,并在启发引导、组织协调以及方法、知识和技术等方面为学生提供尽可能的帮助。

2. 激发学生主观能动性

大学生是社会实践的主要践行主体,其态度是否积极端正、主观能动性是否得到激发,直接影响着实践项目的开展质量。因此,要给予大学生一定的创造性空间,引导其自主设计、自主开展、自主整理、自主分析和自主评测;同时,

鉴于大学生的知识结构体系还不够完善、社会阅历也不够丰富,有必要对大学生设定一些行为准则,以配合其主观能动性的发挥:

参加社会实践的学生应严格按照学校关于社会实践的统一部署,积极申报相关项目,认真参加社会实践,根据选题选择适合的实践单位,按时完成实践任务。

学生在实践期间,必须认真踏实,围绕选题进行深入调查和分析。遵守实践单位的各项规章制度,注意人身和财产安全。

学生所撰写的社会实践报告,要求结构严谨、层次清晰、文理通顺,行文规范,紧密结合实际并体现对基本理论知识的运用,且必须是本人调查研究所得,严禁弄虚作假、抄袭他人成果。

3. 健全组织管理体系

确保实践教学的规范化、制度化,对于提高社会实践的针对性和实效性极为重要。健全组织管理机构是社会实践项目化管理的重要保障。为确保项目主导的实践教学各个环节的工作得以顺利进行,应组建由校领导任组长,宣传部、学生处(部)、教务处、校团委、马克思主义学院等相关单位为成员的"思想政治教育社会实践工作领导小组",办公室设在马克思主义学院,具体工作由马克思主义学院统筹安排。在此基础上,各二级学院成立社会实践专项工作小组。

社会实践教师队伍建设是健全组织管理体系的重要方面。一方面,专职教师都要承担一定的社会实践教学和指导任务;另一方面,学工系统的一些教师也要承担相应的社会实践管理和指导任务;同时,根据教育教学的实际需要,由学生自己或由其所在的二级学院根据需要聘请一些有实践经验的专业教师作为指导教师参与社会实践的指导工作。

4. 完善运行管理制度

完善运行管理制度是社会实践项目化管理模式的重点。以华中科技大学思想政治理论课社会实践项目为例,校本科生院为贯彻落实中宣部、教育部印发的《普通高校思想政治理论课建设体系创新计划》(教社科〔2015〕2号)、教育部印发的《新时代高校思想政治理论课教学工作基本要求》(教社科〔2018〕2号)和教育部办公厅《关于开展习近平新时代中国特色社会主义思想大学习领航计划主题教育活动的通知》(教社科厅函〔2022〕8号)等文件的精神,突出立德树人在本科人才培养体系中的重要地位,促进思政课课内和课外相结合,继续设立思想政治理论课社会实践专项,用于支持思政课社会实践活动。

本科生院委托马克思主义学院召集相关职能部门和相关院系进行立项评审。马克思主义学院负责全校社会实践的组织与实施管理工作,编制社会实践方案,落实对社会实践的计划、组织、实施、检查、监督和考核等环节的宏观管理,完成实践项目的立项指导,校、院级实践项目的审批及社会实践成果的总结评比等工作,并选派专职教师分别联系各二级学院。

各二级学院是社会实践的最基层单位,负责学生自选项目的立项、审批、实施过程监督,自选项目的实施过程评审等,以及中标校级项目、院级项目的组织实施工作。

5. 规范实践项目主要环节

社会实践项目化管理主要包括以下几个阶段。

(1)通知发布与项目招标阶段。每学年第二学期,马克思主义学院根据教学计划安排,发布当年大学生社会实践通知,明确社会实践的内容、形式、组织安排等具体要求。在通知发布的同时,马克思主义学院和校团委根据教学大纲的要求,结合学生培养方向和社会实际需要,在广泛征求教学和学工系统教师意见的基础上,确定若干校级项目实践课题命题方向,面向全校学生公开招标。各二级学院学生根据需要和兴趣在教师的指导下组成课题小组,制订社会实践投标方案。同时,马克思主义学院组织各二级学院开展院级项目的申报工作,以学院为单位,结合主题和各学院学科专业特色,组队开展社会实践活动申报工作。对自选项目,在通知中同时发布课题指南,学生参考课题指南自主选定社会实践主题,报各学院社会实践工作小组审核立项。

(2)广泛动员与技术培训阶段。通知下发后,专职教师对口负责一些专业和班级,在各学院社会实践工作小组的指导下,与各学院学工系统负责社会实践工作的教师共同开展对学生社会实践动员和实践方案编制与社会调查方法的培训,有效营造社会实践前期氛围,使学生明确社会实践的目的和宗旨、方法和步骤,激发学生参与的热情和自觉性,为学生在思想上和心理上做有益的准备,提高实践技能,以确保社会实践活动的可持续性和实效性。

(3)项目审批与立项阶段。为保证大学生社会实践活动达到良好效果,实践项目需要经过评审立项,才可进一步实施。对校级项目,马克思主义学院和校团委组织有关专家组成社会实践项目评委会,根据评定标准,通过答辩等方式进行评标。确定中标项目后,给予中标项目一定的实践经费资助。对院级项目,由各个学院评审立项,报学校社会实践领导小组办公室备案。在社会实践结束后开展优秀社会实践项目评审时,校级项目和院级项目无须初评,直接入围优秀社会实践项目评审范围。对自选项目,须由项目组向所在学院工作小组提交社会实践项目方案,由各学院社会实践工作小组评审立项。评审内容分为两个方面:一方面是对项目团队成员构成和项目实施内容进行评审。另一方面是对社会实践项目的可行性、科学性和创新性等方面给予审查。通过评审并立项备案后,报学校社会实践领导小组办公室方可实施。

(4)实践项目实施阶段。学生在社会调查过程中要做好调查过程记录。把社会调查的内容、搜集的资料等如实地记录下来,使过程记录成为学生撰写社会调研报告或专题分析的主要资料依据。对自选项目，由于是以学生自我组织为主，同时由于学生经验不足、知识能力有限等多种原因，在实施过程中有可能会碰到难题。一方面教师尽可放手让学生自己去解决这些问题，这本身就是一个很好的实践；另一方面教师应尽可能做到带队指导，或随时同参加社会实践的学生保持联络，以便掌握社会实践活动的进展情况、学生的思想动态，及时帮助学生解决其自身不能解决的一些生活上、思想上的难题和困惑。

（5）总结评估交流阶段。社会实践活动只是一个短暂的教育过程，要达到长期、延续的育人效果，还必须做好总结、宣传工作，以便更广泛、长期地影响教育学生。实践教学结束后，项目组要写出社会实践调研报告，全面系统地总结社会实践收获与心得体会，反思得失和经验教训，也可以对社会实践中的某些问题进行分析、探讨，把感性认识上升到理性认识，并提出自己的观点。教师根据评审标准，及时认真考核，作出评价、给出成绩，同时还应开展充分的交流。通过学院社会实践报告会、社会实践成果交流汇报、专题讲座、专题展览、主题班会、主题团日，以及校园广播、黑板报等方式进行广泛交流，推广社会实践活动的成果。为了总结经验、鼓励先进，进一步深化社会实践活动、最大限度地体现成果的教育示范作用，在社会实践项目成果评审工作完成后，学校将举行社会实践总结和表彰工作。做好总结表彰工作既是对社会实践成果的提炼与深化，也是对学生进行社会实践的鼓励和表扬，起着示范和推广作用，而且还是发现社会实践过程中的问题及其解决的需要。社会实践活动评比表彰一般在暑期社会实践活动结束的新学期开学后进行。在表彰的同时，将优秀社会实践成果编印成册，进一步扩大宣传面，这本身也是一种非常好的教育方式。同时，可召开参加实践的学生代表座谈会，倾听他们对社会实践组织工作的意见和建议，不断完善社会实践组织管理环节。

（6）实践成果转化阶段。社会实践活动既要重视过程，也要重视结果，体现在成果的转化与深化上。大学生社会实践是认识国情、增长知识的过程。实践活动效果如何，需要通过实践成果来检验。大学生社会实践活动的最终成果应体现为培育大学生、塑造大学生，使之更好地服务社会。以长沙理工大学某研究生社会实践团队为例，该团队通过背靠背的方式，共收集线上线下问卷302份、调研照片221张、暗访记录82条，进而整理成一个包含2万余条基础数据的湖南省营商环境数据库，研究成果被政府相关部门及部分公司采纳使用。

大学生社会实践活动成果转化的途径多种多样。有较高实践价值的调研报告可以报送相关部门，作为简报供相关部门制定政策或者决策参考。例如，重庆市每年会针对暑期挂职实践团队报告进行系统评比，举办实践成果汇报会暨青年人才座谈会，采纳优质调研报告。同时，理论价值较高的可向期刊投稿；有较高价值的可行性分析报告可供相关企业投资决策；相关成果进一步完善后,可参加国家和省级相关大学生社科类竞赛;等等。此外,大学生社会实践活动成果转化还有一个更重要的途径,就是大学生自己经过社会实践活动后在专业学习方向、行为塑造与性格养成等方面得到的收获,这体现在大学生自己今后的学习和生活中。

6. 完善实践项目安全管理工作

安全无小事,在社会实践活动中尤其应保障大学生的人身、财产安全。安全管理工作应着重于以下几个方面。

第一,秉持家长知晓原则。学生参加社会实践活动,活动行程及活动内容需要向家长汇报并征得家长同意后才能开展。应确保所有参加社会实践的学生了解《安全须知》,指导学生认真填写《个人安全承诺书》,做好备案并保存。

第二,强化安全教育。社会实践团队出发前,各单位应做好安全培训和教育工作,强化学生安全意识,提高自我防范能力,提升队员应对突发事件的能力。社会实践活动过程中,各单位应做好及时跟进、全程提醒和应急处置工作。落实安全教育要求,在社会实践活动过程中要耐心教育、反复强调安全注意事项。

第三,落实安全工作计划。各单位须根据本单位实际情况,结合实践团队可能涉及的地理条件,有针对性地制订安全工作计划,计划应包含安全事项提醒、安全保障措施及应急处置预案等。根据安全工作计划,要将安全工作逐一落到实处,为团队所有成员购买意外伤害保险。

第四,抓实安全工作责任。各单位须落实安全报备制度,带队指导教师对团队安全进行整体把控,由团队安全员配合所在的二级学院辅导员实施安全日报制度,及时汇报实践活动过程中的各类突发状况与身体健康指标。

第五,实施安全检查。各单位须及时跟进社会实践完成进度和安全情况。对于不在社会实践计划之内的或冒用社会实践名义出行出游的学生活动应立即叫停,涉及的学生要及时告知其家长,立即督促折返,给予批评教育。对于造成严重不良后果的,应按照学校违纪处分条例等相关规定进行处分。

第六,完善应急响应机制。如发生安全事故,要在第一时间报告所在的二级学院党委(党总支)、校团委及有关职能部门,及时化解问题、解决问题,确保学生的人身、财产安全。例如在疫情防控常态化的背景下,各单位要提高安全意识,高度关注本学生实践所在地疫情形势,根据形势变化,及时调整实践安排,必要时可立即终止实践活动,确保学生安全。

7. 重视社会实践项目的评估与考核

社会实践项目的评估与考核应体现科学性和完整性。所谓科学性,就是要有衡量项目成果的较为科学的指标体系,而这个指标体系既要体现统一性,又要有针对性。所谓完整性,就是既要体现项目实施过程,又要体现项目成果;既讲求个体效益,也讲求社会效益。不能把社会实践报告、调研报告、媒体报道等作为评价一个社会实践团队成效的唯一标准。事实上,数十天的社会实践是很难解决多少实际问题的,评价一个社会实践团队的好坏得失,更多的要看同学们在社会实践中有没有更好地了解国情和社会,适应社会的能力有没有得到提升。在具体考评中,应体现上述评估理念,使考核更好地发挥对社会实践活动的引领作用。

考核、评估分两个部分:一是对实践过程的评定,主要是评定实践过程的真实性、完整性和规范性,可由各二级学院负责完成,占总成绩的一部分;二是对实践报告文本内容的评定,主要评定其创新性、实践性和研究性,由马克思主义学院选派的指导教师完成。最后根据评估情况加权给出相应得分,确定最后的结果。在此基础上,学工系统教师和评审(阅)教师向学校社会实践领导小组推荐优秀自选项目成果。与校级项目和院级项目一起,入围社会实践成果评优。通过专家评选后,学校对优秀成果进行表彰和奖励,并将优秀社会实践成果编辑成册。

社会实践综合成绩的考核结合实践过程和实践成果情况进行综合评定,可按优秀、良好、中等、及格、不及格五级评定。实践过程考核与实践成果考核各占50%,具体可参见本书第三章第三节。

第三章 新时代大学生社会实践的组织

第一节　新时代大学生社会实践的指导

社会实践是理论与实际、课内和课外、校园与社会相结合的桥梁,可以依托学校、地方、社会、企业等各种资源,通过大学生自身的体验和认知,真正实现由知识到能力、由理论到实际、由接受到创造、由学习到生活的沟通,使学生在实践中体验和丰富理论,加深对理论的深刻认识,完成从学习人到社会人的转变。但由于理论与实际、课内和课外、校园与社会既有联系,更有区别,同样需要学习的过程,需要给予大学生恰当的指导。

一、大学生社会实践指导的原则

(一)将思想政治教育放在首位

必须将思想政治教育放在社会实践教育的优先地位。思想政治素质是当代人才第一素质要求。思想政治教育的核心是关于世界观、人生观、价值观的教育,而社会实践教育是培养当代大学生科学正确的世界观、人生观和价值观的重要途径。在指导社会实践中,要教育大学生学会辨别什么是科学合理的、什么不是科学合理的、支持什么反对什么;要指导学生学会并找到一种评判标准的尺度,即人民的尺度、历史的尺度。

(二)坚持社会实践与专业知识结合

大学生是知识青年。在广阔的社会实践天地中,如何体现出当代大学生的风采,专业知识是有着强大力量的。不管是理论知识,还是文史知识等,它们对推进社会经济文化社会建设给予了精神支持、智力支持。社会需要大量的知识青年来改造和推动。

(三)坚持社会实践与学习结合的原则

在社会实践中,要明确向谁学习、学习什么、怎样学习,最后要检查学习效果。大学生要始终把学习放在心中。不学习就会被日新月异的社会进步所淘汰,社会实践教育并不是走过场、摆架子。社会实践教育是否取得实效,就是看学习效果如何,最终要落到提高大学生的思想政治素质这一点上来。

(四)坚持群众原则

要和群众打成一片,就要学会说和群众一样的话,做和群众一样的事,和群众同甘共苦,从内心体验群众的疾苦和幸福,努力培养当代学生务实、为民的现代公民素质。让学生充分认识到,人民群众是推动历史前进的主要力量,只有依靠群众、为了群众并与群众分享发展带来的成果,坚持正确的群众路线,才能得到群众的拥护,才能促进社会不断进步。

(五)坚持针对性原则

思想政治课的社会实践活动要善于针对学科实际和学生实际,包括学科特征、教学目标、学生的身心特点、思想状况、实际需要和薄弱环节,采取与之相适应的实践形式和方法,有的放矢,切实提高实践活动效果。

(六)坚持灵活性原则

社会实践活动应针对不同对象和情况,采用灵活、恰当的方式进行,内容应丰富多彩,形式可灵活多样,切忌"一刀切"。就内容来说,既有外出参观考察活动,又有社会服务活动,还有社会问题调查,等等。从形式上看,既可以是学校统一组织安排的大规模实践调研活动,也可以是思想政治课教师单独组织的实践活动,还可以是学生自发组织、分散进行的社会实践,等等。

(七)确保安全性原则

现在大学生一般都活泼好动,崇尚个性,加上近年来学生安全事故时有发生,因此,在组织学生参加社会实践活动时,要做到周密安排、科学规划、措施得力、人员到位,提高活动的组织性、纪律性以及学生的安全防范和自我保护意识,既不能因噎废食,又要确保活动的安全、有效。

二、大学生社会实践指导应注意的问题

(一)要以社会实践活动为载体

社会实践活动是一个历练大学生的平台,内容丰富、形式多样,要加强活动总体和过程质量的监控,以取得良好的实践效果。而实践效果以是否增强了理想信念、党团意识、责任意识、群众意识、社会责任感、历史使命感等作为衡量的标尺。要成立考评机构,制定考评细则,积极动员和引导大学生投入到实践中去接受锻炼,成长成才。

(二)要以教师为主导,学生为主体

在社会实践中,学生是实践的主体,指导教师对实践计划(包括时间进度、效果以及在实践中出现的具体问题)加以指导,形式上可以分为现场指导和开总结会两种,要给学生足够的时间发表意见,不要搞课堂上的那种"满堂灌",适时对同学们的想法和意见一针见血地指出问题所在,然后让大家讨论寻找解决问题的思路和办法,最终形成统一认识,解决实践中操作层面与思想认识层面上的困惑。特别是在学生与实践单位的专家学者进行交流学习的时候,指导教师要学会引导学生发问,最大限度地学习到单位的优秀经验和做法。

(三)要加强过程管理和过程考核

要注意加强实践目标的维护和改进,人力资源的开发和利用,实践成本的控制和管理。社会实践的效果归根结底是看个人目标是否实现,这离不开实践目标的规定。加强个人主观世界和客观世界的改造是一个艰难而复杂的过程,只有不断加强过程教育和管理,才能取得实效。实践效果如何,取决于是否优化整合了整个实践团队的人力资源。只有充分发挥了他们的优势,挖掘了可能的社会资源,优势互补、形成合力,才能如期实现目标,个人才能取得满意的成绩,并得到社会的认可和群众的首肯。当然,要使实践节约成本,必须加强成本控制。成本包括经济成本、人力成本、时间成本、精神成本和心理成本等等。只有充分酝酿、总体把握,才能做到实践成本的有效利用,不浪费有限资源。

(四)要注重培养实践精神和实践能力

实践精神包括实践理念、敢于实践、善于实践、乐于实践等方面。大学生是国家建设和民族发展的生力军,要树立人民群众的实践理念,逐渐培养他们"为了人民、依靠人民"的理念。社会是一个广阔复杂的天地。对于尚未踏入社会的大学生来说,他们对社会的认识是不成熟的,有一种"熟悉"的陌生感。因此,要培养他们敢于实践的信念和决心,在实践中不要怕犯错,关键在于培养他们运用批评和自我批评的方式加以改进,"依靠群众""为了群众"的方式方法,既改造主观世界,又改造客观世界,培养他们乐于与群众接触的态度和意识。在实践中取得的成绩离不开群众的鼎力支持,要牢固地树立历史是人民群众创造的观念,杜绝个人英雄主义作风。同时,让每个成员深刻理解团队的力量,只有弘扬团队精神,加强团队管理,才能最直接地取得骄人成绩。相对于实践精神,实践能力更显其直接的现实性特点。大学生要学会带着问题走进社会实践的领域中去。这些问题可以是政治的,也可以是经济、文化、社会等各方面的。在实践中,要提高发现、分析和解决问题的能力,归纳总结其规律和特点。

（五）要重视社会实践保障问题

社会实践的保障包括制度保障、安全保障、财务保障、身体保障等。实践团队的组织纪律性是顺利进行社会实践的重要保障，团队每个成员必须自觉遵守和维护相关规章制度。在实践过程中，还必须对天气状况和交通状况以及实践作业安全状况做充分了解，及时作出安排，保证实践中不出事故或少出事故。实践活动的开展还必须有一定经费的支持，当然要本着节约办事的原则。对实践团队的财务管理可以指定同学负责，及时向实践团队做财务汇报。团队成员身体健康与否也是实践能否顺利进行的一个重要条件。

三、大学生社会实践指导的内容

（一）大学生社会实践指导的内容必须结合大学生思想政治教育

中宣部、教育部《关于进一步加强和改进高等学校思想政治理论课的意见》（教社政〔2005〕5号）指出：高等学校思想政治理论课所有课程都要加强实践环节。在学校团委组织下的革命传统教育、社会调查和社区建设等社会实践活动，参加志愿者活动、公益宣传等形式的社会实践活动，对于帮助大学生深刻了解国情，提高坚持党的基本路线的自觉性，走与实践相结合、与工农群众相结合的成长道路，提高全面素质尤其是思想政治素质，具有重要的意义。

（二）大学生社会实践指导的内容必须结合专业特点

大学生社会实践应该引导大学生充分利用学校资源，围绕大学生的专业背景来策划选题，发挥专业优势，结合地方经济特色，这样才能在社会实践中产生价值，对社会作出贡献，同时为自己今后的就业做好准备。进行社会实践规划时，需要从实际出发做具体分析，结合自身专业优势。指导教师可以根据社会实践的具体要求，结合学生所学专业的特点和当地的实践资源，有的放矢地设计社会实践的目标、内容和步骤。

（三）大学生社会实践指导的内容必须结合创新教育

创新教育是以培养人们创新精神和创新能力为基本价值取向的教育。创新思维是创新能力的核心。大学生长期接受应试教育，在观察力、想象力、创新思维能力等方面培养不够，尤其缺乏质疑能力和批判精神的培养。社会实践给了大学生充分展示自我的空间。社会实践活动会面对许多复杂、实际的问题，在解决问题的过程中，培养着大学生敏锐的观察力、创造性的想象力、独特的知识结构以及活跃的思维,而这正是对大学生创新思维开发和培养的过程。

四、大学生社会实践教育的教学组织

大学生社会实践课程的教学过程,主要包括以下三个阶段:一是确定实践活动的主题。在教学过程中,教师根据课程的教学计划和要求,结合地方经济社会发展的需要,启发和引导学生确定实践活动大的方向和选题范围,并为实践活动的开展做一定的知识储备,激发学生参与实践探索的愿望。学生根据自身的兴趣与能力,确定具体的实践活动主题。二是制订实践活动的计划。包括实践活动的目的、意义、方法、进程、预期效果,等等。计划的制订不仅要在教师的指导下进行,而且还要对实践活动加强调查研究,增强计划的可行性,确保实践活动有条不紊地进行。三是撰写社会实践的总结。实践的总结可以是调查报告、心得体会、研究论文等,也可以是研讨会、交流会、刊物、墙报等形式。无论哪种实践总结,都必须紧紧围绕实践主题展开,并从理论认识上加以提高。

大学生社会实践课程的教学过程与传统的课堂教学相比,明显的特点在于:丰富的感性体验与理论思维相结合,触发强烈的现场参与感,增强理论思维的兴奋点;教学内容与形式不再是抽象的概念、判断、推理等逻辑形式,而是活生生的事实、图像和景观。因此,在大学生社会实践课程的教学过程中,教学方式的运用也是多种多样的。在教学空间上,实践课程要充分利用课堂、校园,尤其是当地的课程教育资源,让学生在更大的教学空间得到提高。一般来讲,校内实践课程以班级活动为主,根据不同的学习内容和不同学生的个性特点,辅之以小组活动和个体活动;校外实践课程更多的是采用小分队和个人单独活动的形式。实践课程,主要采用参观学习、实践体验、问题探讨等三种形式。

参观学习是基本层次的实践教学,主要是组织大学生参观实践教学基地,感知社会发展变化,增强国情意识和社会责任感。各地方高校要坚持走"产、学、研"结合与互动之路,建立健全校地合作、校企合作机制,为大学生的社会实践活动提供长期稳固的基地。有时也可以组织观看相关专题展览或录像,如用反映社会新变化、新进展、新观念的纪录片、专题片或新闻影像资料进行插播式教学。

实践体验可分为直接体验与间接体验两大类。间接体验是邀请当地有典型代表性的优秀企业家、带领农民奔小康的致富能手等,组织学生聆听其社会体察或创业体验的报告、座谈,内容主要是结合经历谈对社会的理解,提出存在的问题和经验教训。

问题探讨这一形式是让学生运用理论分析和解决社会实际或生活实际问题。

（1）实践课题研究。指导学生从事研究性实践活动。在教师提供参考性实践课题和指导选题基础上，由学生自主研究后提交结题论文或决策建议。

（2）实践问题探讨。鼓励学生对感兴趣的实际问题进行专题探讨，包括对热点问题和感兴趣的实际问题的探讨。

（3）特定现象辨析。由教师将某些社会问题设成辩题，分成正反方来组织辩论。操作时不一定照搬正规辩论赛模式，可自由发挥，由全体学生参与。

第二节　新时代大学生社会实践的实施

大学生社会实践的实施包括社会实践的选题、组建团队和实践计划三个部分。

一、大学生社会实践的选题

在社会实践的各个环节中，选题居于核心的地位，能否有好的选题从根本上决定着社会实践的成败，是进行社会实践活动的第一步。好的选题是社会实践成功的一半，是顺利完成社会实践的基本前提，是高质量完成社会实践的基本保证。如何做好社会实践的选题呢？可以从以下几个方面进行。

（一）选题要有明确的问题意识

1. 问题意识的重要性

问题意识是指要有提出问题、质疑、分析的能力，是大学生综合能力的核心，在社会实践的选题中，问题意识是衡量大学生社会实践选题的主体性和创造性的重要标尺。古今中外的教育家、思想家，都对学习、研究中的问题意识极为重视。爱因斯坦深刻地指出：提出一个问题往往比解决一个问题更重要。因为，解决一个问题也许仅是一个数学上或实验上的技能而已。而提出新的问题、新的可能性，从新的角度去看旧的问题，却需要创造性的想象力，而且标志着科学的真正进步。英国著名的科学哲学家卡尔·波普尔（Karl Popper，1902—1994年）在深入考察近现代科学发展历史的基础上提出了"科学始于问题"的著名论断，并逐渐成为哲学界和科学界的共识。波普尔指出，科学和知识的增长永远只能始于问题，终于问题——愈来愈深化的问题，愈来愈能启发大量问题的问题。

托马斯·库恩（Thomas Samuel Kuhn，1922—1996年）认为，科学的发展并

不像人们通常想象的那样以直线的形式积累增长和更替,而是由不同的范式及其转换来实现的,它不是一个连续性的过程而是跳跃式的过程,科学的实际发展是一种受范式制约的常规科学以及突破旧范式的科学革命的交替过程。而推动范式发展的正是"问题",库恩把科学问题分为"常规问题"和"非常规问题"两类,常规问题是在原有的范式条件下能够很好地解决的问题,而非常规问题则是在原有的范式条件下难以解决的问题。在科学领域,当非常规问题越来越多时,就意味着原有的科学范式面临着危机,将会被新的范式所更替,形成范式的转换,从而实现"科学革命"。

由此可见,问题意识十分重要。正是因为问题意识的重要性,现代的教育教学,无论什么阶段,从小学生到研究生,特别是科学研究过程中的选题,都重视问题意识培养或培养的学生是否具有问题意识。尽管重视问题意识,但人们对什么是问题意识,或怎样选题才算有问题意识,却没有清晰的看法,所以在讨论选题的问题意识之前,还要分析一下什么是问题意识。

2. 问题意识的内涵

从问题意识的字源分析来看,《说文》有:"问,讯也。"本义是询问。《周易·乾卦》:"君子学以聚之,问以辩之。"孔颖达疏:"问以辩之者,学有未了,更详问其事,以辩决于疑也。"《礼记·学记》:"善问者如攻坚木,先其易者,后其节目。"孔颖达疏:"问,论难也。"陈毅《沁园春·读毛主席柳亚子咏雪唱和词有作》:"政暇论文,文余问政,妙句拈来着眼高。"所以"问"引申有论难、探讨之意。

从词汇学的意义来看,什么叫问题? 毛泽东指出,问题就是事物的矛盾。哪里有没有解决的矛盾,哪里就有问题。这说明,"问题"重点在"没有解决的矛盾"。在《现代汉语词典》中,"问题"目前主要有四种典型的代表性含义:一是指要求回答或解释的题目;二是指须要研究讨论并加以解决的矛盾、疑难;三是指事故或麻烦;四是指关键或要点所在。因此,"问题"从总体上可以分为"客观性问题"和"主观性问题"两种基本类型或形式,但这两者之间并不是相互独立的,而是彼此紧密地联系在一起的。本杰明·布卢姆的认知目标分类理论将"问题"按人的认知水平,从低到高划分为知识性问题、理解性问题、应用性问题、分析性问题、综合性问题和评价性问题等六种类型。此外,美国芝加哥大学的心理学教授盖泽尔斯(J. W. Getzczs)和杰克逊(P. W. Jaekson)曾经根据"问题"的内容及答案从易到难的程度把我们所碰到的各种"问题"总体上分为三种类型:一是呈现型问题,二是发现型问题,三是创造型问题。

问题意识是关于选题价值的理性自觉,即了解选题在学术链条中的地位与意义,选题的学术背景、学科归属、学术价值等;问题意识是人们对认识活动和实践活动中遇到的难以解决的实际问题产生的一种困惑、思考、批判、分析,并积极寻求解决办法的自觉意识和思维状态;问题意识是一种思维的问题性心理，是人们在认识、实践活动过程中，经常意识到一些难以解决的、疑惑的实际问题或理论问题，并产生一种怀疑、困惑、思考、探究的一种心理状态，以及与之相联系的主体积极思考，提出问题、分析问题的一种思维能力倾向；问题意识还是对一些尚待解决的有科学价值的矛盾的认识，以及积极解决这些矛盾所表现出来的主体自觉。

从问题的意义来看，有意义的问题应该是阐释性的（interpretative 或 explanatory）和分析性的（analytical），而不是描述性的（descriptive）。"阐释性"是指对历史现象的成因和意义进行解释；"分析性"是把主题、观点或概念分解为若干个方面或范畴（category）来阐释；而"描述性"是指对历史过程的叙述，告诉读者发生了什么。任何史学论文都需要对历史过程进行描述，但这种描述应该是辅助性的，是为作者的阐释和分析服务的，史学论文不能仅仅停留在描述层面，否则论文就成了始末记，研究者就成了说书人。

有意义的问题关注的是不同历史现象或进程之间的联系，特别是现象与更宏大的历史进程之间的关系，而不仅仅是现象（事件、过程、人物、政策等）的来龙去脉。

简言之，社会实践的主题是一个具体的问题，而非感受、游记、想法；是一个可以明确发问，而且不通过社会实践的过程就无法直接得到答案的问题。

3. 问题意识来源

1）对个人、社会、国家的责任意识

所谓的责任意识，就是清楚明了地知道什么是责任，并自觉、认真地履行社会职责和参与社会活动过程的责任，而且把责任转化到行动中去的心理特征。简单来说，就是为了个人、社会、国家、人类的利益最大化，明确清楚自己应该做什么，从而能自我管理、自我约束并以最大的努力去完成的个体责任。

现实生活中，人类文明发展要求人要具有沿袭文明、发展文明的责任意识，关心国家政治生活的责任意识，承担生活角色的责任意识。所以，责任意识可概括为个体自觉为个人、社会、国家、人类的利益不懈努力的心理和行为意识。

从小处而言，责任意识个体不断追求自我进步、实现自我完善的自觉和需要，是个体对人生、事业的执着追求，是把"吾日三省吾身"的道德修养办法用到个体的自我完善方面来，做好本职工作，结果是个体人生、事业的圆满。例如，作为教师，就要把教师角色相关的事做好；作为学生，就要把学生角色相关的事做好。

从大处讲，每个人对社会、国家、人类都有相应的责任。为什么个体对社会、国家、人类都有相应的责任呢？首先，这是因为每个人要获得正常的生存与发展，不可能遗世独立。正如马克思所指出的，人的本质不是单个人所固有的抽象物，在其现实性上，它是一切社会关系的总和。所以，现实的个人是处于各种交往关系中的人,这体现在家族关系、社会关系、经济关系、政治关系、民族关系,由此得以进行自身的繁衍、发展和价值的实现,从而构成一个复杂的社会关系网络。现实的个人总是处在社会关系的动态构建之中,推动着历史发展。其次,人既是剧中人也是剧作者,为获得更好的生存与发展条件,个体还必须改造世界。众所周知,在资本逻辑的宰制下,社会关系中的人异化成资本不断增殖的手段和工具,甚至像德行、爱情、信仰、知识和良心等最后也成了买卖的对象。所以,只有改变世界、改变社会关系,才能丰富人的本质,推动个人的发展;而这种改变,从历史来看,显然不可能出于统治者良心的发现与施舍,从来都是人民群众斗争的结果。

家事、国事、天下事,事事关心。这是责任意识形象又通俗的概括。关心才会有行动、思考,有行动、思考才会有问题,责任意识可以说是问题意识的动力系统。具体到社会实践选题上来说,很明显,作为一个有责任意识的大学生,他会明白:社会实践是从课堂到社会、从理论到现实,有利于提升自己对国家和社会现实的认识,有利于提升实践能力、提高人才培养质量,加快和提升大学生社会化进程和水平。因此,他自会选择有利于提升自己认识和能力的实践去做。

2) 怀疑的精神

没有怀疑就没有"问题",如果认为什么困难都是理所当然的,则无论什么情况下都不会有"问题",所以怀疑精神是一切"问题"的起点。

两千多年前,中国伟大的思想家、教育家孔子就要求自己和学生"每事问"。孔子还特别重视问题意识在学习和生活中的重要性。他说,"疑是思之始,学之端";"学而不思则罔,思而不学则殆";"多闻阙疑"。他在所谓君子"九思"中提出"疑思问"的主张。他的学生子夏又发挥了这一思想,提出"博学而笃志、切问而近思",概括出"学—问—思"学习路径。后来,孟子又把孔子的思想推进了一步,他特别重视和倡导人的怀疑精神,即"尽信书,则不如无书"。

孔孟重视问题意识的传统也为后代儒家学者继承。如张载说,"义理有疑则濯去旧见,以来新意";"在可疑而不疑者,不曾学;学则须疑";"于不疑处有疑,方是进矣";"为学患无疑,疑则有进,小疑则小进,大疑则大进"。只有具备怀疑精神,才能推陈出新、创造新知,没有怀疑精神的学习等于没学,善于质疑是学习进步的阶梯。张载这里所说的疑,正是问题意识的核心,可见张载对问题意识的极端重视。"吾爱吾师,吾尤爱真理。"怀疑精神可以概括为对真理的不懈追求。

3) 持之以恒的关注和积淀

第三个获得"问题"的途径是自己平时的积累,主要是读书、思考的积累。读书要讲究方法,要带着批判的眼光读,读书就是找毛病的,不要把读书当作一种被动的学习。当你找毛病的时候,获得的东西要比被动读书获得的东西要多得多。只有带着批判的眼光读书,才能真正读出东西来,才能发现问题、积累问题。

(二)社会实践选题的标准

1. 选题的学术价值

学术价值是指,研究的问题一定是一个学术链条中的节点。一个选题的学术价值首先体现在创新,判断有没有创新的标准是"三新",即新观点、新方法、新材料,"三新"至少要有其一。比如某一个问题在学界已经有了多年的研究,但是还有许多缺环,你的研究补充了其中一个缺环,这就可以称为有学术价值。如果研究的问题与学术没有关系,不属于任何学术领域、任何学术链条中的一环,完全是孤零零的一个具体的现象,那么它的研究对现实、对学术没有任何价值,这样的选题就没有什么意义。

2. 选题的社会价值

所谓社会价值,就是这个研究或实践为现实大学生的教育目的提供了借鉴,能够给人以启发,选题研究或实践成果对国家、社会有意义。习近平总书记曾经感慨:"当年,我在梁家河插队,实际上就是在上社会大学,向群众学习,向实践学习,那段经历让我受益匪浅。"可见真正的研究和实践主题都来源于现实,从现实中获得启发,再由这种启发去回溯历史,从历史的相关事实研究中寻找现实的答案。对于社会实践的选题而言,要看所选定的主题是否符合社会发展、教育事业发展的需要,是否有利于提高教育质量、促进青少年全面发展。选题的社会价值强调的是:选题要有应用价值,选题要从当前教育发展实际出发,针对性要强,选取有代表性的、被普遍关注、争议较大的亟须解决的问题。

3. 选题的可行性

可行性主要指选题要具有可操作性。因为每个人的时间、精力、金钱、自身特定阶段的能力都是有限的,所以选题就要根据自身和外在许可的条件进行选择。选择具有可行性的选题,可从以下两个方面来考虑:①大选题下的小选题。在选题时,人们大都容易想到一个大选题或大方向,那么可以把大选题做一个逻辑分解,化整为零,通过增加限定词来对主题或内容进行细化,一直细化到时间、精力、金钱、能力可以承受的"限度"为止。例如,某同学想以中国环境保护为选题进行社会调查,这显然是大型机构才有条件操作的选题,于是可以通过以下两种方式进行细化。一是通过增加地区限制缩小范围。例如"中国环境保护问题调查——某某省环境保护问题调查",或者"某某市环境保护问题调查""某某区环境保护问题调查""某某学校环境保护问题调查"等。二是将内容进行细化。例如环境保护又可进一步细分大气、水、土壤、植被的保护等。②比较性思考"生题"和"熟题"。所谓"熟题",就是大家都在做的、经常辩论的题目。

"生题"就是拓荒,"熟题"就是攻坚。"熟题"的缺点在于难以体现创新性,难以体现自己的研究和前人研究的差异性;"生题"的不足在于难以判断是否可行。一般来说,对于社会实践的选题,与其"攻坚"不如"拓荒"。

4. 选题的思政性

要将大学生社会实践与一般的专业实习区别开来。专业实习的目的是提高学生运用专业知识的技能;社会实践的目的是让学生更好地了解社会,增加对社会的感性认识,用自己所学的知识回馈社会,在实践中不断坚定对中国特色社会主义的道路自信、理论自信、制度自信、文化自信。社会实践课作为一门高校思想政治课,最根本的是要全面贯彻党的教育方针,解决好培养什么人、怎样培养人、为谁培养人的根本问题。因此,大学生社会实践的选题一般要体现出思政性。

体现思政性的大学生社会实践选题一般来自三个方面:大学生关注的成长成才问题、国家重点推进政策和社会热点事件。在政治建设方面,例如电视问政、网络政务平台、基层协商民主、公共服务供给、政务信息依法公开等问题;在经济建设方面,例如创新型国家、核心竞争力、土地流转、产业升级、低碳经济、循环经济等问题;在社会建设方面,例如教育、医疗、住房、社会保障、社会治理、网络空间治理等问题;在文化建设方面,例如网络文化、特色文化、传统文化、价值观、新农村文化、校园文化等问题;在生态建设方面,例如垃圾分类、环境保护、资源开发、小作坊整治等问题。

二、社会实践团队的组建

(一)社会实践团队的基本构成

一个社会实践团队一般由指导老师、指导学长、团队负责人、一般队员组成。其中团队负责人1人,作为整个实践团队的核心人物,负责团队的运作与联络工作,各团队须认真选拔德才兼备的负责人,原则上不得随意更换且一般不参与别的实践团队的组建、管理等工作,以保证足够的精力管理自己团队;成员数不少于4人,原则上不多于20人,团队分工明确,各项工作有专人负责,团队成员一旦选定,一般不要随意变更;必须聘请指导教师,且指导教师指导的团队数量不能过多。

团队成员要具有相对统一的课题意向,否则难以形成合力。选择成员时要考虑实际工作量所需人员,例如对不同专业、不同特长人员的需求等。组团可以通过项目组团或兴趣组团,组团途径包括班级组团、寝室组团、社团组团、支部组团、学生会组团、同乡组团、公开招募等。

(二)社会实践团队组建注意事项

1. 确定好社会实践的主题,选择好共同兴趣的实践内容

团队所确立的社会实践主题必须积极向上、健康、合法,紧密结合学校社会实践主题和社会实际。组建团队进行社会实践活动必须向学校大学生社会实践课程组或校团委等负责大学生社会实践工作的部门报备。社会实践内容选择关系到实践团队后续安排,社会实践一般包括志愿服务类、调研类,涉及支教、义工、科学认知、文化调查等多个方面,进行选择时需要考虑实际情况,结合个人兴趣爱好进行。其中,志愿服务需要选择好合适的地点,避免走马观花,无实质性劳动付出;调研类需要选择优秀的调研主题,避免人云亦云,抓不住实质性东西。

2. 确定好团队的负责人,明确团队成员的分工

团队负责人要确定自己是否有能力带领好一支团队,能否做好团队领头羊。带领团队需要出色的组织协调能力、坚韧不拔的精神、能够感染周围人等,要有一定的领导才能。同样,一个团队需要多种人才,一般需要技术型、口才型、社交型、宣传型、生活型等,实践过程中有拉赞助的、写新闻、安排日常生活的、善于与外界联系的,等等。团队中每个成员必须有自己的闪光点,但对于一些比较懒散或与其他人格格不入的个人则不必考虑。

3. 建设好团队文化,建立团队管理制度

团队组建好之后,需要提高团队凝聚力,增强团队文化软实力。成员们可以集思广益创作自己团队的标志,在此基础上设计自己的队服、队旗、口号等,不要把这些看作形式,因为正是这些团队共同的结晶往往能让大家更好地团结在一起,形成团队独有的精神。同时,团队内部必须建立一系列制度,包括定期会议商讨制度、财务管理制度、安全管理制度、团队纪律等,以确保任务的有效实施。

(1)定期会议商讨制度。通过定期的会议商讨,同学们能不断地调整自己的心理状况和实践部署,不断更新、优化实践方案,不断认识自我,提升自我。老师也能更快地了解学生实践动态,并做好及时指导。

(2)团队财务管理制度。团队应根据实际需要使用经费,实践经费有专人管理、登记账目明细表。学校资助经费分前期和后期两部分发放。前期经费在团队出征前发放;后期经费由团队开学返校后,凭相关材料上交情况向实践管理部门申请发放;团队未按规定使用或报假账,一经发现,将取消其经费补助,前期经费勒令全数退回;团队因故未完成或未进行组团实践,前期经费应全数退回。团队通过外联活动取得的社会资助,须向学校申报备案。

(3)团队安全管理制度。学生社会实践团队的安全工作应作为首要任务来抓,各团队负责人要将学校关于学生社会实践安全工作办法落到实处,设专人负责安全工作,详细准备可行的安全预案,时刻提醒参与实践的同学注意自身的生命和财产安全,确保安全圆满地完成社会实践。实践过程中出现不可抗力的突发事件,团队负责人应及时与当地 110 联系,同时联系校、院团委实践部,说明相关情况,以便学校作出相应决定,使突发事件的损失降到最低。

此外,还要强调团队纪律问题。团队负责人要清楚本校规章制度,并懂得一些法律常识,了解实践所在地的习俗、相关规定,通过以上各方面的整合,然后结合实践期间的天气状况、团队成员的实际情况、团队的性质以及大学生文明规范等,制定适合本团队的纪律。

三、制订社会实践计划

(一)社会实践计划的要求

1. 针对性

计划要根据实践要求、实践内容、团队成员和实践地的实际情况来制订,目标明确,对实践活动具有指导性的作用。

2. 合法性

计划符合党和国家的方针、政策和有关的法律、法规,符合实践单位或地区的相关规定、民情风俗。

3. 可行性

与选题时一样,要考虑经济、社会、政治等外在条件的限制和个人能力的内在限制。

4. 明确性

计划应明确表达出社会实践的目标和任务,明确表达出达到目标所需要的各类资源以及所采取的程序、方法和手段,明确表达出所有成员在执行计划过程中的权利和义务。

5. 效率性

计划的效率性主要是指时间性和经济性两个方面,即在完成社会实践任务的前提下,尽可能地减少时间的消耗和经济上的支出。

(二)社会实践计划的内容

一个完整的社会实践计划,一般包括六个方面内容,简称为"5W1H":What——做什么,即社会实践的活动与内容是什么;Why——为什么做,即社会实践的原因与目的是什么;Where——在什么地方做,即社会实践的地点;

When——在什么时候做,即社会实践的时间安排;Who——谁去做,即社会实践团队成员的分工;How——怎样做,即社会实践的手段和安排。实践方案由实践课题的基本情况、实践内容、可行性分析等三个部分构成。

1. 基本情况

(1)主题简介:社会实践主题的名称、参与人员、实践地点、实践时间。

(2)背景与意义:结合相关政策、背景资料,分析社会实践选题的现实意义和实用价值。

(3)预期目标:社会实践活动计划达到的效果,取得的成果或影响,等等。

2. 社会实践内容

(1)规划社会实践主要内容与形式。

(2)不同阶段人员安排与任务分工,如集体行动、小组行动等。

(3)日程安排:筹备、出发、实践过程中的具体安排、总结、返程等。

3. 可行性分析

(1)筹备情况:团队与实践地、实践单位的联络情况,实践策划是否合理,团队成员实践时间是否能保证,物资准备是否齐全,安全工作是否到位等相关分析。

(2)安全预案:社会实践团队对可能出现的安全问题、突发事件是否考虑周全,有无妥善的应对措施,等等。

(3)经费预算:社会实践预算是否合理,现有资金是否满足实践需要,有无应急措施,等等。

(三)社会实践计划的结构

社会实践计划的结构一般有文章式、表格式和时间轴式三种。

1. 文章式

把社会实践计划按照指导思想、目标和任务、措施和步骤等分条列项地编写成文,这种形式有较强的说明性和概括性。

2. 表格式

整个社会实践计划以表格的形式表述,经常用于时间较短,内容单一或量化指标较多的工作计划。

例:某社会实践队北京分队"探改革之路,寻自控之根"日程计划表(包括了除人员分工、手段和安排以外的其他计划要素),如表3-1所示。

表 3-1　某团队社会实践计划

日期	时间	活动安排
8月20日	下午	抵达××地,召开团队会议,整理问卷、提纲、院系专业介绍等相关准备材料。
8月21日	上午	抵达×××单位,观看相关单位介绍视频,相关单位介绍情况,双方探讨交流。
8月21日	下午	抵达×××单位,听取复杂系统管理与控制国家重点实验室介绍和中国自动化学会介绍,之后双方交流探讨。
8月22日	上午	抵达×××单位,参观相关单位博物馆,听取相关单位介绍单位文化和精神等,双方探讨交流。
8月22日	下午	抵达×××单位,参观相关单位的博物馆,听取相关单位介绍,双方交流探讨。
8月23日	上午	抵达×××单位,参观该单位展厅,×××单位介绍发展历史以及其他方面情况;通过VR来"参观"×××单位的实际场景;双方互相介绍,探讨交流。
8月23日	下午	抵达×××单位,参观×××单位展厅,参观航母模型,等等;参观中船智慧海洋展厅;双方互相介绍,探讨交流。

3. 时间轴式

整个社会实践计划按照时间轴依次列开,内容按照实施先后顺序编制。列出重要的日期、时间、地点、人名等关键事件。确定时间轴开始和结束的日期,并按时间顺序列出介于两者之间的实践活动。

第三节　新时代大学生社会实践的评价

一、大学生社会实践评价的类别

大学生社会实践评价包括前期评价、中期评价和后期评价。

1. 前期评价

前期评价是社会实践项目立项的依据。在社会实践开始之初,方案策划、校内培训、宣传准备等要求具有详细的方案和策划。这些工作关系到实践活动操作的可行性、活动的初步影响、能否顺利开展等。

2. 中期评价

中期评价可以从社会实践团队的创新能力、合作能力、表达能力、交际能力、解决问题能力、活动报道等方面进行重点评价。

3. 后期评价

后期评价可以从社会实践团队的学生评价、社会评价、获奖情况等方面按等级赋予不同权重系数，按权重系数计算得分。

二、大学生社会实践评价的原则

1. 过程评价与终结性评价相结合

过程评价也称形成性评价，是指对学生实践行为与效果进行日常性记载。终结性评价是在实践活动之后，对学生实践活动所作出的全面综合评价。

2. 定性评价与定量评价相结合

使用定量评价要尽可能地把考评目标量化。但人的行为变化是很复杂的，因此在社会实践评价中应重视定性分析。

3. 学校评价、社会评价与自我评价相结合

评价最重要的目的不是证明，而是为了改进。通过评价，各评价主体都可以从反馈的信息中发现其管理和教学实践中的优势和不足。通过科学的评价内容、运用适当的评价方法，不断充实和完善社会实践体系，发挥实践育人的整体效应，从而最终实现育人目标，这应该成为我们加强社会实践评价机制研究，制定系统、全面、科学的大学生社会实践评价机制的重要工作。

三、大学生社会实践报告评价

大学生社会实践报告是大学生社会实践活动的总结性材料，整体体现了实践活动的成效。对大学生社会实践报告的评价，主要包括对主题选择、报告内容、文章组织与语言表达、理论水平以及材料的组织工作等五个方面评价。各学校可以根据实际情况设置相对应的权重。如表3-2、表3-3所示。

表 3-2　××大学暑假社会实践报告评分表

评审项目（分值）	评审标准（分值）	得分
一、主题选择（20 分）	(1)主题鲜明,创新性强,实践价值高。(16～20 分) (2)主题较突出,有一定创新性,实践价值一般。(10～15 分) (3)主题不突出,缺乏创新,实践价值低。(0～9 分)	
二、报告内容（30 分）	(1)内容丰富具体,取材广泛,材料翔实可靠。推理严密、有序,系统性强。报告的观点与实践紧密结合并反映了领先的思想。(21～30 分) (2)内容具体,取材较广泛,材料较可靠,实践性比较强,观点较新颖。(11～20 分) (3)内容一般,有一定的材料说明,实践性一般,观点基本正确,系统性较差。(0～10 分)	
三、文章组织与语言表达(20 分)	(1)结构层次清晰,文字准确精练,语句流畅,格式正确。(16～20 分) (2)结构层次安排一般,文字较精练,语句通顺,格式基本正确。(10～15 分) (3)结构层次安排较差,文字拖沓冗余,表达不准确,格式混乱。(0～9 分)	
四、理论水平（20 分）	(1)理论的逻辑结构严谨,研究方法独特,联系实际,学有所用。(16～20 分) (2)理论的逻辑结构一般,研究方法较先进。(10～15 分) (3)理论的逻辑结构较差,研究方法较陈旧。(0～9 分)	
五、附加（10 分）	形式新颖精致,运用多种有效的形式,如:社会影响、媒体正面报道、社会实践获奖等。	
总分(100 分)		
评审意见（获奖报告）		

表 3-3　××大学暑假社会实践报告评分示例

评价阶段	一级	二级	三级	马院教师 C1(40%)	校团委 C2(30%)	院系教师 C3(30%)
第一课堂	理论学习	课堂表现	是否按时上课	90		
			是否按要求完成课程作业	89		
		实践选题	是否紧密联系课堂教材内容	87		
			是否紧密联系时事热点等	88		
	实践培训	培训过程	是否按时参加,培训内容掌握程度		91	
		实践计划	是否全面详细、合理可行等		90	
第二课堂	实践表现	实践能力	沟通能力、合作能力			86
			专业能力、创新能力			87
		实践态度	实践主动性			88
			实践责任心			89
	实践成效	总结材料	实践总结报告质量	85	86	90
			实践成果展示情况	89	87	91
		其他材料	实践单位意见	95	95	92
			媒体报道情况	92	91	93
			活动图片、视频材料	90	86	94

第四章 社会调查的研究方法

第一节　社会调查的定性研究方法

一、定性研究的概念

定性研究,也称质化研究,是社会科学领域的一种基本研究范式,也是科学研究的重要步骤和方法之一。它是通过观测、实验和分析等,来考察研究对象是否具有这种或那种属性、特征,以及它们之间是否有关系等。由于它只要求对研究对象的性质作出回答,故称定性研究。研究者运用历史回顾、文献分析、访问、观察、参与实验等方法获得处于自然情境中的资料,并用非量化的手段对其进行分析,获得研究结论。定性研究更强调意义、经验(通常是口头描述)、描述等。

二、定性研究常见方法

(一)文献分析法

文献分析法是指通过对收集到的某方面的文献资料进行研究,以探明研究对象的性质和状况,并从中引出自己观点的分析方法。文献分析法的主要内容是对查到的有关档案资料、公开出版的书籍刊物等资料进行分析研究。文献分析研究是进行社会实践的一个重要步骤,是进行实践前的先导性研究,具体研究方法分为以下几个步骤:

1. 确定课题内容

确定课题内容是最重要的一个步骤,如果课题内容与方向都还没有确定下来,接下来就很难进行相应的研究工作。

首先要挖掘研究兴趣点,只有感兴趣,才会想要去了解,才会有阅读文献的动力。在确定研究兴趣后,应该不断深挖,去关注更小的方面。此外,还需要关注所选择的问题为何重要。研究问题的重要性主要包括理论和实践两个方面,一项好的研究应该既具有重要的理论价值,也具有重要的实践价值。当然,尽管并不能否认有一些开创性的研究更注重理论层面的重要性,也有一些研究仅仅立足于实践的重要性。

对于思想政治理论课的社会实践而言,主题的思想政治性是基本属性。要在马克思主义世界观和方法论的指导下进行社会实践,始终坚持马克思主义的基本立场,坚定党的信仰,坚持走社会主义道路,实现思想政治性在社会的全覆盖。思想政治理论课的社会实践还具有社会性的特征。所谓社会性特征,是指社会研究在特定的社会环境中进行,是一种社会性的活动。社会调查的社会性特征主要表现在以下几个方面。首先,社会研究的目标具有社会性的意义。一般说来,社会研究的选题应该具有社会意义,它应该对解决社会问题和促进社会发展产生积极的影响。其次,社会研究是一种社会活动。一方面,在当代社会中绝大多数调查研究活动都是以有组织的方式进行的,在社会调查活动中需要有各种机构和各类人员的分工合作;另一方面,许多社会研究活动,尤其是较大规模的调查和研究活动需要有大量的社会资源相配合。

通常而言,从选题到问题,是一个不断缩小研究范围和明确研究任务的过程。研究问题提得好不好,其实是研究任务选得好不好,而不是文字表达的问题。一个好的问题应该具有以下三个特点:

第一,明确性。即好的研究问题应该是具体明确的问题,开宗明义,而非笼统模糊的问题,让人捉摸不透。

第二,问题性。即好的研究问题应该是以"为什么"的形式提出的问题,因为科学的本质在于探求事物发展的客观规律,社会科学也是如此。

第三,重要性。即好的研究问题应该是一个重要问题。没有明确而具体的问题,有多个研究问题或在研究过程中问题发生变化,以及忽略为什么的问题而总是思考怎么做的问题等等。其中最糟糕的情况就是没有研究问题。因此,建议在开始研究前,以一个问句的形式将自己所要研究的问题写下来。提出一个好问题,甚至比给一个普通的问题以好的解释更为重要。

一个好的社会实践选题一般来自两个方面:①在文献中寻找好问题。确定选题之后,即可阅读该领域内的相关文献,尤其是最新最重要的论文文献。在阅读文献的过程中,要明确该领域内研究者们提出了哪些关键议题,作出了哪些经典解释。在对该领域有了整体的了解后,研究人员就能反思该领域内有哪些问题尚未解决,有哪些解释存在缺陷。②在事实中寻找问题,即哪些事实缺乏有效的解释。最重要的事实就是变化,既包括纵向的变化,也包括横向的变化。所谓纵向的变化就是随着时间流动产生的变化,过去是怎样的而现在又是怎样的;横向的变化就是随空间变化而产生的变化,如同一时期面临同样的国际压力时,不同的国家有何不同反应以及为何会有不同的反应。研究过程中一定要注重观察现实生活中的变化,变化即意味着新现象,新现象就会产生新问题。

2. 搜索文献资料

文献是可以被用于论证的材料。按存在形式划分,文献可以分为纸质版文献与电子版文献。大数据时代,研究者常习惯于在互联网上搜集文献,但要注意文献不只存在于互联网上,除了期刊论文、学位论文、会议论文之外,研究专著、新闻报道、行业报告、田野手记、档案资料、传记文学、统计报表,甚至博物馆的竹简、禅定佛像以及纪录片等,都可以成为研究的文献。研究者要拓展文献使用的视野。

一手文献是最原始的数据和素材,譬如田野手记、档案资料、统计报表、竹简铭文等都可以归类为一手文献。二手文献是经过了学术加工的材料,期刊论文、学位论文、会议论文和研究专著即是二手文献。做研究时,要尽量选用一手文献,才能作出具有原创性的学术文章;经典的二手文献也必须使用,作者要与既有的学术界进行对话,否则容易闭门造车、夜郎自大。

3. 撰写文献综述

文献综述就是文献研究之后的一份"报告",是在综合了解文献之后得到的关于研究领域的认知以及研究者个人的见解。研究领域的发展背景、发展现状、前人对于该领域的研究情况、研究者对于该领域的独到发现等都是重要的组成部分。学术界是个共同体,某个研究领域若想要纵深发展,后人就必须站在前人的肩膀上。因此,了解已有研究的情况,从而定位自己前进的方向,即正式研究开始前先做文献综述,就是一种必然的"制度安排"。

撰写文献综述有利于系统化研究者对文献资料的认识,避免做重复性的工作,为研究精准定位,发现研究可能的创新点,更好地辅助后续的研究进程,这也能体现研究者的专业素养水平。

文献综述大体包括两种类型。一种是叙述型的文献综述,常见于学位论文或者学术专著中,这种文献综述是为研究者后续的研究做铺垫的。另一种是评价型的文献综述,即文献综述本身就是研究者所开展的研究。

叙述型的文献综述是更为常见的文献综述类型。尽管这种文献综述是"叙述型"的,但并不意味着研究者只需要"叙述"已有文献做了什么而已。文献综述切忌做成流水账。不能通篇是某学者做了什么,而是要将相关学者的文献有机地组合在一起,找出相关领域的研究线索,甚至是勾勒出一幅相关领域的研究图景,使研究现状一目了然。

文献组合的逻辑有很多种,比较经典的逻辑即时间与空间的逻辑。在时间逻辑上,围绕某一主题,按时间先后顺序或主题本身发展层次,对其历史演变、目前状况、趋向预测做纵向描述,从而勾画出某一主题的来龙去脉和发展轨迹。要把握脉络分明,即对某一主题在各个阶段的发展动态做扼要描述,将该主题的研究现状、取得的成果和存在的问题以及未来的发展趋势交代清楚,文字描述要紧密衔接。撰写综述不要孤立地按时间顺序罗列事实,把综述写成了"大事记"或"编年体"。要突出一个"创"字,即主要对有代表性的成果进行整理。有些专题时间跨度大,科研成果多,在描述时就要抓住具有创造性、突破性的成果做详细介绍,而对一般性、重复性的资料则从简从略。这样既突出了重点,又做到了详略得当。在空间逻辑中,对某一主题在国际和国内的各个方面,如各派观点、各家之言、各种方法、各自成就等加以描述和比较。通过横向对比,既可以分辨出各种观点、见解、方法、成果的优劣利弊,又可以看出国际水平、国内水平和本单位水平,从而找到了差距。横向对比适用于成就性综述。

在同一篇综述中,一般可以同时采用时间和空间结合的写法。例如,写历史背景采用纵式写法,写目前状况采用横式写法。通过"纵""横"描述,才能广泛地综合文献资料,全面系统地认识某一专题及其发展方向,作出比较可靠的趋向预测,为新的研究工作选择突破口或提供参考依据。

无论是哪一种写法,文献综述的写作都要求做到:一要全面系统地搜集资料,客观公正地如实反映;二要分析透彻,综合恰当;三要层次分明,条理清楚;四要语言简练,详略得当。

因此,有价值的文献综述至少要满足以下三个要点:

第一,全面性。对相关领域研究文献尽可能地全面掌握、筛选甄别和有效阅读,尤其要找到关键作者和关键文献;

第二,逻辑性。根据一定的逻辑(时间、空间、研究对象、研究主题、理论模型、研究方法等)对文献进行归类与分析,最好能体现已有文献之间的继承关系、对话关系、驳斥关系等;

第三,评述性。在综述已有文献进行研究时,研究者应当建立自己的观点,往往聚焦于已有文献研究的盲区、模糊点或者争议点,提出进一步的研究建议。对于学位论文而言,进一步的研究建议往往对应着研究者自己的选题和后文的具体研究;对于期刊论文而言,进一步的研究建议往往具有引领相关学术发展的价值,可供学术共同体参考借鉴。

4. 文献分析法的优缺点

1)文献分析法的优点

(1)可接触范围广。文献分析法最大一个好处是,它在研究过程中的可接触范围很广。针对文献资料进行研究分析,可以跨越时间、空间等限制,从古今到中外,只需通过相关渠道获得文献,就可以进行观点的提炼与研究,这对于研究者来说,是方便省时的。

(2)研究成本低。文献研究法不像实验研究,需要耗费大量的原料与器材,它接触的仅仅是与研究对象有关的文献资料,研究过程也相对比较简单,因而可以省下一大笔的研究经费,对于研究预算是很友好的一种研究方式。

2)文献研究法的弊端

(1)具有倾向性。由于研究者在进行文献的研究分析时会倾向于自身课题的观点,这样就容易导致忽视或者扭曲了文献原文主旨,从而偏离了文献原本描述的事实现象,将严重妨碍研究者的调查研究。

(2)具有局限性。文献资料浩如烟海,研究者不可能做到面面俱到,所以,非全面性的选择将对研究内容有一定的限制;其次,由于研究者对文献的熟悉程度不一,很难完全理解里面的内容信息,也就是说,文献分析法存在着局限性。

(二)资料调研法

资料调研法是在一定的理论指导下,综合使用历史方法,观察方法和其他科学方法,例如对话、问卷调查,案例研究和测试,有目的、有计划和系统地收集有关研究对象的实际或历史条件的材料等,以对调研现象进行有计划的、全面和系统的理解。资料调研法是科学研究中常用的基础研究方法。资料调研法分析、综合、比较和总结从调查中收集的大量数据,以便为人们提供常规知识。它还是一种直接研究的方法,多适用于研究现实问题,更适用于描述一个大的总体的性质、倾向和态度。一般多用于对一个群体、城市、地区或单位的某一专题的调查,同时也可用于一般科研过程中的局部调查、个性调查。常见的资料调研法有以下几种:

(1)实地观察法。调查者在实地通过观察获得直接的、生动的感性认识和真实可靠的第一手资料,但因该法所观察到的往往是事物的表面现象或外部联系,带有一定的偶然性,且受调查者主观因素影响较大,因此,不能进行大样本观察,需结合其他调查方法共同使用,通常适用于对那些不能够、不需要或不愿意进行语言交流的情况进行调查。

(2)会议调查法。这种方法因其简便易行而在调查研究工作中比较常用。通过邀请若干调查对象以座谈会形式来搜集资料,分析和研究社会问题。它最突出的优点是工作效率高,可以较快地了解到比较详细、可靠的社会信息,节省人力和时间。但由于这种做法不能完全排除被调查者之间的社会心理因素影响,调查结论往往难以全面反映真实的客观情况。而且,受时间条件的限制,很难做深入细致的交谈,调查的结论和质量在很大程度上受调查者自身因素的影响。

(3)专家调查法。这是一种预测方法,即以专家作为索取信息的对象,依靠其知识和经验,通过调查研究,对问题作出判断和评估。其最大优点是简洁直观,特别适合于缺少信息资料和历史数据,而又较多地受到社会的、政治的、人为的因素影响之信息的分析与预测课题。专家调查法广泛运用于对某一方案作出评估,或对若干个备选方案评估出相对名次,选出最优者;对达到某一目标的条件、途径、手段及它们的相对重要程度作出估计等。

(4)问卷调查法。问卷调查法是使用非常普遍的一种方法,是进行社会研究的一种重要手段。该方法最大优点是能突破时空的限制,在广阔的范围内,通过间接的书面访问对众多的调查对象同时进行调查,适用于对现实问题、较大样本、较短时期、相对简单的调查,被调查对象应有一定文字理解能力和表达能力。由于问卷调查法只能获得书面的社会信息,而不能了解到生动、具体的社会情况,因此该法不能代替实地考察,特别是对那些新事物、新情况、新问题的研究,应配合其他调查方法共同完成。

(5)抽样调查法。指按照一定方式,从调查总体中抽取部分样本进行调查,并用所得结果说明总体情况。它最大的优点是节约人力、物力和财力,能在较短的时间内取得相对准确的调查结果,具有较强的时效性。若组织全面调查,则范围广、耗时长、难度大,因而常采用抽样调查的方法进行检查和验证。

(6)典型调查法。这是在特定范围内选出具有代表性的特定对象进行调查研究,借以认识同类事物的发展变化规律及本质的一种方法。在调查样本太大时,可以采用此种方法,但必须注意对象的选择,要准确地选择对总体情况比较了解、有代表性的对象。

(7)实验调查法。它是指在推行某种经济政策、具体措施或经营方法时,先进行实验试点,以收集资料,取得经验的方法。如销售实验就是在推行某种经销方式或销售新产品前,先进行小规模的实验,通常是先由企业拿出少量的新产品进行试销,征询试用者对商品质量、价格、包装的意见,然后对实验结果进行分析,预测市场的潜在需求量,再决定是否应该大规模投放市场。此法科学,比较客观,可以收集有价值的资料。其缺点是实验过程长,成本较高。

(三)人物访谈法

人物访谈法是比实地观察法更深一层次的调查方法,它能获得更多、更有价值的信息,适用于调查的问题比较深入、调查的对象差别较大、调查的样本较小、调查的场所不易接近等情况。人物访谈法有以下几种类型:

1. 结构化访谈

在结构化访谈中,访谈者对所有被访者都询问同样的、事先设计好的问题,除了开放式问题(很少)以外,答案的类别十分有限,在回答时一般没有什么变动的余地。访谈者根据事先设计好的编码方案记录答案,根据问卷控制访谈的节奏,将问卷当作剧本,以标准化、直线性的方式一步步加以处理。访谈者必须对所有的访谈情境一视同仁,以同样的顺序,同样的问题询问所有的被访者。在结构式访谈中,问题和回答都没有什么灵活性。

不要对研究进行过多的解释,只用设计者提供的标准解释。不要偏离研究指南、打乱问题的顺序或者改变问题的措辞。不要让别人打断访谈;不要让别人替被访者回答或者在被访者回答时发表别人对问题的看法;不要暗示同意或反对某个答案,不要给被访者任何关于调查问题的个人意见;不要解释问题的含义,可以重复问题,并且给出在培训中统一规定的或是由设计者提供的说明和解释;不要临场发挥,比如增加答案类别或者改变问题的措辞。

电话访问,在被访者家里面对面的访谈、在马路上或公园里中途拦截的访谈,以及与调查研究相关的访谈,都很有可能属于结构式访谈。这种访谈情境要求访谈者扮演中立的角色,不要在被访者的回答中插入他或她的意见。访谈者与访谈对象(被访者)之间必须建立"和谐的关系",访谈者一方面一定是随意的、友好的,另一方面又必须是指导性的、客观的。访谈者必须做一个"感兴趣的听众"以回报被访者的参与,但对回答不做评价。

乐观地说,在结构式访谈中,出错的可能性很小。在问卷实施过程中产生的回答效应或非抽样误差主要来自三个方面。第一是被访者的行为。被访者可能故意取悦访谈者,或是阻挠访谈者获取自己的信息。为了实现这个目的,被访者会在答案中添油加醋,给出一个"社会期望"的答案,或者省略某些相关信息。被访者还可能因为记忆错误而犯错。第二是方法本身的特性。如问卷实施的方法(面对面或者通过电话),问题的顺序或措辞。第三是访谈者。其个性特征和提问技巧都可能妨碍问题的正常交流。访谈者本身犯错误的严重程度是至关重要的。

大多数结构式访谈几乎都没有给访谈者留下即兴发挥或独立判断的余地,但即使在最严格的结构式访谈中,也会有一些情况出乎预料,并不是每一个访谈者的行为都符合规定。实际上,一项对访谈者影响的研究发现,访谈者会改变问卷中多达三分之一的问题措辞。

一般来说,对访谈者影响的研究显示,访谈者特征如年龄、性别和访谈经历等对回答只有很小的影响。在结构式访谈情境中,访谈者对回答的质量影响很小,这主要是因为这类访谈本身是无弹性的、标准化的、预先设计好了的,几乎没有犯错误的机会。

只理解访谈技巧是不够的,理解被访者的世界与可能刺激或阻碍回答的力量也相当重要。但是,若假定只要问题问得合适,被访者就会真实地回答,那么结构式访谈就是按一种"刺激-反应"模式进行的。这种类型的访谈经常会得到一些理性的答案,但它忽略或错误估计了情感方面的作用。

2. 小组访谈

小组访谈本质上是一种定性资料收集技术,依赖于在一种正式或非正式的情境中,对几个人同时进行有系统的提问。因此,这种技术介于正式和非正式访谈之间。

在小组访谈中,根据访谈的目的,访谈者或主持人可以选择结构式的方式或非结构式的方式来指导调查和控制与被访者之间的互动。访谈的目的可能是探索性的,比如研究者召集几个人在一起,或者检验一种方法论的技术、界定研究的问题,或者确认关键的信息提供者。这种探索性意义的一个延伸,就是小组访谈可以用来预先检验问卷的措辞,测量量表或调查设计的其他要素,这在目前的调查研究中十分普遍。小组访谈也能成功地用来帮助被访者唤起对一些特殊事件的记忆,激发出对事件的细节描述(比如一场灾难或一次庆典)或由一个小组成员共同分享的经验。小组访谈还能够用于"三角测量",或与其他资料收集技术同时使用。比如,通过将个人回答放入一个具体的情境中,使小组访谈有助于理解"模糊的三角测量"过程。最后,小组访谈无论是作为资料收集的唯一方法,还是与其他技术一起使用,现象学目的都是可以达到的。

小组访谈依据其目的可以分成不同的类型。它们可能是非结构的或没有访谈者指导的头脑风暴会议,也可能是典型的结构式,像名义小组和市场焦点小组。在后一种类型中,访谈者的作用是非常明显和富于指导性的。实地工作的情境为小组访谈既提供了正式的机会,也提供了非正式的机会。实地研究者可以使被访者进入一个正式的场景中并向其询问非常直接的问题,也可以将被访者带进一个自然的场景,像街角、邻近的小酒馆,这些地方对于那些非正式而目的明确的调查来说,是非常有利的环境。

小组访谈可以在几个维度上进行比较。首先,访谈者可以是非常正式的,采取指导性和控制性立场,严格地引导讨论,不允许偏题和离题,这是焦点小组和名义小组/德尔菲小组的模式。在后一种情况下,参与者完全是分开的,但通过一个协调人或访谈者分享和交流意见。不直接提问的方法更可能运用在自然的实地情境中,如街角或一个控制的环境(比如研究实验室),在那里,研究的目的是现象学的,只就某一主题确立一个大致范围。也可以根据问题形式和目的来区分小组访谈,在这种情况下,小组访谈可以是探索性的、试调查或现象学的。探索性访谈的设计是为了增进对一个主题或环境的熟悉和了解,访谈者可能是非常富于指导性的(或者相反),但问题通常是非结构式的或开放式的。现象学目的的访谈中也采取同样的形式,目的是在深度和多样性上发掘主体间的意义。在试调查的访谈中,问题形式一般是结构式的,访谈者是指导性的。

实施小组访谈的技巧与个别访谈没有明显的差别。访谈者必须灵活、客观、移情、有说服力、做一个好听众,等等。但是在小组访谈中也确实出现了一些在个别访谈中没有发现的问题。主要有三个特殊的问题:第一,访谈者必须防止个人或小团体控制小组;第二,访谈者必须鼓励那些不顺从的被访者参与;第三,访谈者必须从全部被访者那里得到回答以保证收集到有关议题的最全面信息。此外,访谈者必须在指导性的访谈者角色与协调人角色之间取得平衡,这要求对被访谈的群体进行动态管理;小组访谈者必须既考虑到预先准备的问题,又随时关注小组成员之间互动状况的变化。

小组访谈具有一些个别访谈所没有的优点：实施起来相对经济，能获得丰富、详尽的资料；能刺激被访者的回忆；形式灵活。但是，小组访谈也存在一些问题：结果不能推论，新出现的群体文化可能干扰个体的表达，小组可能被某个人控制；结果可能是"小团体思想"。小组访谈对访谈者的技巧要求也比个别访谈更高一些，这是因为小组的状况是不断变化的。此外，这种方法不太适合研究敏感性话题。然而，无论是定性研究还是定量研究，小组访谈都是一种可行的方法。

3. 访谈的技巧

大量关于结构式访谈技巧的书籍已经出版过，也有大量的文献是关于小组访谈的，特别是在市场调查中，小组访谈的使用已经和定性社会学联系在一起了。非结构访谈的技术也被详细讨论过。尽管访谈形式千变万化，然而不管访谈者是一个厉害角色，还是只会照本宣科，访谈都涉及一些技巧。碰到不同的情况，技巧应该随之改变。改变技巧被称为使用策略。传统上，研究者和被访者会进行一场非正式的谈话，因此研究者（访谈者）在牢记调查主题的同时必须保持一种"友好"的声调与被访者交谈。研究者开始必须用一些一般性问题来"打破坚冰"，然后逐渐转到更具体的问题，同时，还要尽量不露痕迹地问一些问题以检验被访者所谈内容的真实性，研究者应该避免陷入一场"真的"谈话，避免在谈话中回答被访者的提问或者就讨论的问题发表个人意见，研究者可以不加入自己的意见，避免"掉进陷阱"（"我怎么认为不重要，重要的是你的观点"）或者假装无知（"对这个问题我真的不懂，不知道说什么，你是专家"）。当然，正如我们在性别化访谈中所看到的案例一样，研究者可能会拒绝使用这些技巧，而与被访者开始一场"真的"交谈，互相迁就，分享移情式的理解。

我们重视语言表达在访谈中的重要作用，与此同时，访谈中的非语言技巧也很重要。有四种基本的非语言交流形式：

一是"人际距离"，即通过人与人之间的距离来反映人们对交流的态度；

二是"时位"，即在谈话中对讲话节奏及沉默时间长短的控制；

三是"身势"，包括任何身体动作或姿势，即肢体语言；

四是"附属语言"，包括音量、音调和音色的所有变化。

这四种形式为访谈者描述了一些重要的技巧。另外，访谈也应该仔细观察和记录被访者对这些方式的运用，访谈资料不仅仅应该包括语言记录，还应该尽可能包括互动中的非语言特征。最后，在小组访谈中，技巧会有所改变，比如，在对一群孩子进行访谈时所用的方法肯定和访谈一群年老者所用的方法不一样。

因为访谈中的调查对象是人，研究者应特别注意，避免伤害他们。传统上，伦理关怀主要涉及知情同意（小心谨慎地告诉被访者有关研究的事以便得到被访者的同意)、隐私权(保护被访者的身份)、避免伤害(身体的、情感的或任何其他方面)。社会学家或其他社会科学家一致赞同考虑以上三种伦理关怀,但也对其他方面存在异议。例如,关于公开还是隐蔽进行实地工作与参与观察的争论尤为关系密切,争论还包括录音技术的秘密使用等。

(四)案例分析法

案例分析法亦称典型分析法、个案分析法,它是指对一个或几个具有代表性的典型实例进行研究,从而发现该类事物一般规律的研究方法,是一种定性研究方法。

案例分析法以案例形式描述所要研究的主题和内容,基于理论进行分析,提出解决问题的对策或建议。虽然不同专业领域有不同的案例分析,对案例的选择、对格式模块的区分要求也各有所异,但本质上都存在一定的共通性,都是对案例表现出的内容进行描述、归纳、总结,或建立相关理论模型,从表象出发进行更深层次的研究分析。

因此,对于案例的选择,应符合以下几点原则:

(1)案例需要有足够的代表性。案例中的主体范围应固定,各主体要素的特征应鲜明。主体应被框定在一定范围内,在定量研究中,便于对案例的自变量和因变量进行准确测量;在定性研究中,便于结合规律性学术成果,对不同群体行为或心理特征进行判断与分析。案例中的研究方法或策略应足够典型,有借鉴性价值。不仅仅是主体因素,案例中的研究方法或解决问题的策略也应该具有典型性。从其中高效的研究方法中获得启示,提炼出理论观点;从其中错误或不当的研究方法中吸取教训,并针对漏洞提出改进措施。案例中的数据或结果应指向明确,符合大众的普遍性认知。为了实现更高的研究价值,我们应选择那些与传统案例在关键领域内有明显差异、数据完整的案例。但与此同时,所选案例也应该符合大众的普遍性认知,应该是可以利用相关学术理论进行推论并能够取得合理结果的。

(2)案例需要有足够的真实性。选择发生时间近、足够新的案例。与研究条件类似,案例事件及各主体要素也受时间、历史、政治等客观因素与认知能力等主观因素的影响。因此,为了尽可能排除不必要因素产生的误差,也更加贴近现实生活需要,我们应该选择近期发生的、贴近当代生活的案例。就选择贴近实际的案例而言,有的案例虽然符合上述标准,在时间上足够近,但是却偏离实际生活,所指领域狭窄偏僻,此类案例的研究价值和应用价值都很低,应排除。关于保留案例的完整性与客观性,案例涉及的各项数据、图表、言论和主体的行为特征都应该尽可能完整、准确地保留下来。如果涉及某些单位机构的隐私,我们可以对相关数据进行同比例的放大或缩小,但切勿改变数据之间的定量化联系，以免干扰研究假设的验证，导致研究结论上的误差。

（3）案例应具有足够的研究价值。案例应细节丰富、数据完整准确。只有细节丰富、数据完整准确的案例才能够为我们提供全面描述和深层探讨的空间，也就避免了胡乱拼凑信息数据和理论知识的研究空洞。案例应具有一定特殊性，避免陈旧雷同。虽然任何事件的主体因素都多多少少存在着差异，但我们应该选择那些在关键领域中存在突出性差异的事件作为研究案例；同时应该以理论知识为判断支撑，侧重于选择那些在传统理论、公式之外的特殊个例。案例的逻辑框架应较为明显，便于进行有条理的分析。如果所选案例事件发展过程混乱、偶然性强、干扰因素多，那么这样的案例就不适合我们进行深层次的实验验证，也不利于我们从实际情况中提炼出学术理论。

（4）案例应被明确归属于相关领域的研究范畴。所选案例的质量与学术关联度影响着整个研究过程的进度与研究结果的价值。因此，所选案例应该归属于研究者的专业领域，能够用相关专业领域理论进行深入的分析与阐述。如果与相关专业理论脱节的话，整篇论文的结构和逻辑思路都会极其混乱，读者一头雾水，研究价值也将微乎其微。

案例分析的内容应具备以下几点。

（1）格式布局清晰、合理。案例分析可以采用多种形式来撰写。在只针对一个重点案例进行分析时，我们应将模块划分得更为明确、具体，在不同模块中要更详细、全面地分析案例内容，做充分透彻的说明与阐释。在针对多个案例进行分析时，我们应明白：这些案例的特征可能较为单一，对应的理论知识也可能仅仅归属于某一较窄的研究领域。因此，我们在分析该类案例时，无须过于细致地划分板块，只需要突出研究重点，较简洁地分析、阐释即可。不论是哪种格式，案例分析的格局、条理都应该保持清晰，对不同案例的不同模块划分的标准也应该保持统一。

（2）分析过程合理、科学。首先，收集充足、有力的论据。既然是进行严密分析，那么推理分析的每一环节都需要有完整、客观的数据信息作为论据支撑。其次，注重对案例现象中专业理论的提炼概括。我们不能只停留在事实现象的表面，就事论事地进行狭隘的分析，这样的研究缺乏深度与推广应用价值，而应该从现实现象中挖掘和提炼出专业理论，上升至通用性更强的层面。再次，梳理分析过程的思维逻辑。不管是现实层面还是理论层面的分析，我们只有将逻辑思路理顺，建立一个无坚不摧的逻辑理论框架，分析和推理的结果才具有足够的说服力。最后，增强分析视角的专业化程度。许多研究者只追求分析的广度，对案例进行多元领域的阐释，却忽略了研究的深度。我们应该基于个人思考和理论探索，选择深刻的若干个视角进行重点分析，而不应一味贪大求全而落入肤浅的陷阱。

（3）分析结论准确、可靠。首先，分析结论应科学、合理。对案例分析的每一环节都应该既符合科学的实验验证或学术理论成果，又符合人类社会的基本行为习惯和心理认知特征。其次，分析结论与案例中的各主体要素不产生任何冲突。案例是研究开展的现实基础，如果结论与现实不符，那么研究的科学性就会受到质疑。最后，分析结论要准确简明，不模棱两可。我们可以对案例的不同部分进行深入剖析，但同时也一定要对各部分的分析内容进行小结，对整篇分析内容进行一个概括性、完整性和准确性都较强的总结，以便读者既可以快速把握重点，又可以以此为基点展开细致的阅读。

在案例分析中有一些技巧值得读者借鉴。应注重支撑结论的资料多元化，应该将收集的论据（文字或数据图表）对应放置于论证的不同阶段，以保证思维逻辑的完整性和论证过程的说服力。反复检查与核实所涉及的案例资料，只有经过相关单位和机构的许可，我们才能收集和公布案例信息；只有对案例资料进行检查与核实，才能保证其与整个研究过程的真实性、完整性与科学性。应明确突出研究主题的重点，若研究主题的范围相对较广，内容相对较多，我们应该选择其中的一个或几个模块作为研究重点，可以作出明确说明，并给予较大篇幅进行深入透彻的剖析。对案例类型的划分，我们需要统一划分标准，并根据不同类型案例的不同特征找寻不同的侧重点，进行有针对性的分析。要突出案例的主要情节。案例必定涉及多个主体要素和不同发展阶段，我们需要突出描述其中最具代表性和研究价值的部分。叙述结构应清晰有条理，叙述结构与案例描述及其分析的模块有着密切关联。因此，模块的划分需要整齐划一，篇幅的设定需要有侧重安排，避免产生多个案例分析模块不一致、思维逻辑混乱的问题。提前界定一些关键性概念术语，这一步是在提前做好理论支撑，这样就可以很好地维护案例叙述和分析内容的完整性，也可以帮助读者更好地理解作者的逻辑思路和分析过程。对不同案例采取不同的分析重点。成功案例的分析重点应在经验总结和案例启示上；失败案例的分析重点应在问题或风险的评估、成因探讨及切实可行的实施策略上。适度合并或延伸。例如，"前景与展望"部分内容较少的话，我们就可以将其与"建议与实施方案"归为一个模块（"研究总结"）。与此同时，我们也可以对案例中某些有价值的问题进行适当延伸，但延伸内容必须与正文之间保持较高的关联度，不能脱离正文主题。

案例分析中，有一些常见的问题需要避免。例如，专业理论应用不当，无相关理论分析，或通篇都在摆列理论，或一味拼凑学术理论，与案例和研究领域脱节。案例选择不当，案例的实际价值不高，过于简单肤浅，缺乏研究价值；或者过于复杂，超出研究者能力范围；或者没有取得所在单位的支持与同意就进行资料的采集与公开。分析过程不合理，论点模糊分散，支撑材料缺乏，分析结构模糊，思维逻辑混乱。忽视对案例前情（背景）的阐述，仅着眼于案例主体；研究视角狭窄片面,导致在验证实验或分析时遗漏与案例相关的自变量与因变量；等等。

第二节 社会调查的定量研究方法

一、定量研究的概念

定量研究是指确定事物某方面量的规定性的科学研究,就是将问题与现象用数量来表示,进而去分析、考量、解释,从而获得意义的研究方法和过程。定量,就是以数字化符号为基础去测量。定量研究通过对研究对象的特征按某种标准做量的比较来测定对象特征数值,或求出某些因素间量的变化规律。最常用的定量研究方法就是统计法。它在收集、整理和分析资料方面有一套完整的方法。统计法不仅可以通过各种统计数据描述一个社会现象和揭示社会现象间的关系,也可以推断局部和总体的关系。定量研究的特点是具有逻辑的严密性和可靠性,它推导出来的结论通常是十分精确的。但是,在具体运用时,必须要有正确的理论观点做指导,把定量研究和定性研究有机地结合起来,而绝不能主观地割裂量和质的关系,避免孤立地、片面地和静止地分析和研究问题。

二、数据与统计基础

（一）数据的概念

数据是指对客观事件进行记录并可以鉴别的符号,是对客观事物的性质、状态以及相互关系等进行记载的物理符号或这些物理符号的组合。它是可识别的、抽象的符号。

它不仅指狭义上的数字,还可以是具有一定意义的文字、字母、数字符号的组合,图形、图像、视频、音频等,也是客观事物的属性、数量、位置及其相互关系的抽象表示。例如,"0,1,2,…""阴,雨,下降,气温""学生的档案记录,货物的运输情况"等都是数据。数据经过加工后就成为信息。

在计算机科学中,数据是所有能输入计算机并被计算机程序处理的符号的介质的总称,是用于输入电子计算机进行处理,具有一定意义的数字、字母、符号和模拟量等的通称。计算机存储和处理的对象十分广泛,表示这些对象的数据也随之变得越来越复杂。

大数据时代，我们的工作和日常生活已经离不开各种各样的数据。例如，早上起来要关心当天气温的高低和空气质量情况；在网络"百度搜索"输入"数据"后除了列出与其相关的词汇信息外，还根据与查询"数据"的相关程度列出"相关术语""相关网站"；球类比赛时解说员总要统计比赛双方的进攻次数和成功率；学生考试后非常关心自己的考试成绩和名次；企业管理人员要掌握生产销售情况和利润额；报刊和电视中常提到GDP（国内生产总值）、CPI（消费者价格指数）和经济增长率的数据等。

此外，我们在日常生活中的行为也会在不经意间留下数据的"脚印"，而行为逐渐成为算法驱动下的新型资本、商业模式和科技基石，算法工具能够从人们浏览网页、购物、健身、饮食及驾驶等习惯中找出隐藏的深层次规律。例如，数据成为与土地、劳动力、资本、技术等传统要素并列的生产要素。

（二）数据的种类

1. 按性质分类

（1）定位的数据。各种坐标数据，例如经纬度等。

（2）定性的数据。表示事物属性的数据，如城镇、河流、道路等。

（3）定量的数据。反映事物数量特征的数据，如长度、面积、体积等几何量或质量、速度等物理量。

（4）定时的数据。反映事物时间特性的数据，如年、月、日、时、分、秒等。

本书所指的数据是狭义上以数值为代表的数据，用于统计分析。我们需要明确以下几个基本的统计概念。

总体。它是我们研究的所有基本单位（通常是人、物体、交易或事件）的总和。例如，总体可以包括：①中国的全部人口；②北京市的居民总人数；③某品牌移动电话的所有客户数；④长春第一汽车制造厂某条生产线去年生产的所有汽车数；⑤中国航空维修设备行业的所有零部件库存数；⑥去年北京市麦当劳餐厅所有窗口的销售量；⑦一年内京津塘高速公路的交通事故次数；等等。其中，①至③这三个总体是人的总和，④和⑤这两个总体是物体的总和，⑥这一总体是交易量的总和，⑦这一总体是事件的总和。同时也可以看出，每一个总和都包括了研究总体的所有单位。

变量。在研究总体时，我们重点关注的是总体单位具有哪些特征或属性，我们把这些特征称为变量（variable），即是把标志、指标和统计量名称进行归纳，也就是说明客观现象的某一特征。变量是总体中个体单位所具有的特征或特性。"变量"的名称是针对总体中每一基本单位的属性都存在着差异而言的。例如，被调查的每位失业者的年龄、性别和收入等都不能事先确定，并且存在着差异。

变量值。即变量的具体表现,通常以数据的形式呈现。根据变量值的确定与否,可将变量分为确定性变量和随机变量。

样本。它是指总体的一部分单位。例如,一家公司正在接受审计,审计人员没有必要对该公司年度内的所有55400张发票全部审查,只需随机抽查一个100张发票的样本即可,审计人员通过这100张样本发票计算的差错率可对全部55400张发票的差错率进行推断。

数据集。将特定研究过程中收集的所有数据集合在一起,就是数据集。

2. 按表现形式分类

(1)结构型数据。如各种数字、测量数据及其解释。

(2)非结构型数据。如网络日志、音频、视频、图片和地理位置信息等。

本书讨论的统计方法主要适用于结构型数据,也可以称为统计数据。非结构型数据有些可以转化为结构型数据,有些用到机器学习、人工智能、数据挖掘等大数据分析方法,但也都以本书介绍的方法作为继续学习的基础。

3. 数据的计量尺度

(1)定类尺度,说明客观现象无序类别的计量。

(2)定序尺度,说明客观现象有序类别的非数值计量。

(3)定量尺度,说明客观现象数值间距有意义的计量。

定类尺度的数据为定类数据、定序尺度的数据为定序数据,统称定性数据,定量尺度的数据为定量数据。定性变量是指带有定型数据的变量,定量变量是指定量数据的变量。定量变量分为连续型变量和离散型变量。

4. 定量数据的类型

根据客观现象时间状况的不同,统计数据可分为横截面数据、时间序列数据和面板数据。

横截面数据,又称静态数据。它是指在同一时间对同一总体内不同单位进行观察而获得的数据。例如2014年全国各省、自治区、直辖市居民收入总值就属于横截面数据。

时间序列化数据,又称动态数据。它是指在某一段时间内按时间顺序对同一总体内不同单位进行观察而获得的数据,例如"十二五"期间我国按年份顺序的居民收入总值。

面板数据。指的是同时在时间和截面空间上取得的二维数据,例如2005—2014年20个企业的总产值数据。

三、数据的获取

1. 直接获取的数据

在进行科学研究和管理决策时,若没有现成的数据可以利用,就需要专门组织调查、进行科学实验或者从网络上获取相关数据。对于社会经济管理和决策而言,主要是通过统计调查的方式获取数据,如客户满意度调查、电视收视率调查、家庭收支情况调查、居民闲暇时间利用调查等。抽样调查是一项技术含量相当高的工作,从制订调查方案到抽取样本、从调查到数据整理、从质量控制到研究报告的撰写等,都需要有专门的技能和培训。因此,调查公司乃至调查业界因市场的需求而发展迅速。统计调查的方法主要有以下几种。

(1) 普查。普查是为某一特定目的,专门组织的一次性全面调查。这是一种摸清国情、国力的重要调查方法。世界各国都定期地(一般是 10 年)进行人口普查、农业普查等。例如,我国在 1982 年进行了第三次全国人口普查,1985 年进行了全国工业普查,1990 年、2000 年和 2010 年分别进行了第四次、第五次和第六次全国人口普查,2004 年底、2008 年底、2013 年底和 2018 年底分别进行了一至四次经济普查。2020 年进行第七次全国人口普查,公报结果显示全国总人口突破 14 亿人。像这样大型的全国及各省份各地区的普查可以摸清基本情况,获得丰富的统计数据。但普查涉及千家万户,所花费的时间、人力、财力和物力都较大,因而只能间隔较长时间进行一次,而两次普查之间的年份以抽样调查的方法来获得连续统计数据。

(2) 抽样调查。抽样调查是统计调查中应用最广、最为重要的调查方法,它是通过随机样本对总体数量规律性进行推断的调查研究方法。虽然抽样调查不可避免地存在着由样本推断总体产生的抽样误差,但统计方法不仅可以估计出误差的大小,而且可以进一步控制这些误差。由于以上这些特点,加之其节省人力、财力、物力,又能保证实效性的特点,抽样调查已经成为科学研究及管理决策最重要的方法之一。

(3) 科学实验。在自然科学和工程的研究领域,通常是通过科学实验的方法获得研究的统计数据。例如,某化工厂生产一种新产品,要在不同原料配方的不同水平中选择最优搭配,就要通过最少搭配试验的数据找出最佳方案。在医学研究中通过临床试验的数据分析某种药物或治疗方案的疗效,这部分内容可以参阅实验设计的相关图书资料。

(4) 网络获取。由于互联网的普及,从网络上获取各种数据已经相当方便,因而越来越成为数据分析的重要来源。数据库、数据挖掘、机器学习等相关领域的知识和能力已经成为现代数据分析人才的基本技能。但要强调的是,网络参与人群只是一国、一地人口的一部分，网络参与人群的数据不能简单代表总体，不能简单代表全部人群。除了以上四种直接数据来源外，还有音频、视频、图片和地理位置信息等大量非结构型直接数据可以得到，分析的工具也多种多样，读者可以参阅相关书籍进一步学习提高。

2. 间接获取的数据

在科学研究和管理决策中，要善于利用各种现成的数据。这些数据既可以从报纸、图书、杂志、统计年鉴、网络等渠道获得，也可以从调查公司或数据库公司等处购买。近年来，互联网已经成为数据来源的重要渠道，几乎所有的政府机构和大公司都有自己的网站并提供公共访问端口，访问者可以从中获得有用的数据。

四、数据的预处理

数据预处理是数据建模分析前的重要环节，它直接决定了后期所有数据工作的质量和价值输出。在此我们主要对数据预处理中的两个重要环节进行讲解，包括数据分组和清洗。

（一）统计数据的分组

统计分组是统计整理的第一步，它是按照统计研究的目的，将数据分别列入不同的组内。在分组时，如果按照性别、质量等级等定性指标分组，称为按品质标志分组；如果按照数量或数值等定量指标分组，称为按数量标志分组。

（二）数据清洗

在数据清洗过程中，主要处理的是缺失值、异常值和重复值。所谓清洗，指的是对数据集通过丢弃、填充、替换、去重等操作，达到去除异常、纠正错误、补足缺失的目的。

1. 缺失值处理

数据缺失分为两种，一种是行记录的缺失，这种情况又称数据记录丢失；另一种是数据列值的缺失，即由于各种原因导致的数据记录中某些列记录的空缺。不同的数据存储和环境对于缺失值的表示，结果是不同的，这就需要根据软件的实际情况来处理。

丢失的数据记录通常无法找回，本书这里重点讨论数据列缺失值的处理思路。通常有以下几种思路：丢弃、补全、真值转换、不处理、特征选择。

1）丢弃

这种处理会直接删除带有缺失值的行记录（整行删除）或者列字段（整列删

除),以减少缺失数据记录对总体数据的影响。但是丢弃意味着会消减数据特征。所以,以下两种场景不适合使用该方法:数据集中缺失值比例超过10%,删除这些带有缺失值的记录意味着会损失过多有用信息;带有缺失值的数据记录大量存在着明显的数据分布规律特征,例如,带有缺失值的数据主要集中于某一类或某几类标签,一旦删除这些标签,可能会导致模型对于这类标签的拟合或分类不准确。

2) 补全

相对丢弃而言,补全是更加常用的缺失值处理方式。通过一定的方法将缺失的数据补上,从而形成更完整的数据记录,这对于后续的数据处理、分析和建模至关重要。

常用的补全方法如下:

统计法。对于数值型的数据,使用均值、加权均值、中位数等方法补全;对于分类型数据,使用众数补足。

模型法。更多时候我们会基于已有的其他字段,将缺失字段作为目标变量进行预测,从而得到最有可能的补全值。如果带有缺失值的列是数值变量,就采用回归模型补全,如随机森林回归;如果带有缺失值的列是分类变量,则采用分类模型补全。

专家补全。对于少量且具有重要意义的数据记录,使用专家补全的方法。

其他方法。例如随机法、特殊值法、多重填补等。

3) 真值转换

在某些情况下,我们可能无法得知缺失值的分布规律,并且无法对缺失值采用上述任何一种补全方法做处理;或者我们认为缺失也是一种规律,不应该轻易对缺失值随意处理,那我们就要使用真值转换进行缺失值的填充。

该方法的根本观点是:我们承认缺失值的存在,并且把数据缺失也作为数据分布规律的一部分,将变量的实际值和缺失值都作为输入维度参与后续数据处理和模型计算中。但是,缺失值无法参与模型计算,会报错。因此,需要对缺失值进行真值转换。以用户性别为例,很多数据集都无法对会员的性别进行补足,但又舍不得将其丢弃。于是,我们选择将其中的值,包括男、女、未知,从一个变量的多种结果转换为多个变量的一种结果。

4) 不处理

在数据预处理阶段,对于带有缺失值的数据记录不做任何处理,也是一种思路。这种思路主要看后期的数据分析和建模应用。很多模型对于缺失值具有容忍度或者灵活的处理方法,因此在预处理阶段可以不做处理。有一些算法能够自动处理缺失值。例如,KNN算法:先根据欧氏距离(Euclidean distance)或相关分析来确定距离具有缺失数据样本最近的k个样本,将这k个值加权平均来估计该样本的缺失数据。这个方法要求我们选择 k 的值（最近邻居的数量），以及距离度量。KNN 既可以预测离散属性（k 近邻中最常见的值）也可以预测连续属性（k 近邻的均值）。决策树和随机森林算法：将缺失值作为分布的一种状态，并参与建模流程。

5) 特征选择

假如我们通过一定方法确定带有缺失值的变量对于模型的影响非常小，那我们根本就不需要对缺失值进行处理，无论特征中缺失值比例有多少。假设我们需要预测泰坦尼克号上的生还人数，对于生还者来说，姓名、票号等特征几乎无法影响生还概率，我们不可能因为姓名稀少、票号流畅等，就增加生还概率。所以这种特征的变量无论是否包含缺失值，对后续建模几乎没有影响，可以直接舍弃。因此，数据分析时特征的重要性判断也是决定是否处理缺失值的重要参考因素之一。

2. 异常值

异常值是数据分布的常态，处于特定分布区域或范围之外的数据通常会被定义为异常或者"噪声"。产生"噪声"的原因很多，例如数据抓取问题，业务操作问题等。在对异常数据进行处理前，须辨别出哪些数据是真正的异常。所以，从数据异常的状态看，可分为两种。一种是假异常，这些异常是由于业务原因产生的，正常反映业务状态，而不是反映数据本身的异常规律。另一种是真异常，这些异常并不是由于特定的业务动作引起的，而是客观地反映了数据本身分布异常的个案

可以通过图表的方式简便地查看异常值，例如使用箱形图查看极端异常值，进行剔除。但并不意味着所有的异常值都需要剔除，也有许多需要保留异常数据的情况。大多数数据挖掘工作中，异常值都会在数据的预处理过程中被认为是"噪声"而剔除，以避免其对总体数据评估和分析挖掘的影响。但在以下几种情况下，我们无须对异常值做抛弃处理。

(1) 异常值反映的是正常的结果。例如：某商品正常日销量为 1000 个左右。由于昨天举行促销活动导致日销量剧增，出售 10000 个，但是由于前一天出售过多，后端库存备货不足，导致今天销量仅有 100 台。在这种情况下，数据都是合理且真实的，真实反映了业务运营的结果，所以不能直接抛弃。

(2) 异常检测模型。异常检测模型是针对整体样本中的异常数据进行分析和挖掘，以便找到其中的异常个案和规律，这种数据应用围绕异常数据展开，因此异常值不能做抛弃处理。

(3) 包容异常值的数据建模。如果数据算法和模型对异常值的包容很好，那么即使不处理异常也不会对模型造成影响。例如在决策树中，异常值本身就可以作为一种分裂节点。

3. 重复值

数据中的重复值包括以下两种情况：一是数据值完全相同的多条数据记录。这是最常见的数据重复情况。二是数据主体相同，但匹配到的唯一属性值不同。这种情况多见于数据仓库中的变化维度表。

对于重复值，我们分两类情况进行处理。

(1) 直接去重。这是重复值处理的主要方法，即将重复值直接删除，主要目的是保留能显示特征的唯一数据记录。

(2) 选择保留。有一些需要保留重复值的情况，当重复值用于分析演变规律时需要保留重复值。例如，某件商品在过去的一段时间为畅销品，而在最近的一段时间为滞销品；那么，同样一件商品，在不同的时间维度分属于不同的标签。这时，我们就需要根据实际情况来判断是否去重。如果两条数据需要整合，那么就需要一个整合字段来合并这两条记录，合成一个新标签；如果需要同时保留这两条数据，那么此时就需要根据需求确定处理规则。

当重复值用于样本不均衡处理时，也需要保留。在开展分类数据建模工作时，样本不均衡是影响分类模型效果的关键因素之一。解决分类问题的一种方法就是对少数样本类别做简单过采样。通过随机过采样，采取简单复制样本的策略来增加少数类样本。这时，数据集中会产生多条相同记录的数据，我们就不能对重复值进行去重操作。

五、数据分析方法介绍

1. 描述性统计

将数据集预处理完成后，可以对研究所用的数据展开基础分析——描述性统计。它是指运用制表和分类，图形以及计算概括性数据来描述数据特征的各项活动。描述性统计分析要对调查总体所有变量的有关数据进行统计性描述，主要包括数据的频数分析、集中趋势分析、离散程度分析、分布以及一些基本的统计图形。

关于数据的集中趋势分析，它是用来反映数据的一般水平的，常用的指标有平均值、中位数和众数等。

均值 (mean) 就是算术平均数，是数据集中趋势的最主要测度值。一般用下面的公式计算：

$$\overline{x} = \frac{\sum_{i=1}^{n} x_i}{n}$$

式中 $\overline{x}$ 表示样本均值；n 表示样本单位数或样本容量。显然，平均数与每一个数据都有关，其中任何数据的变动都会相应引起平均数的变动。因此，平均值的主要缺点是易受极端值的影响，这里的极端值是指偏大或偏小数；当出现偏大数时，平均数将会被抬高；当出现偏小数时，平均数会降低。

中位数（median）指的是，将一组数据按升序或降序排列后，位于该组数据最中间位置的那个数值。若数据个数为偶数，则取中间两个数据的均值。

例如，样本中有 5 个数据"1,3,5,7,9"，中位数为 5。求中位数时要先找出中位数的位置。

中位数的位置就是用数据的个数 n 加上 1 后的数值，再除以 2，得到中位数的位置。例如，上述 5 个数据，$5+1=6,6÷2=3$，然后从小到大或从大到小数到第 3 个数即中位数。如果数据个数为偶数，例如"1,4,7,11,13,19"，按均值分式计算，中位数位置$=(6+1)/2=3.5$，即在第 3 个数值 7 和第 4 个数值 11 之间，那么显然中位数是 9。可以看到，中位数是从位置上确定的，个别极端大值或极端小值的变化不影响中位数数值，因此中位数具有稳健性。例如，上述 5 个数据的最大值 9 变为 90，即"1,3,5,7,90"，此时中位数仍是 5。

为便于理解，我们来看一个例子。

某百货公司 6 月份每天的销售额数据如下（单位：万元）：

257	276	297	252	238	310	240	236	265	278
271	292	261	281	301	274	267	280	291	258
272	284	268	303	273	263	322	249	269	295

将 30 个数据加总，得到 30 个数据的总和为 8223，用总和除以样本容量，即：

$$\bar{x} = \frac{\sum x}{n} = \frac{8223}{30} = 274.1（万元）$$

则中位数位于 30 个数据的中间位置，即靠中的第 15、16 两个数 272 和 273 的平均数：

$$M_e = \frac{272+273}{2} = 272.5（万元）$$

众数（mode）指的是，将数据按大小顺序排列形成次数分配后，在统计分布中具有明显集中趋势点的数值。通俗而言，就是一组数据中出现次数最多的数值，是数据一般水平代表性的一种。正态分布和一般的偏态分布中，分布最高峰点所对应的数值即众数。如果没有明显的集中趋势或最高峰点，众数可以不存在。此外，如果有两个高峰点或集中趋势，也可以有两个众数。

例如下面 10 个数据：1,2,3,4,4,4,5,5,6,7。其中，数值 4 出现次数最多，众数即为 4。

关于数据的离散程度分析。它主要是用来反映数据之间的差异程度,常用的指标有极差、方差和标准差。

极差:一组数据中的最大值减去最小值所得的差,就是极差,它是描述数据分散程度最简单的测度值。极差描述了数据的范围,但无法描述其分布状态。数据的分散程度越大,极差就越大,因此它对异常值敏感,异常值的出现使得数据集的极差有很强的误导性。

方差:它是每个样本值与全体样本值的平均数之差的平方值之平均数,概率论中方差用来度量随机变量和其数学期望(即均值)之间的偏离程度。在许多实际问题中,研究方差(即偏离程度)有着重要意义。它的计算公式如下:

$$s^2 = \frac{\sum_{i=1}^{n}(x_i - \overline{x})^2}{n-1}$$

标准差:它是方差的正平方根,在概率统计中常用作统计分布程度上的测度。公式为

$$s = \sqrt{\frac{\sum_{i=1}^{30}(x_i - \overline{x})^2}{n-1}}$$

同样,用上述销售额数据进行举例,日销售额的标准差为

$$s = \sqrt{\frac{\sum_{i=1}^{30}(x_i - \overline{x})^2}{n-1}} = 21.1742$$

关于数据的分布。在统计分析中,通常要假设样本所属总体的分布属于正态分布,因此需要用偏度和峰度两个指标来检查样本数据是否符合正态分布。

偏态是对分布偏斜方向及程度的测度。利用众数、中位数和平均数之间的关系,就可以大体上判断数据分布是对称、左偏还是右偏。显然,判别偏态的方向并不困难,但要测度偏斜的程度则需要计算偏态系数(skewness),记为 SK。偏态系数的计算方法有很多,这里仅介绍其中比较常用的一种:

$$SK = \frac{\sum_{i}^{n}(x_i - \overline{x})^3 \sigma_i}{\sum \sigma_i \cdot s^3}$$

式中,s^3 表示标准差的三次方,σ_i 表示权重。

峰度(kurtosis),记为 K,是对数据分布平峰或尖峰程度的测度。峰度通常是与标准正态分布相比较而言的。如果一组数据服从标准正态分布,则峰度系数的值等于 0;若峰度系数的值明显不等于 0,则表明分布比正态分布更平或更尖,通常称为平峰分布或尖峰分布。

峰度系数是用离差四次方的平均数再除以样本标准差的四次方,其计算公式为

$$K = \frac{\sum_{i=1}^{k}(x-\overline{x})^4 \sigma_i}{\sum \sigma_i \cdot s^4} - 3$$

关于绘制统计图表。用图表的形式来表达数据,比用文字表达更清晰、更简明。在 SPSS 软件里,可以很容易地绘制各个变量的统计图形,包括条形图、饼图和折线图等。

2. 相关分析和回归分析

现实世界中的各种现象相互联系、相互制约、相互依存,某一现象发生变化时,另一现象往往也会随之发生变化。比如,商品价格的变化会刺激或抑制商品销售量的变化;居民收入的高低会影响银行储蓄额的增减;等等。从数量上研究这些现象之间的依存关系,找出它们之间量变的规律,是统计分析的重要内容之一。

各种变量相互之间的依存关系有两种不同的类型:一类是确定性的函数关系;另一类是不确定性的统计关系,也称为相关关系。当一个或若干个变量下 x 取一定数值时,某一个变量 y 有确定的值与之相对应,变量之间的这种关系称为确定性的函数关系。例如,在销售价格 P 不变的情况下,某种商品销售量 x 与销售额 y 之间的关系可表示为 $y = P \cdot x$。又如,圆面积 s 和它的半径 r 之间的关系,可表示为 $s = \pi r^2$,一般情况下,确定性的函数关系可表示为 $y = f(x)$。通常将作为变动原因的变量 x 称为自变量,将作为变动结果的变量 y 称为因变量。

当一个或若干个变量 x 取一定值时,与之相对应的另一个变量 y 的值虽然不确定,但却按某种规律在一定范围内变化。变量之间的这种关系称为不确定的统计关系或相关关系,一般可表示为 $y = f(x,u)$,其中 u 为随机变量。例如,居民的可支配收入与居民的消费支出 y 之间的关系,通常具有相同收入水平居民的消费支出并不完全相同,这时居民可支配收入 x 与消费支出 y 会呈现为不确定的相关关系。居民消费支出 y 之所以与居民可支配收入 x 不呈现确定的函数关系,是因为除了居民可支配收入 x 以外,还存在许多其他的因素也会影响居民消费支出 y。又如,成本的高低与利润的多少有密切关系,但某一确定的成本与相对应的利润却是不确定的,这是因为影响利润的因素除了成本外,还有价格、供求平衡、消费嗜好等因素及其他偶然因素的影响。

变量之间的函数关系和相关关系并不是绝对的,在一定条件下二者可以相互转化。对本来具有函数关系的变量,如果考虑存在对变量的测量误差,其函数关系往往会以相关关系表现出来;对具有相关关系的变量,如果对它们有充

分深刻的认识,从而能够把影响变量变动的所有其他因素全部都控制不变,这时原来的相关关系也可能会趋近于函数关系。因此,相关关系经常可以用一定的函数关系去近似地描述。

1)相关关系

在各种类型的相关分析中,只有两个变量的线性相关关系的分析是最简单的。两个变量之间线性相关程度可以用简单线性相关系数去度量,这种相关系数是最常用的,简称为相关系数。然而,人们往往不可能去直接观测总体的两个变量 x 和 y 的全部数值,所以总体相关系数一般是未知的。通常可能做到的,是从总体中随机抽取一定数量的样本,通过 x 和 y 的样本观测值去估计样本相关系数,变量 x 和 y 的样本相关系数通常用 r_{xy} 表示,或简记为 r,可用下列公式去估计。即

$$r_{xy} = \frac{\sum(x-\bar{x})(y-\bar{y})}{\sqrt{\sum(x-\bar{x})^2}\sqrt{(y-\bar{y})^2}}$$

$\bar{x}$ 和 $\bar{y}$ 分别是变量 x 和 y 样本值的平均值,为了便于计算,对公式进一步推导,得到以下公式:

$$r = \frac{n\sum xy - \sum x \sum y}{\sqrt{n\sum x^2 - (\sum x)^2}\sqrt{n\sum y^2 - (\sum y)^2}}$$

相关系数有以下特点:

相关系数的取值在 -1 与 1 之间,当 $r=0$ 时,表明 x 与 y 没有线性相关关系。当 $0<|r|<1$ 时,表明 x 与 y 存在一定的线性相关关系。若 $r>0$ 表明 x 与 y 为正相关;若 $r<0$,表明 x 与 y 为负相关。当 $|r|=1$ 时,表明 x 与 y 完全线性相关,若 $r=1$,称 x 与 y 完全正相关;若 $r=-1$,称 x 与 y 完全负相关。

表 4-1 中提供的某年各省份人均 GDP 和第一产业就业比例的数据,分析各省份人均 GDP 与第一产业就业比例的相关性。

表 4-1 某年各省份人均 GDP 和第一产业就业比例

序号	地区	人均 GDP/元	就业比例/(%)	序号	地区	人均 GDP/元	就业比例/(%)
1	北京	2845.65	11.2	17	湖北	4662.28	48.4
2	天津	1840.10	20.0	18	湖南	3983.00	60.5
3	河北	5577.78	49.6	19	广东	10647.70	40.0
4	山西	1779.97	46.9	20	广西	2231.19	61.8
5	内蒙古	1545.79	53.9	21	海南	545.96	60.3

续表

序号	地区	人均GDP/元	就业比例/(%)	序号	地区	人均GDP/元	就业比例/(%)
6	辽宁	5033.08	37.2	22	重庆	1749.77	54.7
7	吉林	2032.48	50.7	23	四川	4421.67	58.8
8	黑龙江	3561.00	49.6	24	贵州	1084.90	66.4
9	上海	4950.84	12.5	25	云南	2074.71	73.6
10	江苏	9511.91	41.4	26	西藏	138.73	71.8
11	浙江	6748.15	35.7	27	陕西	1844.27	55.7
12	安徽	3290.13	58.7	28	甘肃	1072.51	59.4
13	福建	4253.68	45.8	29	青海	300.95	60.0
14	江西	2175.68	51.6	30	宁夏	298.38	56.5
15	山东	9438.31	52.3	31	新疆	1485.48	56.6
16	河南	5640.11	63.1				

先将公式中所必需的数据计算出来：

序号	地区	人均GDP/元 x	就业比例/(%) y	x^2	xy	y^2
1	北京	2845.65	11.2	8097723.9225	31871.3	125.44
2	天津	1840.10	20.0	3385968.0100	36802.0	400.00
3	河北	5577.78	49.6	31111629.7284	276657.9	2460.16
4	山西	1779.97	46.9	3168293.2009	83480.6	2199.61
5	内蒙古	1545.79	53.9	2389466.7241	83318.1	2905.21
6	辽宁	5033.08	37.2	25331894.2864	187230.6	1383.84
7	吉林	2032.48	50.7	4130974.9504	103046.7	2570.49
8	黑龙江	3561.00	49.6	12680721.0000	176625.6	2460.16
9	上海	4950.84	12.5	24510816.7056	61885.5	156.25
10	江苏	9511.91	41.4	90476431.8481	393793.1	1713.96
11	浙江	6748.15	35.7	45537528.4225	240909.0	1274.49
12	安徽	3290.13	58.7	10824955.4169	193130.6	3445.69
13	福建	4253.68	45.8	18093793.5424	194818.5	2097.64

续表

序号	地区	人均GDP/元 x	就业比例/(%) y	x^2	xy	y^2
14	江西	2175.68	51.6	4733583.4624	112265.1	2662.56
15	山东	9438.31	52.3	89081695.6561	493623.6	2735.29
16	河南	5640.11	63.1	31810840.8121	355890.9	3981.61
17	湖北	4662.28	48.4	21736854.7984	225654.4	2342.56
18	湖南	3983.00	60.5	15864289.0000	240971.5	3660.25
19	广东	10647.70	40.0	113373515.2900	425908.0	1600.00
20	广西	2231.19	61.8	4978208.8161	137887.5	3819.24
21	海南	545.96	60.3	298072.3216	32921.4	3636.09
22	重庆	1749.77	54.7	3061695.0529	95712.4	2992.09
23	四川	4421.67	58.8	19551165.5889	259994.2	3457.44
24	贵州	1084.90	66.4	1177008.0100	72037.4	4408.96
25	云南	2074.71	73.6	4304421.5841	152698.7	5416.96
26	西藏	138.73	71.8	19246.0129	9960.8	5155.24
27	陕西	1844.27	55.7	3401331.8329	102725.8	3102.49
28	甘肃	1072.51	59.4	1150277.7001	63707.1	3528.36
29	青海	300.95	60.0	90570.9025	18057.0	3600.00
30	宁夏	298.38	56.5	89030.6244	16858.5	3192.25
31	新疆	1485.48	56.6	2206650.8304	84078.2	3203.56
合计		106766.16	1564.7	596668656.0540	4964521.9	85687.89

将计算结果代入相关计算公式中,得:

$$r = \frac{n\sum xy - \sum x \sum y}{\sqrt{n\sum x^2 - (\sum x)^2} \sqrt{n\sum y^2 - (\sum y)^2}}$$

$$= \frac{31 \times 4964521.9 - 106766.16 \times 1564.7}{\sqrt{31 \times 596668656.054 - (106766.16)^2} \sqrt{31 \times 85687.89 - (1564.7)^2}}$$

$$= \frac{-13156831.652}{\sqrt{7097715416.5} \sqrt{208038.5}}$$

$$= \frac{-13156831.652}{84247.94 \times 456.11} = -0.342391$$

这说明人均 GDP 与第一产业就业比例呈负相关,但相关系数只有 -0.342391,表明二者相关程度并不高,属于低度负相关关系。

2)一元线性回归模型

回归分析是定量分析方法中非常基础且重要的分析方法,由于其专业性较强,本书在此仅以基础的一元线性回归为例,对其基本原理进行简单介绍。

假如已知所研究总体中存在显著线性相关关系的因变量 y 和自变量 x 的每个观测值,当自变量 x 取某固定值时,y 的取值并不确定,如果 y 的期望值 $E(y)$ 是 x 的线性函数,可以用一元线性模型去表述 y 的期望值 $E(y)$ 与自变量 x 的数量关系:

$$y_i = \alpha + \beta x_i + u_i$$

式中的 α 和 β 是一元线性回归模型的参数,分别为回归直线的截距和斜率,也称回归截距和回归系数;干扰项 u_i 是模型遗漏的而又一起影响着 y 的全部变量的替代物。那么,为什么不把这些变量清晰地引进到模型中来?换句话说,为什么不构造一个含有尽可能多个变量的多元回归模型?因此随机干扰项是十分有意义的,理由如下。

(a)理论的模糊性。即使有决定 y 的行为理论,常常也是不完备的。通常而言,可以肯定每周收入 x 影响周消费支出 y。还有什么影响 y 的其他变量呢?尽管不是一无所知,但往往也不能十分确定。因此,不妨用 u 作为模型所排除或忽略的全部变量的代理变量。

(b)数据的欠缺。即使研究者明知忽略了其中的一些变量,并因而使用一个多元回归而不是一个简单回归,也仍然不一定能得到关于这些变量的数量信息。在经验研究中,人们得不到他们最想要的数据是司空见惯的事。例如,在原理上,除收入外,研究者还可引进财富作为家庭消费支出的解释变量。但不幸的是,人们一般是得不到关于家庭财富的信息的,因而不得不把财富变量从模型中割舍掉,哪怕它在解释消费支出方面有很重要的理论价值。

(c)核心变量与其他变量。假定在上述的消费收入例子中,除了收入外,家庭的子女数、性别、宗教信仰、教育和地区差别也影响消费支出。但很可能这些变量的全部或其中的一部分,合起来的影响是非常小的,充其量是一种非系统的或随机的影响。从实际考虑以及从成本上考虑,把它们一一引入模型是划不来的。

(d)人类行为的内在随机性。即使研究者成功地把所有有关的变量都引进到模型中来,在个别的 y 中仍不免有一些"内在"的随机性,难以对其进行解释。干扰项 u 也许能很好地反映这种随机性。

(e)节省原则。研究者往往想保持一个尽可能简单的回归模型。如果仅仅用两个或三个变量就能"基本上"解释 y 的行为,并且,如果理论完善或扎实的程度还没有达到足以解释可包含进来的其他变量,那么就没有必要引进更多的变量,用 u 代表所有的其他变量即可。当然,不应该只为了保持回归模型简单而排除有关的和重要的变量。

(f)错误的函数形式。即使研究者有了在理论上解释某种现象的正确变量,并且能获得这些变量的数据,也常常不知道因变量和自变量之间的函数关系式是什么形式。在双变量模型中,人们往往能通过散点图来判断二者关系的函数形式;而在多变量回归模型中,由于无法从图形上想象一个多维的散点图,因此要决定适当的函数形式就更不容易。

对于一元线性回归模型,有以下基本假定。

假定1:线性回归模型。回归模型尽管对变量而言不一定是线性的,但它对于参数而言是线性的。

假定2:x 值是固定的或独立于误差项的。在重复样本中,回归元 x 所取的值被认为是固定的(固定回归元情形),或者与因变量 y 同时抽取(随机回归元情形)。在后面的情形中,假定 x 变量与误差项是独立的,即协方差 $\text{cov}(x,u)=0$。

假定3:干扰项 u 的均值为零。对给定的 x 值,随机干扰项 u 的均值或期望值为零。

假定4:同方差性或 u 的方差相等。即给定 x 值,对所有的观测,u 的方差都是相同的。也就是说,u 的条件方差是恒定的。

假定5:各个干扰项之间无自相关,观测是相互独立的。

假定6:观测次数 n 必须大于待估计的参数个数,即观测次数 n 必须大于解释变量的个数。

假定7:在一个给定的样本中,x 值不可以全部相同。

在以上假定的基础上,对回归系数做普通最小二乘估计。模型参数估计的方法有多种,对于满足基本假定的线性回归模型的估计,最简便、最常用的是普通最小二乘法(简称 OLS)。

在一元线性回归中,对于既定的样本观测值,用不同的估计方法可能得到不同的回归模型参数的估计值 $\hat{\alpha}$ 和 $\hat{\beta}$,用样本回归方程所估计的 $\hat{y}_i$ 也可能不同。研究者总是希望所估计的 $\hat{y}_i$ 偏离实际观测值 y_i 越小越好,也就是整体上应使得到的残差 e_i 越小越好。可是因为 e_i 可正可负,残差直接的代数和会相互抵消,为此可以取残差平方和 $\sum e_i^2$ 作为衡量 $\hat{y}_i$ 与 y_i 整体偏离程度的标准,这就是所谓的最小二乘准则。参数的计算公式如下:

$$\begin{cases} \hat{\beta} = \dfrac{n\sum x_i y_i - n\sum x_i \sum y_i}{n\sum x_i^2 - (\sum x_i)^2} \\ \hat{\alpha} = \overline{y} - \hat{\beta}\overline{x} \end{cases}$$

回归系数的最小二乘估计有如下性质：

(1)它是线性的(linear)，即它是诸如回归模型中的因变量 y 这种随机变量的线性函数。

(2)它是无偏的(unbiased)，即它的均值或期望值 $E(\beta)$ 等于真值 β。

(3)它在所有这样的线性无偏估计量中有最小方差。有最小方差的无偏估计量叫作有效估计量(efficient estimator)。

进行回归分析的一个重要目的是对因变量做合理的预测。如果所建立的回归方程通过了各项统计检验，并且在经济上也是有实际意义的，估计出参数的回归模型就可以用于对因变量的预测。预测的基本方法是将自变量预测期的数值 x_m 代入估计的模型并计算出因变量的预测值 $\hat{y}_m$。即

$$\hat{y}_m = \hat{\alpha} + \hat{\beta} x_m$$

需要特别注意，从样本回归的意义上不难理解，用上述公式计算的 $\hat{y}_m$ 只是由样本回归方程计算的，是对 y_m 的平均值做的点估计，但对 y_m 的平均值的点预测值 $\hat{y}_m$ 并不一定等于因变量预测期的真实个别值 y_m。

下面表中是16只公益股票某年的每股账面价值和当年红利：

序号	账面价值/元	红利/元	序号	账面价值/元	红利/元
1	22.44	2.4	9	12.14	0.80
2	20.89	2.98	10	23.31	1.94
3	22.09	2.06	11	16.23	3.00
4	14.48	1.09	12	0.56	0.28
5	20.73	1.96	13	0.84	0.84
6	19.25	1.55	14	18.05	1.80
7	20.37	2.16	15	12.45	1.21
8	26.43	1.60	16	11.33	1.07

根据上表资料：

(ⅰ)建立每股账面价值和当年红利的回归方程；

(ⅱ)若序号为6的股票每股账面价值增加1元，估计当年红利可能为多少？

设当年红利为 y，每股账面价值为 x，则回归方程为 $Y_i = \beta_1 + \beta_2 X_i$。参照公式，计算公式中所需的元素：

序号	账面价值/元 x	红利/元 y	x^2	xy
1	22.44	2.40	503.5536	53.8560
2	20.89	2.98	436.3921	62.2522
3	22.09	2.06	487.9681	45.5054
4	14.48	1.09	209.6704	15.7832
5	20.73	1.96	429.7329	40.6308
6	19.25	1.55	370.5625	29.8375
7	20.37	2.16	414.9369	43.9992
8	26.43	1.60	698.5449	42.2880
9	12.14	0.80	147.3796	9.7120
10	23.31	1.94	543.3561	45.2214
11	16.23	3.00	263.4129	48.6900
12	0.56	0.28	0.3136	0.1568
13	0.84	0.84	0.7056	0.7056
14	18.05	1.80	325.8025	32.4900
15	12.45	1.21	155.0025	15.0645
16	11.33	1.07	128.3689	12.1231
合计	261.59	26.74	5115.7030	498.3157

将计算结果代入回归系数计算公式,得:

回归系数

$$\beta_2 = \frac{n\sum xy - \sum x \sum y}{n\sum x^2 - (\sum x)^2}$$

$$= \frac{16 \times 498.3157 - 261.59 \times 26.74}{16 \times 5115.703 - (261.59)^2}$$

$$= \frac{978.1346}{13421.9199} = 0.07287590$$

初始值

$$\beta_1 = \bar{y} - \beta_2 \bar{x} = \frac{\sum y}{n} - \beta_2 \frac{\sum x}{n}$$

$$= \frac{26.74}{16} - 0.0728759 \times \frac{261.59}{16} = 0.47977458$$

于是,回归方程为:$\hat{y}_i = 0.479775 + 0.072876 x_i$

序号 6 的股票每股账面价值为 19.25 元，若增加 1 元后，每股账面价值为 $x=20.25$ 元，则当年红利估算为：
$$\hat{y}_i = 0.479775 + 0.072876 \times 20.25 = 1.955514(元)$$

2. 常见其他数据分析方法

1）聚类分析

聚类分析的目的是把分类对象按一定规则分成若干类，这些类不是事先给定的，而是根据数据的特征确定的，对类的数目和类的结构不必做任何假定。在同一类里的这些对象在某种意义上倾向于彼此相似，而在不同类里的对象倾向于不相似。聚类分析常常用来探索、寻找"自然的"或"实在的"分类，并且这样的分类应是对所研究的问题有意义的。此外，聚类分析也能够用来概括数据，根据在数据中发现的描述对象及其关系的信息，将数据对象分组；目的是，组内的对象相互之间是相似的（相关的），而不同组中的对象是不同的（不相关的）。组内相似性越大，组间差距越大，说明聚类效果越好。

聚类分析根据分类对象不同分为 Q 型聚类分析和 R 型聚类分析。Q 型聚类是指对样品的聚类，R 型聚类是指对变量的聚类。

聚类的过程如下：

（1）数据准备：包括特征标准化和降维。

（2）特征选择：从最初的特征中选择最有效的特征，并将其存储于向量中。

（3）特征提取：通过对所选择的特征进行转换来形成新的突出特征。

（4）聚类（或分组）：首先选择合适特征类型的某种距离函数（或构造新的距离函数）进行接近程度的度量，而后执行聚类或分组。

（5）聚类结果评估：这是指对聚类结果进行评估，评估主要有 3 种，即外部有效性评估、内部有效性评估和相关性测试评估。

不同的聚类算法有不同的应用背景。有的适合于大数据集，可以发现任意形状的聚簇；有的算法思想简单，适用于小数据集。总的来说，数据挖掘中针对聚类的典型要求包括：

（1）可伸缩性：当数据量从几百个上升到几百万个时，聚类结果的准确度能一致。

（2）处理不同类型属性的能力：许多算法针对的是数值类型的数据，但实际应用场景中，会遇到二元类型数据、分类/标称类型数据、序数型数据等。

（3）发现任意形状的类簇：许多聚类算法基于距离（欧氏距离或曼哈顿距离）来量化对象之间的相似度。基于这种方式，研究者往往只能发现相似尺寸和密度的球状类簇或者凸形类簇。但是，实际中类簇的形状可能是任意的。

（4）初始化参数的需求最小化：很多算法需要用户提供一定个数的初始参数，比如期望的类簇个数、类簇初始中心点的设定等。聚类的结果对这些参数十分敏感,调参数需要大量的人力来负担,也非常影响聚类结果的准确性。

(5)处理噪声数据的能力:噪声数据通常可以理解为影响聚类结果的干扰数据,包括孤立点、错误数据等,一些算法对这些噪声数据非常敏感,会导致低质量的聚类。

(6)增量聚类和对输入次序的不敏感:一些算法不能将新加入的数据快速插入到已有的聚类结果中,还有一些算法针对不同次序的数据输入,产生的聚类结果差异很大。

(7)高维性:有些算法只能处理 2~3 维的低纬度数据,而处理高维度数据的能力很弱,高维空间中的数据分布十分稀疏,且高度倾斜。

(8)可解释性和可用性:研究者希望得到的聚类结果都能用特定的语义、知识进行解释,和实际的应用场景相联系。

2)主成分分析

在实际问题研究中,为了全面系统地分析问题,经常会考虑众多相关的变量。因为每个变量都在不同程度上反映了所研究问题的某些信息,并且指标之间彼此有一定的相关性,因而所得的统计数据反映的信息在一定程度上会有重叠。例如,学生综合评价研究中的专业基础课成绩与专业课成绩、获奖学金次数等之间会存在较高的相关性。因而人们希望对这些变量加以"改造",用较少的互不相关的综合变量来反映原变量所提供的绝大部分信息,通过对新变量的分析达到解决问题的目的。主成分分析就是满足上述要求的一种统计方法。

主成分分析是以最少的信息丢失为前提,将原有变量通过线性组合的方式综合成少数几个新变量;用新变量代替原有变量参与数据建模,这样可以大大减少分析过程中的计算工作量;主成分对新变量的选取不是对原有变量的简单取舍,而是原有变量重组后的结果,因此不会造成原有变量信息的大量丢失,并能够代表原有变量的绝大部分信息;同时,选取的新变量之间互不相关,能够有效地解决变量信息重叠、多重共线性等给分析应用带来的诸多问题。

主成分分析通过降维的方式,达到了简化数据的目的。当然,主成分分析的结果往往不是研究的最终结果,而是作为其他研究方法的分析结果作为辅助手段使用。

主成分分析的步骤如下:

(1)首先对样本进行标准化处理。

(2)计算标准化样本的协方差矩阵。

(3)计算特征值和特征向量。

(4)计算主成分贡献率以及累积贡献率。

(5)写出主成分。

(6)根据系数分析主成分代表的意义。

3) 因子分析

因子分析是指研究从变量群中提取共性因子的统计技术，它最早由英国心理学家 C. E. 斯皮尔曼提出。斯皮尔曼发现学生的各科成绩之间存在着一定的相关性，一科成绩好的学生，往往其他各科成绩也比较好，从而推想是否存在某些潜在的共性因子，或称某些一般智力条件影响着学生的学习成绩。因子分析可在许多变量中找出隐藏的具有代表性的因子。将相同本质的变量归入一个因子，可减少变量的数目，还可检验变量间关系的假设。因子分析的方法在研究众多变量数据彼此间深层关系的基础上，提取出个别的几个"共性因子"，即无法直接测量到的隐性变量，以此来表示样本数据的主体信息。

因子分析的方法有两类。一类是探索性因子分析，另一类是验证性因子分析。探索性因子分析不事先假定因子与测度项之间的关系，而是让数据"自己说话"。主成分分析和共性因子分析是其中的典型方法。验证性因子分析假定因子与测度项的关系是部分知道的，即哪个测度项对应于哪个因子，但尚不知道具体的系数。

应用因子分析法的主要步骤如下：

(1) 对数据样本进行标准化处理。因子分析的前提条件是观测变量间有较强的相关性，因为如果变量之间无相关性或相关性较小的话，它们不会有共享因子，所以原始变量间应该有较强的相关性。

(2) 计算样本的相关系数矩阵 R。相关系数矩阵描述了原始变量之间的相关关系。可以帮助判断原始变量之间是否存在相关关系，这对因子分析是非常重要的。因为：如果所选变量之间无关系，做因子分析就是不恰当的。相关系数矩阵是估计因子结构的基础。

(3) 求样本相关系数矩阵 R 的特征根和特征向量。

(4) 根据系统要求的累积贡献率确定主因子的个数。这一步要确定因子求解的方法和因子的个数，根据相关系数矩阵（协方差矩阵的标准化）来做，需要根据研究者的设计方案或有关的经验或知识事先确定。因子个数的确定可以根据因子方差的大小，只取方差大于 1（或特征值大于 1）的那些因子，这是因为方差小于 1 的因子其贡献可能很小。按照因子的累积方差贡献率来确定，一般认为要达到 70% 才能符合要求。

(5) 计算得到因子载荷矩阵，接着进行因子旋转。对所得结果进行因子旋转 (factor rotation)，得到简化后因子载荷矩阵。新的因子载荷之间区分度更高，便于因子分析。

(6) 计算因子得分，确定因子模型。

(7) 根据上述计算结果，对系统进行分析。

需要对主成分分析与因子分析进行区分，二者的原理是有所不同的。主成分分析基本原理是利用降维(线性变换)的思想,在损失很少信息的前提下把多个指标转化为几个不相关的综合指标(主成分),即每个主成分都是原始变量的线性组合,且各个主成分之间互不相关,使得主成分比原始变量具有某些更优越的性能(主成分必须保留原始变量90%以上的信息),从而达到简化系统结构,抓住问题实质的目的。因子分析基本原理是利用降维的思想,由研究原始变量相关矩阵内部的依赖关系出发,把一些具有错综复杂关系的变量表示成少数的公共因子和仅对某一个变量有作用的特殊因子线性组合而成,也就是要从数据中提取对变量起解释作用的少数公共因子。因子分析是主成分的推广,相对于主成分分析,更倾向于描述原始变量之间的相关关系。

4) 层次分析法

层次分析法,简称AHP,是指将与决策总是有关的元素分解成目标、准则、方案等层次,在此基础之上进行定性和定量分析的决策方法。该方法是美国运筹学家匹茨堡大学教授萨蒂于20世纪70年代初,在为美国国防部研究"根据各个工业部门对国家福利的贡献大小而进行电力分配"课题时,运用网络系统理论和多目标综合评价方法,提出的一种层次权重决策分析方法。

层次分析法是将一个复杂的多目标决策问题作为一个系统,将目标分解为多个目标或准则,进而分解为多指标(或准则、约束)的若干层次,通过定性指标模糊量化方法算出层次单排序(权数)和总排序,然后用求解判断矩阵特征向量的办法,求得每一层次的各元素对上一层次某元素的优先权重,最后再用加权和的方法递阶归并各备择方案对总目标的最终权重,此最终权重最大者即为最优方案。层次分析法比较适合于具有分层交错评价指标的目标系统,而且目标值又难以定量描述的决策问题。

人们在对社会、经济以及管理领域的问题进行系统分析时,面临的经常是一个由相互关联、相互制约的众多因素构成的复杂系统,层次分析法为研究这类复杂系统提供了一种新的、简洁的、实用的决策方法。

层次分析法主要应用在安全科学和环境科学领域。在安全生产科学技术方面的主要应用包括煤矿安全研究、危险化学品评价、油库安全评价、城市灾害应急能力研究以及交通安全评价等;在环境保护研究中的应用主要包括水安全评价、水质指标和环境保护措施研究、生态环境质量评价指标体系研究以及水生野生动物保护区污染源确定等。除此之外,层次分析法还可以用于指导和解决个人生活中遇到的问题,比如说专业的选择、工作的选择以及买房的选择等,可以通过建立层次结构以及衡量指标,来厘清工作思路和思考问题的层面。

5) 结构方程模型

结构方程模型,简称SEM,是一门基于统计分析技术的研究方法学,它主要用于解决社会科学研究中的多变量问题,用来处理复杂的多变量研究数据的探究与分析。在社会科学及经济、市场、管理等研究领域,有时需处理多个原因、多个结果的关系,或者会碰到不可直接观测的变量(即潜变量),这些都是传统的统计方法不能很好解决的问题。SEM 能够对抽象的概念进行估计与检定,而且能够同时进行潜在变量的估计与复杂自变量/因变量预测模型的参数估计。

结构方程模型是一种非常通用的、主要的线性统计建模技术,广泛应用于心理学、经济学、社会学、行为科学等领域的研究。实际上,它是计量经济学、计量社会学与计量心理学等领域的统计分析方法的综合。很多心理、教育、社会等概念,均难以直接准确测量,这种变量称为潜变量(latent variable),如智力、学习动机、家庭社会经济地位等。因此,只能用一些外显指标(observable indicators),去间接测量这些潜变量。传统的统计方法不能有效处理这些潜变量,而结构方程模型则能同时处理潜变量及其指标。

结构方程模型是利用联立方程组求解,它没有很严格的假定限制条件,同时允许自变量和因变量存在测量误差。在许多科学领域的研究中,有些变量并不能直接测量。实际上,这些变量基本上是人们为了理解和研究某类目的而建立的假设概念,对于它们并不存在直接测量的操作方法。人们可以找到一些可观察的变量作为这些潜在变量的"标识",然而这些潜在变量的观察标识总是包含了大量的测量误差。在统计分析中,即使是对那些可以测量的变量,也总是不断受到测量误差问题的侵扰。自变量测量误差的发生会导致常规回归模型参数估计产生偏差。虽然传统的因子分析允许对潜在变量设立多元标识,也可处理测量误差,但是,它不能分析因子之间的关系。只有结构方程模型既能够使研究人员在分析中处理测量误差,又可分析潜在变量之间的结构关系。

结构方程模型能同时处理多个因变量,并可比较及评价不同的理论模型。与传统的探索性因子分析不同,在结构方程模型中,研究者可以提出一个特定的因子结构,并检验它是否吻合数据。通过结构方程多组分析,研究者可以了解不同组别内各变量的关系是否保持不变,各因子的均值是否有显著差异。

第五章 新时代大学生创新创业活动

第一节　新时代大学生创新创业活动概述

一、大学生双创活动的基本内涵

(一)创新和创业的基本内涵

1. 创新的基本内涵

创新是人类对实践范畴的扩展性发现、创造的结果。创新在人类历史上首先表现为个人行为,在近代科学发展起来后,创新在不同领域就逐渐成为一种集体性行为。但个人的独立实践对于前沿科学的发现及创新依然起到引领作用,创新的社会化推动社会生产力整体的进步。

2. 创业的基本内涵

创业是指特定人(或群体)发现某种信息、资源、机会或掌握某种技术,利用或借用相应的平台或载体,将其发现的信息、资源、机会或掌握的技术,以一定的方式转化、创造成更多的财富、价值,并实现某种追求或目标的过程。创业就是利用创造创新的思维和方法,创造出某种对人类、对社会或者对个人有益的具体成果,是理论创新或科技创新等成果向实际生产力的转化,由实际过程和具体结果来体现。

(二)创新与创业的关系

1. 创新与创业的关联性

创新和创业二者之间既有区别,也有联系。首先,创新是指理论、方法或技术等某一方面的发现、发明、改进或新组合。创业是一种思考、推理和行动的方法,在于把握机会,创造性地整合资源,从而创办新的企业或开辟新的事业。将创新的思想或成果用于产业或事业中,开创新的领域或新的局面,就是创业;其次,创新重视的是所得到的结果,而创业不仅重视可能得到的结果,还重视其结果实现的条件;最后,创业比创新更加关心结果的可实现性以及可能带来的经济效益。由此可见,创业是在创新的基础上将创新的思想或成果转化为现实生产力的一种社会活动。也就是说,创业是具有创新精神的个体与有价值的商业机会的结合,是开创新事业的活动,其本质在于把握机会,创造性地整合资源、创新和超前行动。

2. 创业与创新的相互作用

创新是创业的本质与源泉。熊彼特曾提出,"创业包括创新和未曾尝试过的技术"。创业者只有在创业的过程中保持创新思维和创新意识,才可能产生新的富有创意的想法和方案,才可能不断寻求新的模式、新的思路,并最终获得创业的成功。创新的价值在于创业。从一定程度上讲,创业者的价值就在于将潜在的知识、技术和市场机会转变为现实生产力,实现社会财富的增长,造福人类社会,而实现这种转化的根本途径就是创业。创业者可能不是创新者或是发明家,但必须具有能发现潜在商机的能力和敢于冒险的精神;创新者也并不一定是创业者或企业家,但是创新的成果是经由创业者推向市场的。使潜在的价值市场化,创新成果才能转化为现实生产力,这也从侧面体现了创新与创业的相互关联。创业推动并深化创新。创业可以推动新发明、新产品或新服务的不断涌现,创造新的市场需求,从而进一步推动和深化各方面的创新,因而也就提高了企业或整个国家的创新能力,进一步推动经济的增长。总的来说,"创新创业",不是简单的词义叠加,而是从本质内涵上将创新与创业融合。创新与创业是交互的关系,创新和创业具有同一性。成功的创业案例离不开创新的想法,成功的创新也往往在创业过程中产生。

3. 创新与创业本质的一致性

虽然创业与创新是两个不同的概念,但是这两个范畴之间却存在本质上的一致性:内涵上的相互包容和实践过程中的互动发展。创新是创业的基础,而创业推动着创新。创业和创新在本质上具有一致性,即都具有"开创"的性质,只不过,创新一般多指理论、思维方面的创造活动,是整个创造活动的第一阶段;创业是实际活动中的创造,是创新思维、理论和技法的应用与现实体现,属于创造活动的第二阶段,也是创新的终极目的。总体上说,科学技术、思想观念的创新,促进着人们物质生产和生活方式的变革,引发了新的生产和生活方式,进而为整个社会不断地提供新的消费需求,这是创业活动源源不断的根本动因;另外,创业在本质上是一种创新性实践活动。无论是何种性质、类型的创业活动,它们都有一个共同的特征,即创业是一种主体的、能动的、开创性的实践活动,是一种高度的自主行为。在创业实践的过程中,主体的主观能动性将会得到充分的发挥和张扬,正是这种主体能动性充分体现了创业的创新性特征。

(三)我国大学生创新创业活动的具体内涵

明晰了创新创业的基本内涵和关系,我们就可以了解到,创新创业是一个富有创造力和创新性的社会活动,尤其对于富有活力和创造力的大学生,需要加大创新创业活动的培养。我国大学生创新创业活动的开端,要从1998年清华大学举办的第一届创业计划大赛说起。次年,全国性大学生创新创业竞赛顺利举办,使得"创新创业"成为炙手可热的名词。2021年,国务院办公厅印发的《关于进一步支持大学生创新创业的指导意见》指出,要继续提升大学生创新创业能力,将创新创业教育贯穿人才培养全过程,这足以见得我国对大学生创新创业动态的持续关注。

大学生的创新创业教育培养是一种新型的教学理念与模式,其本身就是为了提高大学生创新创业水平,培育专业性人才,是一个具有创新性的系统工程。在这个培育过程中,创新创业活动不仅涉及学生专业课程体系内的创新,而且更重视大学生实践方法、手段的模式革新。国家鼓励大学生创新创业有利于扭转传统就业观,拓宽青年人才实现自我价值的渠道,有助于减轻就业压力,促进新经济、新模式的发展,对现阶段的"供给侧改革"有着促进作用,有助于推进国家治理现代化。近些年来,大学生创新创业竞赛越来越受到各大高校和国家、地方教育主管部门的关注。在全国和各省份的诸多赛事中,有的是由共青团全国领导机关、中央政府教育主管部门主办,如团中央和教育部等联合发起的"挑战杯"大赛;有的是由协会或学会组织,如全国互联网协会发起的"全国大学生网络商务创新应用大赛";还有的是由公司或企业发起的,如用友公司举办的"全国大学生ERP沙盘大赛";等等。经过多年的发展和实践检验,这些种类繁多的比赛,不断地向规范化、制度化和综合化方向发展,逐渐成为高校全方位、立体化的实践教学平台,推动着高校教学模式改革和实践教学发展。

二、大学生双创活动的背景

教育部相关统计显示:2015—2022年,我国普通高校毕业生人数由2016年的765万增长到2022年的1020万。普通高校毕业生人数增长速度惊人,同时也给我国待就业和创业带来了压力。2021年关于中国大学生就业压力的调查报告显示:因新冠疫情影响,我国GDP增速明显下降,宏观经济受到较大影响,对普通高校毕业生就业造成严重冲击。在这样的历史背景下,不少大学生开始考虑采用创业的形式来解决就业问题。

我国大学生创新创业政策发展历时约20年。20世纪90年代,为了应对与日俱增的大学毕业生就业困难问题,教育部预估形势,开展了面向新世纪的教育振兴行动,支持高校采取创业鼓励的手段解决"就业难"问题。这是我国关于大学生的政策中首次鼓励大学生自主创业的新办法,开创了创新创业政策中有关大学生发展体系的先河。此后,中央政府开始将创业看作大学生就业的另一新途径,陆续出台鼓励政策,推动大学生创新创业政策步入探索前进阶段。

21世纪初,我国政府开始尝试将"创业"与"就业"深度结合,以深入开展青年创业行动的方式促进广大青年就业者顺利就业,从侧面反映出国家对大学生创业的高度关注。2004年4月,由共青团中央颁布的政策意见指出:创业环境和服务保障、创业意识和创业能力是刺激创业活动的内外动机。政策制定应由此出发,全力保障创业工作的有序进行。

2008年全球金融危机爆发,我国面临着国内外经济和政治环境的强大压力。我国政府当机立断,通过政府渠道、媒体平台等宣传创业政策,增强创业意识,鼓励全民参与创业活动,以期得到传统制造转型成功、经济结构调整有效的良好局面。此举得到全国各地的积极响应,针对性的地方整改措施、高校创业支持政策应运而生,大学生创新创业进一步迎来政策推广普及的新时期。

为贯彻党的十七大关于"创新""创业"方面的大会精神,2010年5月,我国教育部发布正式政策文件促进高校创业工作:通过建设创业基地、完善创业指导和服务机制的方式,大力推进大学生创新创业教育的落实。2011年6月,国务院综合高校毕业生形势,促进大学生创业政策落实,并根据各地创业成果反馈进行持续跟踪,以此强化各级政府的创业支持效果。这是国务院首次以文件通知形式参与到大学生就业创业扶持与支撑工作之中。通过加强教育培训以及服务等方面的工作来进一步落实与发展创业政策。此文件极大地点燃了大学生的创业工作热情,各级政府纷纷响应,制定符合地方形势的创业政策。

2012年11月,教育部在应届高校毕业生就业工作通知中强调将高校毕业生列入创业重点帮扶人群,以设立"一站式"服务平台及"绿色通道"的方式,为高校创业者提供高效、便捷的服务保障。2014年5月,国务院办公厅发布关于高校毕业生就业创业工作部署的通知,再次申明大学生就业创业工作面临前所未有的挑战。在这次文件通知中,中央政府已开始将"高校毕业生创业"列入国务院办公厅文件的标题之中,首次将大学生创业问题提升到与就业问题同等重要的位置。通知内容旨在从科技、金融、教育等领域全面开展大学生创业的支持活动,并呼吁全社会积极参与,全力营造良好的创业环境。除此之外,通知还提到三年内要在大学生群体中大力推进"创业引领计划",全国普及高校创业教育,最大规模实现"创业促就业"的政策支持。此文件一出,为我国大学生创新创业指明了政策方向。企业家纷纷开始创建与之相关的备选方案,以期纳入政策议程。

从2011年国务院全面支持大学生创业起,地方政府纷纷出台多项优惠措施支持大学生创业。这些政策一经出台就得到了各类专家的高度关注,加速了政策变迁的过程。随着高校扩招,大学毕业生的就业压力不减反增,社会资源的占有与分配严重失衡,导致城镇失业率开始持续攀升。与此同时,创业作为一种创新型社会资源的创造与再分配,再一次进入决策者视线。

2012年党的十八大报告指出:"鼓励多渠道多形式就业,促进创业带动就业"。在中央政府对"双创"的大力宣传与号召下,各级政府、地方组织和高校纷纷响应,大量创新创业政策及措施纷纷涌现,标志着大学生创业政策进入战略导向期。

2015年6月,国务院就"双创"工作的目标、方向及行动路径出台了若干政策措施,将"创新创业"从口头号召变为政策落实。相关政策文件强调:通过加强创业创新教育,优化财税政策,发展创业服务等措施强化创新驱动型大学生创业模式,促使达成"创业带动就业,促进经济发展"的目的。之后,国务院颁布建设"双创"示范基地的实施文件,发布《建设示范基地的实施意见》,使"创新创业"政策真真实实落地。文件规范了大学生"创业引领计划"的实施要点及休学创业注意事项,致力于构建全面、完善的大学生创业支持体系。此外,文件还着力于推进服务型政府建设,号召简政放权,为创新创业创造良好制度环境。这是创业政策发展十多年来内容最为全面、涉及领域最广的政策文件,是"就业创业难"不断累积与发酵,进而提上政策议程的结果。它的产生标志着"双创"受到政府决策者的高度重视,为后续大学生创新创业政策的发展提供了纲领性文件。

2016年,人社部、教育部牵头在高校开展毕业生就业创业促进计划,开始促进大学毕业生就业创业。文件首先明确"创业是解决就业的重要途径",并尝试通过完善创新创业制度和服务进一步扩大大学生创新创业活动范围。同年11月,教育部结合日益严峻的大学生就业形势,颁布就业创业工作通知,就大学毕业生就业创业促进计划的具体方针做了较为明确的阐述,内容涉及创业教育、创业资金、创业服务以及监督反馈等,较为全面具体,是教育部首次面向应届毕业大学生就业创业的政策文件。

2017年4月,国务院出台关于就业创业工作的意见,就一直存在的创业融资问题继续补充了创业补贴和基金等支持政策。除此之外,还增设了基层计划和留学回国创业计划,进一步放宽了大学生创业的人群和种类。教育部响应国家"双创"的战略部署,重新修订了高校《大学生管理规定》,明确要求应更多地鼓励大学生参与创新创业的社会实践,并为其提供教学资源方面的支持与意见指导。通过"创新驱动"的战略指导,我国大学生创新创业政策在创业教育、创业资金支持以及创业服务建设上有了较为明显的突破,由此进入我国大学生创新创业政策导向的新时期。

2021年10月,国务院办公厅发布《关于进一步支持大学生创新创业的指导意见》(以下简称《意见》)。《意见》指出,大学生是大众创业万众创新的生力军,支持大学生创新创业具有重要意义。要坚持创新引领创业、创业带动就业,提升人力资源素质,实现大学生更加充分、更高质量就业。可见,我们国家为了支持和鼓励大学生创新创业做了大量工作。

三、我国的大学生"双创"政策现状

随着互联网的快速发展和我国经济的不断转型,不少大学生在这样的历史进程中,为了实现自己的人生价值,也为了促进国家和民族的发展和实现我国创新型国家建设,开始把创新创业作为毕业就业的一种选择。同时,国家相关部门陆续出台各种鼓励支持大学生创新创业的政策,如给予项目经费贷款、免费提供创业孵化入园、休学创业和技术帮扶等政策,多渠道、多层面鼓励大学生开展各种创新创业活动。

伴随着"双创"政策的持续推进,大学生创新创业工作取得了尤为可观的社会效益,但依然存在大学生创业成功率持续走低、创业支持环境不佳、大学生创业素质普遍偏低等问题。为了进一步指导创新创业工作,2018年9月,国务院在经过多方讨论之后决定对"双创"政策进行改造升级,再一次将"双创"政策整改出台,致力于推动"创新创业"向更高水平的发展,为大学生创业工作的有效开展创造良好的政治环境。

2018年11月,教育部再次以工作通知的形式督促落实高校创新创业教育的改革过程、加强创业指导与服务并切实完善创新创业优惠政策。此项文件(工作通知)针对的是依然存在的创业教育不足、融资困难和创业服务不完善等问题。教育部寻求新的解决方案以期得到良好的政策效果反馈。此项文件出台的政策在内容上较为全面与完善,是一项较为系统的大学生创业政策文件,标志着大学生创新创业政策支持体系基本建成。2018年11月,国务院在促进就业工作意见中提到了当前越来越严峻的大学毕业生就业形势,着重强调了以创业带动就业的重要性,为政策发展提供准确的路径方向。

2019年12月,全球暴发了罕见的新冠疫情,给经济、政治、社会带来了极大的冲击。承载大学生就业创业的中小企业,直接面临艰难的生存考验。针对现有中小型企业生存困难、大学毕业生就业创业危机,国务院及相关部委迅速召开紧急会议,出台多项针对性措施,以期扶持中小企业渡过难关,继续鼓励毕业生创新创业,从而缓解突发疫情带来的巨大社会压力,拉动经济增长。

2020年3月,教育部下发高校毕业生就业创业工作通知,正式将疫情影响下大学生就业创业的严峻问题摆到了国家宏观层面,通知将就业创业工作的重点放在线上技能培训上。以引导和鼓励的方式促进大学生就业创业,成为疫情影响下各部委开展工作的主要方式。3月26日,发改委办公厅紧密联系"双创"时代背景,积极促进开展社会服务领域双创带动就业示范工作,通过"互联网+""大数据"等信息技术手段,发挥"创业带动就业"的关键作用。通过开设一批"创新创业"的针对性项目,全力推动疫情下大学生就业创业,开创和扩大"创新创业"带动就业的新局面。为了进一步应对疫情带来的"失业潮",人社部积极推进《百日免费线上技能培训行动方案》,旨在对重点失业人群开展线上培训,进一步减小疫情给社会经济带来的冲击。4月15日,财政部联合人社部、中国人民银行发布通知,在原有的贷款申请条件基础上进一步降低门槛,提高额度。除此之外,通知还规定降低担保门槛,以此实行财政优惠政策,减缓疫情给中小企业带来的财务危机。短短半年时间,国务院及相关部委针对疫情发布和出台的促就业创业政策就有十余项,可见党和政府对创新创业工作的高度重视。大学生创新创业政策的针对性与系统性有了大幅度提升,政策体系及发展路径也已趋于完善成熟。

第二节　大学生创新创业主要赛事

一、大学生创新主要赛事

(一)"挑战杯"全国大学生课外学术科技作品竞赛

"挑战杯"系列竞赛被誉为中国大学生科技创新创业的"奥林匹克"盛会,是由共青团中央、中国科协、教育部和全国学联共同主办的全国性大学生课外学术实践竞赛,是目前国内大学生最关注的全国性竞赛,也是全国最具代表性、权威性、示范性、导向性的大学生竞赛。自1989年首届竞赛举办以来,"挑战杯"竞赛始终坚持"崇尚科学、追求真知、勤奋学习、锐意创新、迎接挑战"的宗旨,在促进青年创新人才成长、深化高校素质教育、推动经济社会发展等方面发挥了积极作用,在广大高校乃至社会上产生了广泛而良好的影响。以下为竞赛的基本情况:

(1)竞赛目的。竞赛旨在引导和激励高校学生实事求是、刻苦钻研、勇于创新、多出成果、提高素质,并在此基础上促进高校学生课外学术科技活动的蓬勃发展,发现和培养一批在学术科技上有作为、有潜力的优秀人才。

(2)竞赛内容。高等学校在校学生申报自然科学类学术论文、哲学社会科学类社会调查报告和学术论文、科技发明制作三类作品参赛;聘请专家评定出具有较高学术理论水平、实际应用价值和创新意义的优秀作品,并给予奖励;组织学术交流和科技成果的展览、转让活动。

(3)竞赛安排。赛事每两年举办一次。校赛评审申报阶段,各省(区、市)于前一年11月成立由省级团委、科协、教育部门、学联及有关单位牵头的省级组织协调委员会。各参赛高校在校党委等部门领导下,于前一年11月底前成立由校团委等有关部门及学生会、研究生会共同参加的参赛协调小组,并确定本校参赛的组织实施计划,在学生中开展充分的宣传动员工作。

在省级初评和组织申报阶段,当年4月份前,各校按"挑战杯"章程有关规定举办本校的竞赛活动,并择优推出本校参赛作品。5月底前,各省(区、市)组织协调委员会完成对本地申报作品的初评。6月中旬前,发起高校需将本校3件直报作品报送当届"挑战杯"竞赛全国组委会。6月底前,各省(区、市)从各校申报的作品中每校最多选出6件作品(其中,发起高校最多3件作品,各省、自治区、直辖市选定作品总数不得超过全国组委会规定的限额)报送当届"挑战杯"竞赛全国组委会。

随后,在全国复赛和参赛准备阶段,全国评审委员会于比赛当年6月成立,并召开评审委员会主任办公会议,制定《评审实施细则》。稍后,全国评审委员会于当年7月对参赛作品进行预审。全国组委会于8月向各地各有关高校下达终审参展通知及作品展览、演示等有关技术性规范要求。各地各校按照组委会要求,于9月上旬至10月做好参评参展的各项物资、技术准备和组团组队准备。

最后,全国决赛和表彰阶段(比赛当年10月),各校参赛队到主办高校报到、布展。全国评审委员会举行全国组委会第二次全体会议,通报竞赛筹备情况、做资格审查及形式审查报告、通过终审日程安排、抽签产生决赛评审委员会委员并组成资格评审委员会。决赛当日全国评审委员会对参赛作品进行终审,对参展作品作者进行问辩(若竞赛期间接到对作品资格的质疑投诉,则召开资格评审委员会会议,按程序评定该作品的参赛资格)。决赛结束后,举行全国组委会第三次全体会议,通报评审情况,公布获奖结果,并向获奖单位及个人颁发奖杯、证书,举行承办高校交接仪式。

(二)中国大学生数学建模竞赛

全国大学生数学建模竞赛创办于1992年,每年一届,现已成为全国高校规模最大的基础性学科竞赛,也是世界上规模最大的数学建模竞赛。数学建模竞赛与普通的数学竞赛不同,它来自实际问题或有明确的实际应用背景。它的宗旨是培养大学生用数学方法解决实际问题的意识和能力。整个赛事要完成一篇论文,其内容包括对问题的阐述分析、模型的假设和建立、计算结果及讨论等。通过数学建模竞赛,同学们不仅能够提高用数学方法解决实际问题的意识和能力,而且在团结合作、发挥集体力量攻关以及撰写科技论文等方面都会得到十分有益的锻炼。

(1)竞赛目的。大学生数学建模竞赛旨在培养在校大学生的创新意识、团队精神、重在参与和公平竞争精神,以期通过竞赛的方式达到扩大受益面,保证公平性,推动教学改革,提高竞赛质量,扩大国际交流,促进科学研究的目的。

(2)竞赛内容。全国统一竞赛题目,采取通信竞赛方式,以相对集中的形式进行。本科组参赛队从 A、B 题中任选一题,专科组参赛队从 C、D 题中任选一题(全国评奖时,每个组别一、二等奖的总名额按每道题参赛队数比例分配;但全国一等奖名额的一半将平均分配给本组别的每道题,另一半按每道题参赛队数比例分配)。竞赛题目一般来源于工程技术和管理科学等方面经过适当简化和加工的实际问题,不要求参赛者预先掌握深入的专门知识,只需要学过高等学校的数学课程。题目有较大的灵活性供参赛者发挥其创造能力。参赛者应根据题目要求,完成一篇包括模型的假设、建立和求解、计算方法的设计和计算机实现、结果的分析和检验、模型的改进等方面的论文(即答卷)。竞赛评奖以假设的合理性、建模的创造性、结果的正确性和文字表述的清晰度为主要标准。

(3)竞赛安排。该竞赛每年 9 月(一般在上旬某个周末的星期五至下周星期一共 3 天,72 小时)举行,竞赛面向全国注册的全日制非成人教育的各类高等院校在校专科生、本科生、硕士研究生,不分专业。竞赛以三人为一组,在三天时间内,就指定的问题完成从建立模型、求解、验证到论文撰写的全部工作。

(三)全国大学生广告艺术大赛

全国大学生广告艺术大赛(简称大广赛)自 2005 年第 1 届至今(2022 年),遵循"促进教改、启迪智慧、强化能力、提高素质、立德树人"的竞赛宗旨,成功举办了 14 届共 15 次赛事,全国共有 1679 所高校参与其中,超过百万学生提交作品。

(1)竞赛目的。大广赛以立德树人为根本,以强教兴才为己任,搭建了以赛促练、以赛促学、以赛促教、以赛促改、以赛促研、以赛立德的实践教学改革平台。大广赛致力于激发大学生的创造力,培养他们的创新意识和解决问题的能力。

(2)竞赛内容。大广赛是参赛规模大、覆盖范围广、作品水准高、受高校师生欢迎、有较大社会影响力的全国性高校文科竞赛。大广赛有全国统一命题的公益广告和以企业背景资料命题的商业广告两种形式。大广赛整合社会资源、服务教学改革,以企业真实营销项目为命题,与教学相结合,真题真做、了解受众、调研分析、提出策略,在现场提案的过程中实现教学与市场相关联。在大广赛平台上,实现了高校与企业、行业交互,线上与线下联动。学生实践能力得以提升,同时也让企业文化与当代大学生所学专业课程相融合,强化了创新创业协同育人的理念。参赛作品分为平面类、视频类、动画类、互动类、广播类、策划案类、文案类、营销创客类、公益类，共九大类。

(3) 竞赛安排。大广赛自2005年开始，每两年举办一届，从2014年开始改为一年举办一届。大赛包含如下步骤：下载命题、作品创作、网上提交并上传作品、下载打印报名表、线下提交、学校报送至赛区、赛区报送至全国大广赛组委会、各赛区将评选出的参评作品及相关文件汇总报送至全国大广赛组委会进行全国总评审。

(四)全国大学生电子设计竞赛

全国大学生电子设计竞赛是教育部和工信部(工业和信息化部)共同发起的大学生学科竞赛之一，是面向大学生的群众性科技活动，目的在于推动高等学校信息与电子类学科课程体系和课程内容的改革。

(1) 竞赛目的。竞赛旨在推动高等学校信息与电子类学科课程体系和课程内容的改革，培养大学生的实践创新意识与基本能力、团队协作的人文精神和理论联系实际的学风；培养学生工程实践素质，提高学生针对实际问题进行电子设计制作的能力；吸引、鼓励广大青年学生踊跃参加课外科技活动，为优秀人才的脱颖而出创造条件。

(2) 竞赛内容。竞赛采用全国统一命题、分赛区组织的方式，采用"半封闭、相对集中"的组织方式。竞赛期间学生可以查阅有关资料，仅限队内集体商讨设计思想，确定设计方案，分工负责、团结协作，以队为基本单位独立完成竞赛任务；竞赛期间不允许任何教师或其他人员进行任何形式的指导或引导；参赛学校应将参赛学生相对集中在实验室内进行竞赛，便于组织人员巡查。为保证竞赛工作顺利进行，竞赛所需设备、元器件等均由各参赛学校负责提供。

(3) 竞赛安排。全国大学生电子设计竞赛从1997年开始每逢单数年份的9月举办一届，赛期四天三夜(具体日期届时通知)。在双数的非竞赛年份，根据实际需要由全国竞赛组委会和有关赛区组织开展全国性专题竞赛，同时积极鼓励各赛区和学校根据自身条件适时组织开展赛区和校级的大学生电子设计竞赛。

二、大学生主要创业赛事介绍

(一)中国"互联网＋"大学生创新创业大赛

中国"互联网＋"大学生创新创业大赛由教育部与其他相关政府部门、各高校共同主办。2015年，第一届中国"互联网＋"大学生创新创业大赛以"'互联网＋'成就梦想，创新创业开辟未来"为主题，在吉林大学成功举行，大赛项目主要包括"互联网＋传统产业""互联网＋新业态""互联网＋公共服务""互联网＋技术支撑平台"四种类型。第二届中国"互联网＋"大学生创新创业大赛以"拥抱'互联网＋'时代,共筑创新创业梦想"为主题;第三届中国"互联网＋"大学生创新创业大赛以"搏击'互联网＋'新时代,壮大创新创业生力军"为主题。

(1)竞赛目的。以赛促学,培养创新创业生力军。大赛旨在激发学生的创造力,激励广大青年扎根中国大地了解国情民情,锤炼意志品质,开拓国际视野,在创新创业中增长智慧才干,把激昂的青春梦融入伟大的中国梦,努力成长为德才兼备的有为人才;以赛促教,探索素质教育新途径。把大赛作为深化创新创业教育改革的重要抓手,引导各类高校主动服务国家战略和区域发展,深化人才培养综合改革,全面推进素质教育,切实提高学生的创新精神、创业意识和创新创业能力。推动人才培养范式深刻变革,形成新的人才质量观、教学质量观、质量文化观;以赛促创,搭建成果转化新平台。推动赛事成果转化和"产学研用"紧密结合,促进"互联网＋"的新业态形成,服务经济高质量发展,努力形成高校毕业生更高质量创业就业的新局面。

(2)竞赛内容。主题赛事包括五大赛道的比赛:高教主赛道("互联网＋"现代农业、制造业、信息技术服务、文化创意服务、社会服务等),分为本科生创意组、研究生创意组、初创组、成长组、师生共创组 5 个组别;参加"青年红色筑梦之旅"赛道的项目要在推进革命老区、贫困地区、城乡社区经济社会发展等方面有创新性、实效性和可持续性,分为公益组、创意组、创业组 3 个组别;公益类项目原则上只能选择"青年红色筑梦之旅"赛道参赛。

(3)竞赛安排。大赛每年采用校级初赛(4—5 月)、省级复赛(6—8 月)、全国决赛(9—10 月)三级竞赛模式。

(二)"挑战杯"中国大学生创业计划竞赛

"挑战杯"中国大学生创业计划竞赛是一项全国性的竞赛活动,是由共青团中央、中国科协、教育部、全国学联主办的大学生课外科技文化活动中一项具有导向性、示范性和群众性的创新创业竞赛活动,每两年举办一届。

(1)竞赛目的。竞赛旨在引导和激励高校学生弘扬时代精神,把握时代脉搏,将所学知识与经济社会发展紧密结合,培养和提高其创新、创造、创业的意识和能力,并在此基础上促进高校学生就业创业教育的蓬勃开展,发现和培养一批具有创新思维和创业潜力的优秀人才。

(2)竞赛内容。竞赛借助风险投资运作模式,要求参赛者组成学科交叉、优势互补的竞赛团队,就一项具有市场前景的技术产品或服务,以获得风险资本的投资为目的,完成一份完整的创业计划书。

(3)竞赛安排。参赛对象为在校的全日制研究生及本、专科学生。鼓励研究生和本科低年级学生参加比赛。竞赛设科技创新和未来产业、乡村振兴和脱贫攻坚、城市治理和社会服务、生态环保和可持续发展、文化创意和区域合作5个组别。大赛分校级初赛、省级复赛、全国决赛三个等级。校赛是3—5月,省赛是5—6月,国赛是9—11月。校级初赛由各校组织,广泛发动学生参与,遴选参加省级复赛项目。省级复赛由各省(自治区、直辖市)组织,遴选参加全国决赛项目。全国决赛由全国组委会聘请专家根据项目社会价值、实践过程、创新意义、发展前景和团队协作等项目综合评定金奖、银奖、铜奖等。大赛期间组织参赛项目参与交流展示活动。

(三)"创青春"全国大学生创业大赛

"创青春"全国大学生创业大赛是"挑战杯"中国大学生创业计划竞赛的改革提升。为适应大学生创业发展的形势需要,共青团中央、教育部、人力资源和社会保障部、中国科协、全国学联决定,在原有"挑战杯"中国大学生创业计划竞赛的基础上,自2014年起共同组织开展"创青春"全国大学生创业大赛,每两年举办一次。

(1)竞赛目的。竞赛旨在增强大学生创新、创意、创造、创业的意识和能力,以深化大学生创业实践为导向,将激发创业与促进就业有机结合,打造整合资源服务大学生创业就业的工作体系和特色阵地;将创业引导与立德树人有机结合,打造增强大学生社会责任感、创新精神、实践能力的有形工作平台。

(2)竞赛内容。竞赛内容每一届都有部分变动。现以第八届"创青春"中国青年创新创业大赛为例,主题赛道分为科技创新、乡村振兴、互联网、社会企业4个专项赛。

(a)科技创新专项赛。重点关注"十四五"规划明确鼓励发展的重点方向,特别是人工智能、量子信息、集成电路、生命健康、脑科学、生物育种、空天科技、深地深海等领域具有前瞻性、战略性的项目。

(b)乡村振兴专项赛。重点关注先进种植养殖技术、农产品加工及销售、农业社会化服务、乡村旅游等相关产业,尤其是在巩固拓展脱贫攻坚成果、助力乡村振兴等方面模式成熟的项目。

(c)互联网专项赛。重点关注移动互联网、互联网设备、共享经济、大数据、人工智能、智慧城市等互联网技术与应用的相关产业,以及运用互联网手段改造发展传统产业的项目。

(d)社会企业专项赛。重点关注在教科文卫体、生态环境、扶贫济困、社区发展、慈善金融等领域,能够运用商业手段规模化、系统化解决社会问题的社会企业。

(3)竞赛安排。预赛为每年3—5月,各省(自治区、直辖市)针对大赛下设的主体赛事组织本地预赛或评审,并在"创青春"全国大学生创业大赛官方网站进行校级、省级参赛项目网络报备和申报。其中,大学生创业计划竞赛实行项目分类申报,即分为已创业与未创业两类。各省(自治区、直辖市)在推报复赛项目时,两类项目的比例不做限制。全国评委会将在复赛、决赛阶段,针对两类项目实行相同的评审规则;计算总分时,将视已创业项目实际运营情况,在其实得总分基础上给予1‰~5‰的加分。具体事宜届时参见大赛官方网站通知。

复赛为每年7—8月,各省(自治区、直辖市)汇总经预赛产生的复赛项目,对项目申报表及相关材料的填写情况进行把关,按照统一要求,报送至全国组委会办公室(华中科技大学团委)。在3项主体赛事中,全国组委会不接受学校或个人的申报。报送项目的数量不得超过项目名额分配表中规定的数量。

每年9—11月,举行全国大赛决赛。全国评委会将通过相应的评审环节,对3项主体赛事进入决赛的项目分别评出若干金奖、银奖、铜奖及其他单项奖。对3项主体赛事进入复赛的项目,分别评出参赛项目的90%左右进入决赛;奖项设置统一为金奖、银奖、铜奖,分别约占进入决赛项目总数的10%、20%和70%。复赛、决赛阶段具体事宜届时将另行通知。

(四)全国大学生电子商务"创新、创意及创业"挑战赛

首届全国大学生电子商务"创新、创意及创业"挑战赛(以下简称三创赛)是在2009年由教育部委托全国高校电子商务类专业教学指导委员会主办的全国性在校大学生学科性竞赛。三创赛截至2022年已成功举办12届。经过多年的发展,大赛的参赛队伍不断增加,从第一届的1500多支到第十二届的13万多支;参赛项目的内涵逐步扩大,从最初的校园电商到"三农"电商、工业电商、服务电商、跨境电商,以及AI、5G、区块链等领域的创新应用;同时,创造性地举行了跨境电商实战赛。大赛的规则也在不断完善,从而保证了大赛更加公开、公平和公正。随着比赛规模越来越大,影响力越来越强,三创赛现已成为颇具影响力的全国性品牌赛事。

(1)竞赛目的。三创赛一直秉持"创新、创意及创业"的目的,致力于培养大学生的创新意识、创意思维和创业能力,为高校师生搭建一个将专业知识与社会实践相结合的平台,提供一个自由创造、自主运营的空间。

(2)竞赛内容。大赛主题包含"三农"电子商务、工业电子商务、跨境电子商务、电子商务物流、互联网金融、移动电子商务、旅游电子商务、校园电子商务、其他类电子商务等九大主题。

（3）竞赛安排。以第十三届"三创赛"的时间安排为例，参赛队报名时间为2022年10月24日—12月31日；学校管理员审核团队时间为2022年10月24日—2023年3月1日；校赛举办时间为2023年3月1日—4月15日；颁发校赛证书时间，2023年4月20—30日；省级赛承办单位申请时间，2022年9月27日—11月30日；省级赛举办时间，2023年4月20日—6月20日；颁发省级赛证书时间，2023年6月25—30日；全国总决赛时间，2023年7月20—22日；全国总决赛承办单位为中国矿业大学（徐州市）；全国总决赛成绩公示期，2023年7月23—31日；颁发全国总决赛证书时间，2023年8月1—10日。

（五）其他赛事简介

表5-1为大学生其他常见竞赛一览表。

表5-1　大学生其他常见竞赛一览表

类别	序号	竞赛名称	竞赛简介
技能类竞赛	1	全国大学生金相技能大赛	全国大学生金相技能大赛最初是由清华大学、北京科技大学等高校联合发起的，面向国内普通高校材料科学与工程专业的本科生的一项专业技能赛事
	2	全国大学生地质技能竞赛	全国大学生地质技能竞赛是由国土资源部（现为自然资源部）、中国地质调查局和中国地质学会等发起的一项重要的全国性地学技能赛事，意在激励大学生学习地质的热情，提高大学生野外实践动手能力和运用地学知识解决地质问题的综合能力，促进高等学校提高地质人才培养质量，竞赛每两年举办一届
	3	中国大学生医学技术技能大赛	中国大学生医学技术技能大赛，也叫全国大学生医学技术技能大赛，是由教育部组织实施的医学学科领域的国家级、全国性的学科竞赛，旨在以赛促学、以赛促教、以赛促改，全面提升医学人才培养质量

续表

类别	序号	竞赛名称	竞赛简介
学科类竞赛	1	全国大学生机械创新设计大赛	全国大学生机械创新设计大赛是经教育部高等教育司批准，由教育部高等学校机械学科教学指导委员会主办，机械基础课程教学指导分委员会、全国机械原理教学研究会、全国机械设计教学研究会、北京中教仪人工智能科技有限公司联合著名高校共同承办，是面向大学生的群众性科技活动
	2	全国大学生物流设计大赛	"全国大学生物流设计大赛"（National Contest On Logistics Design by University Students，简称NCOLD）是由教育部高等学校物流类专业教学指导委员会和中国物流与采购联合会共同举办的一项面向全国大学生的大型物流教学实践方面的竞赛活动，是教育部实施"质量工程"中的几项专业设计大赛之一，也是国内最具专业性、权威性、实用性的大学生物流大赛，大赛每两年举办一次
	3	全国大学生机器人大赛	全国大学生机器人大赛旨在打造一个全新的真正属于机器人"大牛"们的竞技平台，激发大学生对科技探索的兴趣并且能够拥有参与其中的机会。参赛成员可以在这里体验淋漓尽致的技术对抗，在团队中展现人格魅力、感受合作的力量，探索科技与人之间的默契
	4	全国大学生物理实验竞赛	全国大学生物理实验竞赛自2010年开始举办，每两年举办一次，第一、二届竞赛由中国科学技术大学承办，第三、四届由南京大学承办，第五届由南开大学承办，2020年由东北大学承办第六届全国大学生物理实验竞赛，2021年由南开大学、天津大学和天津市物理学会共同承办第七届全国大学生物理实验竞赛

续表

类别	序号	竞赛名称	竞赛简介
学科类竞赛	5	"外研社杯"全国大学生英语系列赛（英语演讲、英语辩论、英语写作、英语阅读）	"外研社杯"全国大学生英语系列赛（英语演讲、英语写作、英语阅读）是由外语教学与研究出版社和中国外语与教育研究中心联合主办、北京外研在线数字科技有限公司和中国外语测评中心联合承办的公益大赛；包括"外研社·国才杯"全国英语演讲、写作、阅读三项赛事，是大学生展现风采、实现自我的广阔舞台，也是外语教育领域体现智慧、展现创新的沟通平台
	6	全国大学生市场调查与分析大赛	全国大学生市场调查与分析大赛由中国商业统计学会创办于2010年，是由教育部高等学校统计学类专业教学指导委员会和中国商业统计学会共同主办，正大集团冠名，面向全国高校大学生的一项公益性专业赛事，截至2022年已连续举办12届，累计有4500多校（次），55万多人参赛
应用技术类竞赛	1	蓝桥杯全国软件和信息技术专业人才大赛	蓝桥杯全国软件和信息技术专业人才大赛是由中华人民共和国工业和信息化部人才交流中心主办，国信蓝桥教育科技（北京）股份有限公司承办的计算机类学科竞赛
	2	华为ICT大赛	华为ICT大赛，是华为公司打造的面向全球大学生的年度ICT赛事。大赛以"联接、荣耀、未来"为主题，以"I. C. The Future"为口号，旨在为全球高校大学生打造国际化竞技和交流平台，提升学生的ICT知识水平和实践动手能力，培养其运用新技术、新平台的创新创造能力，推动人类科技发展。华为ICT大赛自2015年举办以来，影响力日益增强，已被中国高等教育学会正式纳入全国普通高校大学生竞赛项目榜单
	3	全国大学生嵌入式芯片与系统设计竞赛	全国大学生嵌入式芯片与系统设计竞赛由中国电子学会主办，由东南大学和南京市江北新区管理委员会联合承办，国内外知名厂商支持协办，南京集成电路培训基地运营

续表

类别	序号	竞赛名称	竞赛简介
应用技术类竞赛	4	"西门子杯"中国智能制造挑战赛	"西门子杯"中国智能制造挑战赛原为全国大学生控制仿真挑战赛,曾用名全国大学生"西门子杯"工业自动化挑战赛,是由教育部高等学校自动化类专业教学指导委员会、西门子(中国)有限公司和中国系统仿真学会联合主办的国家级A类竞赛。大赛是模拟典型工业自动化系统的设计与实现的工程科技创新类竞赛,面向全国自动化、机电一体化等相关专业的大学生和高职高专学生。自2006年发端,每年一届,已经成为国内工业自动化工程领域规模最大的学生类竞赛
	5	全国高校BIM毕业设计创新大赛	首届全国高校BIM毕业设计创新大赛于2015年由李克强总理提议举办,是教育部等十二部委和地方省级人民政府共同主办的创新创业赛事。旨在落实党中央、国务院提出的"智造未来"的重大部署,深入实施创新驱动发展战略,引领新时代高校人才培养范式深刻变革,推动形成新的人才培养观和新的质量观

第三节 大学生主要创新创业赛事的组织

一、创新赛事的组织

(一)组建创新赛事团队

1. 确定创新赛事主题

我国大学生创新赛事百花齐放,在各个专业均有相匹配的赛事平台可供高校学子一展风采。因此,在组建一个团队之前,想要参加竞赛的同学需要深入了解本专业可参加的创新竞赛门类,选择最为适合本专业的创新赛事,譬如计算机或者网络安全专业,可以参加全国大学生计算机技能应用大赛。理科或者文史类专业学生也可以选择涉及范围更广的"挑战杯"全国大学生课外学术科技作品竞赛，在竞赛过程中提高自己的科研水平，丰富自己的经历。总而言之，想要参加大学生创新竞赛的同学需要在事前思考好最为适合自己专业的创新竞赛，有的放矢地全神贯注到竞赛当中，在自己学习或与老师交流的过程中形成申报竞赛的研究主题，进而有准备地组织起一群志同道合的同学与朋友共同参加竞赛。

2. 寻找竞赛合作伙伴

大学生创新竞赛的成功离不开一个优秀团队的支持。

首先，一个创新团队成员往往是由具备各种技能、背景、专长的差异性人才共同组成的，这个团队要形成基本的团队框架，明确团队内各个成员的定位。明确团队内各个角色职能能使团队成员认清自己的任务，并明白与他人任务之间的关系，在这种环境下团队各个成员能够各尽其职，创造出一种很强的团队内部的团结感。因此团队中的每位成员地位都是独一无二的，都需要有自己独特的能力和鲜明特点，根据角色定位的不同，成员之间承担的责任也是有区别的。

其次，创新团队成员要具备必要的专业知识和技能。专业知识技能是组建创新团队的前提，创新创业团队所有成员都需要对研究的项目进行充分的了解，譬如创新竞赛与计算机网络技术相关，那么创新团队中的成员就需要对这个领域有比较深刻的理解和认识，具备较强的计算机网络服务能力，其中可以由专业知识精通的个别成员起科研带头作用，促进团队内其他成员对相关领域的进一步接触和学习，在大家的集思广益下迸发出更强的思想火花，学习和培训相关的专业技能，掌握核心技能和知识。

(二) 强化团队创新能力

1. 团队成员之间要积极沟通

有效的团队内部沟通可以提高创新团队内部的团结度和工作效率。队内存在问题会明显影响项目效率，知道如何使用解决问题的工具和技巧对团队的成功很重要。团队内部积极的沟通和调解能够快速化解内部矛盾。同时，团队指导老师进行综合培训加上耐心的督导，有助于团队成员借助外力省时省力地完成任务。沟通不仅包括信息的沟通，还包括情感的沟通。团队中应该有开放、坦诚的沟通气氛，所有的团队成员之间不但能充分交流意见，而且能经常从其他成员那里得到及时的反馈，这样才能提高团队沟通的质量。只有所有的成员都敞开心扉、彼此信任，才能更好地合作，更努力地向目标前进。团队沟通可以有很多种方式，除了定期开会，还可以借助纸条或者记事本，再或者可以通过微信等线上沟通软件。另外，知识共享也是沟通的重要方面，充分的共享，能使团队成员及时交流各自的信息,使个人知识与集体智慧有机地结合起来,这对于增进思想观念和知识方面的交流、提高团队绩效具有重要作用。

2. 团队内部有效分工和协作

团队成员之间要进行合理分工。根据人尽其才的原则,通过合理分工,团队成员从事各自擅长的工作,能有效提高个人绩效和团队效率。而在分工基础上进行有效合作,更利于整合资源与合作创新,提高团队绩效。在团队成员一起工作的时候,他们的智慧和力量都融合在一起,分工合作是推动整个团队前进的一股特殊的力量,这是所有成员的动机、驱动力和耐力的结合。但若团队因分工而无法合作,或缺乏相互支持、相互学习的风气,不清楚团队的职责所在,那么团队依然摆脱不了处处受阻的困境。当所有成员都忠于团队以及团队的目标,都努力为团队目标的实现而奋斗时,团队就会产生合力,这种合力会使身怀不同技艺的成员形成一个真正的团队,一个无坚不摧、勇往直前的团队。

3. 主动与团队指导老师交流

团队成员要积极主动地与团队指导老师进行充分交流。团队指导老师在选择项目、操作项目等方面比学生往往有更为丰富的阅历和独到的见解,尤其在涉及相关领域知识方面,指导老师不仅能为学生提供全新的思路,同时也能够为学生提供各种各样的资源,譬如实验室设备仪器的使用指导、与其他资深教授更多的交流机会、各个科研机构的认证与推荐等等方面,毫无疑问的是,团队指导老师对整个创新团队有着至关重要的作用。在创新团队内,老师不仅仅是鞭策者,当项目遭遇瓶颈时,团队成员也可以进一步咨询老师的意见,寻求老师的建议。因此,团队成员要积极主动地多与团队指导老师进行交流,时刻汇报项目进展情况,以便老师提出更多建设性意见和建议,帮助项目更好开展,提高项目创新竞争力。

二、创业赛事的组织

(一)撰写创业项目计划书

1. 介绍创业项目概况

项目概况主要是对项目的大致情况进行简要的描述,用简洁的语言介绍项目概况,让评委直观了解项目是做什么的、怎么做的,以及未来打算怎么做等。本部分应严谨真实,要让评委对项目产品有眼前一亮的感觉,要格外突出产品的技术亮点以及同类优势。主要内容包括公司的核心产品和技术,对产品概述与应用、研发背景、产品原理及技术优势等进行介绍。从做该产品的初衷到研发和生产均进行详细介绍,产品的原理和技术是支撑产品发展前景的最重要的因素,只有让评委感到技术的创新性和可靠性,才能说明公司的产品是有前景的。

同时,要想说明技术和产品的优势就要重点说明产品的用途和特点,不同项目的产品介绍方式不同。介绍产品是为了清晰、全面地说明产品作用,必要的时候应配以图表。研发背景方面须做大量相关的市场分析,从市场分析中表述市场的潜力、产品的潜在市场。产品原理根据公司产品须对其进行详细介绍,并写明较同行业产品的优势,阐述产品的合理性和可行性。技术优势根据公司产品特点进行说明,包括技术和材料方面的创新等。

2. 了解社会市场需求

不管谁创业,都要考虑市场的可行性,切实分析产品的市场需求,是每一个项目团队所必须做到的。譬如创业项目书中市场需求部分对消费者偏好变化的分析,应以购买者最近出现的差别化产品偏好变化为背景,说明在某些情况下,越来越多的购买者认为标准化的产品价格更具有预算性,比那些有许多特色和服务的高价品牌要好。这种发展态势往往会将客户从昂贵的差别化产品厂商转移到便宜的类似产品的门下,并开辟一个价格竞争激烈的市场。进而可以介绍自己创业项目虽然品牌不响亮,但较之于大厂在产品质量和设计方面更加具有创新性,在一定市场调研的基础上拥有更为广阔的市场前景等等。因此,创业团队要通过对行业环境还有自身的市场份额进行数据比对,得出项目的发展前景,还要与市场上其他的竞争对手进行比较,得出项目的竞争优势。专家评委在看到这一部分时,就能完整地了解项目具有的竞争优势和发展前景。

3. 进行产品市场分析

合格的创业项目书必须对现有市场的供需关系和现有竞争者等进行调研分析,研究商品的潜在销售量,开拓潜在市场,商品在地区间的合理分配,以及企业经营商品的地区市场占有率,找到准确的市场定位,以更好地认识市场的商品供应和需求的比例关系,采取正确的经营战略,满足市场需要,从而为产品带来可观的销售前景。常见的市场分析理论主要有波特五力模型和SWOT分析。下面进行简要介绍:

1)波特五力模型

波特五力模型是迈克尔·波特(Michael Porter)于20世纪80年代初提出的,波特认为行业中存在决定竞争规模和程度的五种力量,这五种力量综合起来影响着产业的吸引力以及现有企业的竞争战略决策。五种力量分别为:目前竞争者的实力,行业新进入者的威胁,替代产品的威胁,供应商的议价能力,购买者的议价能力。

从一定意义上说,波特五力模型属于外部环境分析方法中的微观分析。将波特五力模型用于竞争战略的分析，可以有效分析客户的竞争环境。波特的"五力"分析法是对一个产业盈利能力和吸引力的静态断面扫描，说明的是该产业中的企业平均具有的盈利空间，所以这是产业形势的衡量指标，而非企业能力的衡量指标。这种分析法也可用于创业能力分析，以揭示本企业在本产业或行业中具有何种盈利空间。

2）SWOT分析

SWOT分析法是用来确定企业自身的竞争优势、竞争劣势、机会和威胁，从而将公司的战略与公司内部资源、外部环境有机地结合起来的一种科学的分析方法。S(strengths)是优势、W(weaknesses)是劣势、O(opportunities)是机会、T(threats)是威胁。按照企业竞争战略的完整概念，战略应是一个企业"能够做的"（组织的强项和弱项）和"可能做的"（环境的机会和威胁）之间的有机组合。

SWOT分析方法从某种意义上说属于企业内部分析方法，即根据企业自身既定的内在条件进行分析。SWOT分析有其形成基础。著名的竞争战略专家迈克尔·波特提出的竞争理论从产业结构入手对一个企业"可能做的"方面进行了透彻的分析和说明，而能力学派管理学家们则运用价值链解构企业的价值创造过程，注重对公司的资源和能力的分析。SWOT分析就是在综合了前面两者的基础上，以资源学派学者为代表，将公司的内部分析（20世纪80年代中期管理学界权威专家所关注的研究取向，以能力学派为代表）与产业竞争环境的外部分析（更早期战略研究者所关注的中心主题，以安德鲁斯与迈克尔·波特为代表）结合起来，形成自己结构化的平衡系统分析体系。与其他的分析方法相比，SWOT分析从一开始就具有显著的结构化和系统性特征。就结构化而言，首先在形式上，SWOT分析法表现为构造SWOT结构矩阵，并对矩阵的不同区域赋予不同分析意义。其次在内容上，SWOT分析法的主要理论基础也强调从结构分析入手对企业的外部环境和内部资源进行分析。

创业项目计划书不一定要照搬市场分析理论，但是已经成熟的市场分析体系可以为创业者提供思考路径，结合生产产品的具体情况，进而撰写和制定更为适合创业项目的市场分析模型。

4. 制定市场营销策略

市场营销主要介绍项目的营销方案，即产品是怎么卖的。在创业项目计划书中，评委也会重点审阅产品市场营销的方案和策略，参加创业竞赛的同学可以参考主要的市场营销理论进行借鉴引用，丰富自己的创业项目计划书。下面简要以4P营销策略理论进行举例：

4P是指产品(product)、价格(price)、地点(place)、促销(promotion)。4P是市场营销过程中可以控制的因素，也是企业进行市场营销活动的主要手段，对它们的具体运用，形成了最基本的企业市场营销战略。要注意到产品的实体、服务、品牌和包装。具体来说,产品是指企业提供给目标市场的货物和服务的集合,包括产品的效用、质量、外观、式样、品牌、包装和规格,此外还包括服务和保证等因素。价格则主要包括基本价格、折扣价格、付款时间、借贷条件等,是指企业出售产品所追求的经济回报。地点通常包括分销渠道、储存设施、运输设施、存货控制,代表企业为使其产品进入和达到目标市场所组织、实施的各种活动,包括途径、环节、场所、仓储和运输等。促销是指企业利用各种信息载体与目标市场进行沟通的传播活动,包括广告、人员推销、营业推广与公共关系等。

4P策略的特点有三个。首先,这四种因素是企业可以调节、控制和运用的,如企业根据目标市场情况,能够自主决定生产什么产品、制定什么价格、选择什么销售渠道、采用什么促销方式。其次,这些因素不是固定不变的,而是不断变化的。企业受到内部条件、外部环境变化的影响,必须能动地作出相应的反应。最后,这四种因素是一个整体,它们在统一目标的指导下,彼此配合、相互补充,取得大于局部功能之和的整体效应。

与4P营销策略相应,还有类似的4C策略,即消费者(consumer)、成本(cost)、便利(convenience)、沟通(communication)。4C是由营销学家菲利普·科特勒提出来的,他提出了整合营销的概念,整合营销强调各种要素之间的关联性,要求它们成为统一的有机体;美国学者Done Schuhz提出了关于4R策略的营销新理论,阐述了全新的营销四要素,即与顾客建立关联(relevance)、反应(react)、关系(relation)、回报(return)等。一个完善的产品营销策略是优秀项目计划书中必不可少的部分,也是项目书中的重要亮点。

(二)准备创业项目答辩

1. 准备项目讲稿

创业项目计划书的演讲稿是项目呈现过程中的重要部分。演讲稿既应是对项目计划书的高度整合和凝练,也应是宣讲时PPT的设计基础。评委和观摩团是通过演讲稿来直观了解项目的。评委和观摩团会通过演讲稿直接捕捉项目有关的信息,并针对演讲稿中的内容提出问题。一篇优质的演讲稿应该在有限时间内,通过PPT的辅助,精确、有针对性地介绍项目概况。

演讲稿的内容及结构项目本身是演讲稿编写的基础。项目特色是演讲稿编写的重点。项目计划书或项目运营报告是演讲稿编写的参考。演讲稿编写前,应通过思维导图、甘特图等形式梳理计划书脉络,并根据计划书脉络确定演讲稿框架。演讲稿的内容一般包括项目概况、营销模式、财务分析等。由于每个项目的背景和特色不同,在实际操作过程中,各项目应在演讲稿中融入各自独特的语言、风格等。

一般而言,演讲语速为每分钟220~270字,具体的字数应根据大赛要求展示的时间来调整。譬如全国大学生创新创业大赛对"创青春"创业计划竞赛、创业实践挑战赛、公益创业赛三项主题赛事的项目展示有时间限制(10分钟),因此,演讲稿上限不宜超过2700字。在实际展示中,由于展示过程存在停顿,如位置不合适等其他非主观因素影响,演讲稿字数一般需要控制在2500字以内,同时演讲的内容不宜过少,演讲稿字数的下限不尽相同,一般不低于2000字。

2. 制作答辩PPT

PPT能够用简洁形象的表达形式,让人易于理解和接受复杂信息,加上丰富的多媒体手段,能有效抓住听众的眼球,提升沟通的效率和演讲的效果。PPT是除项目计划书和讲稿等详尽的陈述性材料之外最重要的渠道。在大学生创新创业大赛的答辩环节,项目PPT的作用主要有以下两点:一是高度直观地概括项目主要内容,二是重点解读项目的难点和创新点。

制作PPT的最终目的是让评委尽可能直接生动地获得更多项目信息。因此,从内容与设计两个角度分别考量,其一,PPT的制作内容是由讲稿决定的,PPT起到了辅助演讲的作用,因此善于从讲稿中提炼关键信息显得尤为重要。其二,按照讲稿内容提炼一级目录、二级目录等。PPT的制作逻辑同样要与讲稿逻辑保持一致,同时,也要善于将讲稿中没有直接体现的逻辑以PPT框架结构即标题(分标题)体现出来,也可根据实际情况增减模块。其三,学会使用套路,具有套路的论证会使信息接受程度提升。其四,用于答辩的PPT,要从简设计,以降低评委搜索信息的难度。其五,善于加粗、加大字号,使用强调色、反白等,突出重点信息及重要结论。其六,合理使用图和表。添加与项目相关的图表或使用高清大图,调整图片时进行"等比缩放+裁剪"。其七,答辩环节是正式、严肃的,尽量不要使用炫酷夸张的动画效果,否则会分散评委对内容本身的注意力;如果一定要添加动画,尽量使用淡出、飞入这类简单的效果。

3. 掌握答辩步骤

答辩专家问询的问题可涉及项目的方方面面,包括公司概况、运营细节、营销方式及财务明细等。答辩环节最主要的是让答辩评审团更加细致地了解创新创业项目,考察项目的真实性,这也是参赛团队进一步陈述、补充项目内容与重点,展现理论实力、应变能力与表达能力,彰显团队综合水平的大好时机。因此,合理地准备答辩内容就显得至关重要。

1)展示产品或技术

在项目正式展示时,参赛团队可以将公司的产品或技术现场向评委进行展示。展示的产品或技术,须是公司最核心的内容,以便直观地向评委传达所需的信息。同时在正式展示的时候的产品不宜过多,步骤不宜过于复杂,否则将会起到反作用,评委的印象分会降低。在正式展示中,可以附上产品的简短介绍。向评委展示产品与技术，一方面既能增强项目的真实性与可行性，突出表现项目的闪光点，加深评委对项目的理解；另一方面也能引起评委的兴趣，将之后十分钟的答辩方向往产品或技术上靠拢，拉入团队熟悉的领域。

2）听清问题

在选手作答之前，评委会率先提出自己对项目最直观的疑问。此时，参赛队员应该仔细聆听，做到心中有数，听清评委询问的问题，迅速抓住问题的本质，切忌错误理解评委的本意或停留在问题表面。许多答辩队员在评委说到一半时，就开始在脑海中构思答案，而忽略评委提出问题的后半段内容，回答了半天，最后却发现自己答非所问，直接影响评委对项目团队的打分。因此，在聆听评委提问时，可注意以下技巧与要领：沉着冷静、精神集中、认真思考，既要自信又要虚心，听准听清、听懂听明。

3）拆分问题

选手在聆听评委提出的问题的同时，应在脑海中将问题进行分解。当评委提出较为复杂且覆盖范围较广或抛出一连串诸多问题时，答辩选手应学会将问题进行拆分，分解成诸多小问题，在答辩中逐个攻破。此时应在脑海中厘清思绪，将评委复杂的大问题，按条理化解为若干小问题，分层次逐个回答。

4）将模块化知识与问题对应

在评委提出问题后，答辩成员可以心中将大问题拆分成若干小问题，此时脑海中模块化的知识便派上用场了。参赛选手应迅速将各小问题与各模块内的知识与回答进行匹配，并由对应模块向外延伸与拓展，得到更多的材料与例子来对答辩进行佐证。这就需要选手提前在备赛阶段积极准备，这样的话答辩成员就能够将提前准备好的答案脱口而出，而不会觉得评委老师提出的问题似曾相识，但不确定该用哪部分知识来回答，或者想说的太多，最后导致自己的回答毫无逻辑，草草收场。

5）选择性回答问题

在听清评委的问题，将问题拆分，并与脑海中模块化的知识相对应之后，此时会发现评委提出的一些问题，是之前没有事先准备的，而且又对现场即兴发挥作答没有十分肯定的把握。此时就要学会"选择性回答问题"。由于评委在提问的过程中，思维也是跳跃与无序的，在抛出一长串问题之后，他的内心对于自己到底提了多少个问题也是模糊的，此时，评委的想法实质上是需要答辩队员去理顺的。因此，选择性作答并不会让评委觉得你在逃避或漏答，相反，你用清晰、模块化的知识将评委的问题进行梳理与解答，反而会将其思维推向你想要的方向，从而加深评委对项目的正确理解，也为答辩选手的作答降低了难度。当然，这也要求作答部分紧密围绕主题，让评委明确地感受到你是在分块解答他所提出的疑问，而不是在东拉西扯。参赛选手要不断训练自身合理分解问题与正确寻找模块化知识回答的能力,自始至终都以评委提出的问题为中心展开论述。

4. 注意答辩技巧

答辩是参赛队员与评委之间充满智慧与较量的交流。除了上述所说的基础步骤与要点之外,本部分还将以针对性、及时性、准确性、逻辑性、流畅性为目标,提供以下答辩技巧作为参考。

1)控制语速

许多答辩参赛队员在回答评委问题时,说话的语速往往会控制不住地越来越快,以至于评委到最后无法听清任何内容和问题;还有部分的答辩参赛队员因为极个别词语使用欠妥或发音不恰当以至于中断答辩。以上二者都会在相当大程度上影响答辩的效果和评判,因此参赛队员答辩时一定要注意控制自己的语速,要有急有缓、有轻有重,不能过快回答问题,也不能让评委过久地等待你的答案。

2)注意语气

答辩时的语气与展示时的语气往往差异较大。因为在展示中强调的语气是如何抑扬顿挫、错落有致地让评委逐渐进入状态,而答辩则更加侧重的是自信与稳重,让评委觉得你对项目有十分强的底气。因此,答辩选手在回答评委的问题时,不要带有过多的个人情绪,答辩队员需要时刻注意自己的语气,保持谦逊有礼的态度,只须用平时与人交谈时最自然的声音与方式与评委正常交流与沟通即可。同时,通过这么长时间的充足准备,一定会积极地给予自己足够的心理暗示,培养自己自信的气场,对项目的内容已胸有成竹,在答辩时保持足够的底气。

3)目光移动

眼睛是心灵的窗户,在答辩时需要充分利用眼神与评审老师进行交流。在评委提问时,答辩选手应直视评委,认真倾听评委的问题,不要有低头或者目光游离等动作;在回答问题时,答辩队员也需要看着评委或是现场的观众。评审团由于要在短时间内聆听诸多项目团队的展示,听的时间过长,难免会有分神的现象,这时你通过目光的投射会很礼貌地将他们的"神"拉回来,使评委的思路跟着你的思路走。

4)察言观色

答辩其实也是一场充满挑战性的交谈,要学会寻找恰当的时机展示项目的亮点。答辩选手应时刻注意评委神色、表情与语气的变化。当评委眉头紧皱、语气严肃,且没有与身旁的评委沟通交流,只是一味地提问时,这是不好的信号,说明评委对项目仍存在诸多疑问,答辩选手应以更佳的表现,更清晰的语言向评委讲述项目,力挽狂澜;若评委嘴角上扬、面部表情轻松,且时不时与身边的评委交谈,则说明评审团对项目较为肯定,此时可找到恰当的时机,给评委讲述项目的其他亮点或创业的情怀,将项目展示上升到更高的层次。

5) 掌握答辩的主动权

在答辩进行到一半时,答辩团队感觉评委一直"游离在项目之外",这同样也是一个危险信号。这说明评委对项目本身不是特别感兴趣,只是在走过场;抑或是对项目的理解与把握不够到位,无法提出关键性的问题。此时,则需要答辩选手努力掌握答辩的主动权,对评委进行合理引导。即在评委提问后,将评委问的问题进行简单陈述,随即自然而然地将问题"绕"到自己事先准备好的模块之中,采用自然过渡的方式将项目的亮点与核心直接向评委讲述,并引导评委就该核心继续发问,以此逐步走进项目的内部,让评委发掘其可取之处。

第六章 大学生社会实践常用文体的撰写

社会实践常用文体是指社会实践中联系外界、沟通情况、处理事务、解决实际问题而需要经常应用的,并具有一定写作程序,尤其是具有事务语体风格和惯用格式的文章体裁。鲁迅先生认为:"故文章之于人生,其为用决不次于衣食、宫室、宗教、道德。"①同样,在社会实践活动中,掌握常用文体的写作技巧与方法具有重要意义。在学习高校思想政治理论课程、参加思想政治理论课程社会实践活动,做好组织、策划、实施和总结等多方面工作以后,大学生需要按照学校相关规定进行社会实践相关研究论文等的撰写。

本章我们主要介绍社会实践活动中涉及的论文、调查报告和新闻的写作要求与方法。

第一节　大学生社会实践论文的撰写

社会实践论文要求学生结合课程内容进行相关研究,以有利于帮助学生更好地掌握课堂知识,开阔学生视野,解决其心中疑问,从而培养学生的科学思维方法,挖掘学生的潜力,增强学生分析问题和解决问题的综合能力。

一、社会实践论文的含义及其特点

(一)社会实践论文的含义

学术论文是某一学术课题在实践性、理论性或预测性上具有的新的科学研究成果或创新见解和知识的科学记录,或是某种已知原理应用于实际时取得新进展的科学总结,用以提供在学术会议上宣读、交流、讨论或学术刊物上发表,或用作其他用途的书面文件。社会实践论文是学术论文的一种,其特点是以论说为主,以叙述、描写、说明等为辅,运用概念、判断、推理等逻辑思维形式,对客观事物或事理进行分析、论证,直接表达作者的思想、观点、见解、主张。

(二)社会实践论文的特点

1. 学术性

所谓学术论文是指在自然科学、社会科学领域表达科研成果的论文,它能够表明作者在某类科学研究上有了新成果或者创新型见解和认知,或者是已知

---

① 鲁迅《摩罗诗书说》,见《鲁迅全集》第4卷,人民文学出版社,1981年版,第71页。

的某种原理在现实实践中取得了新进展的科学总结。社会实践论文作为学术论文的一种,其学术性体现在通过观察和调查,同时根据现实发展对某种陈旧的事物提出新的见解。其特点是在全面深入调研的基础上,阐述某事物的现状及存在的问题,提出前人没有提出的观点,分析产生问题的原因并结合实际提出具体对策。

2. 理论性

社会实践论文应具有一定的理论价值,要揭示事物的本质,反映客观规律。在写作中,作者需用大量的可靠材料,运用科学的方法,对本质的东西加以剖析,对事物的规律进行探讨。这就要求作者不仅要对所研究的对象有全面的认识,而且还要通过对大量的事实、材料进行分析、研究,将自己的发现和认识提高到理论的高度。

3. 科学性

社会实践论文的科学性主要是指作者能用科学的思维方法进行论证,并得出科学的结论。这就要求作者在社会实践的过程中保持辩证唯物主义和历史唯物主义的科学态度和方法,在立论上不得带有个人偏见和主观臆造,坚持实事求是,在调研的过程中引出符合实际的结论。在论据上,应尽可能多地补充资料,以最充分、确凿有力的论据作为立论的依据。

4. 创造性

社会实践论文的创造性在于作者要有自己独到的见解,能提出新的观点或新的理论。这就要求作者在社会实践的过程中对研究事物进行长时间的、周密细致的分析研究,从中发现别人尚未发现到、认识到的成分,言他人所未言,在综合他人见解的基础上进行创新。

二、撰写社会实践论文的要求

社会实践论文一般由题目、作者、内容摘要、关键词、正文、结束语和参考文献等部分组成。

(一)题目

论文题目要求规范、准确、简练、醒目。论文题目应能概括论文的特定内容,通过标题把社会实践的内容、特点概括出来,一般不宜超过 30 个字。如果有些细节必须放进标题,为避免冗长,可以设副标题,把细节放在副标题里,如"乡村振兴战略下农村环境治理公众参与路径研究——以湖北省××县××村为例"。

(二)学院及作者名称

学院名称和作者姓名应在题目下方注明,学院名称应用全称。

(三)内容摘要

摘要是对论文的内容不加注释和评论的简短陈述,要求扼要地说明研究工作的目的、研究方法和最终结论等,应是一篇具有独立性和完整性的短文,可以被直接引用、推广。社会实践论文的摘要要求短、精、完整,能概括阐述实践活动中得到的基本观点、实践方法、取得的成果和结论,字数一般以 200 字左右为宜。其撰写应注意以下几点:

(1)不得简单重复题名中已有的信息。不应把引言中出现的内容写入摘要,不应照搬论文正文中的小标题(目录)或论文结论部分的文字。

(2)尽量采用文字叙述。不要将文中的数据罗列在摘要中;文字要简洁,应排除已成为常识的内容,删除无意义的或不必要的字眼;内容不宜展开论证说明,不要列举例证,不介绍研究过程。

(3)摘要一般不分段,切忌以条列的方式书写。陈述要客观,对研究过程、方法和成果等不宜做主观评价,也不宜与别人的研究做对比说明。

(四)关键词

关键词是从社会实践论文的题名、摘要和正文中选取出来的,对表述论文的中心内容有实质意义的词语。关键词是用作计算机系统标引论文内容特征的词语,便于信息系统汇集,以供读者检索。其撰写应注意以下几点:

(1)关键词通常以与正文不同的字体字号进行编排。每篇论文一般选取 3~8 个词语作为关键词,另起一行,排在"摘要"的左下方。

(2)关键词应采用能覆盖论文主要内容的通用技术词条。作者可以在完成论文写作后,从其题名、层次标题和正文(出现频率较高且比较关键的词)中选出。

(五)正文

正文是社会实践论文的核心内容。社会实践论文要求作者有新观点、新思路;要坚持理论联系实际,对实际工作有指导作用和借鉴意义,能提出建设性的意见和建议;内容应观点鲜明,重点突出,结构合理,条理清晰,文字通畅、精炼。字数一般控制在 5000 字以内。正文一般由以下三部分构成:

(1)导论。导论又称前言、序言或导言,写在论文的开头,也是正文前的引导部分。导论一般要概括地写出作者意图,说明选题的目的和意义,并指出论文写作的范围。要求短小精悍、紧扣主题,忌下笔千言、离题万里。

(2)本论。本论也称正论,是论文的主体和核心部分。本论部分或对提出的问题进行深入分析,或对导论部分推出的结论展开论证。本论应包括论点、论据、论证过程和结果。

(3)结论。结论部分是文章的结尾部分,是在本论基础上的自然收束。社会实践论文的结论,或归纳总结,或补充、强调、升华论题。

(六)结束语

结束语包含对整个社会实践活动进行归纳和综合而得到理性认识,也可以包括实践过程中发现的问题,并提出相应的解决办法。

(七)参考文献

参考文献是实践论文不可缺少的组成部分,它反映实践论文的取材来源、材料的广博程度和材料的可靠程度,也是作者对他人知识成果的承认和尊重。

三、撰写社会实践论文的主要步骤

社会实践论文的写作过程应包括以下步骤:收集资料、拟订论文提纲、起草、修改、定稿,等等。各个步骤具体做法如下:

(一)收集资料

资料是撰写社会实践论文的基础。收集资料的途径主要有:①通过实地调查、社会实践或实习等渠道获得;②从校内外图书馆、资料室已有的资料中查找。

(二)拟订论文提纲

拟订社会实践论文提纲是作者动笔行文前的必要准备。根据社会实践论文主题的需要拟订该文结构框架和体系。学生在起草社会实践论文提纲后,可请指导教师审阅修改。

(三)起草论文初稿

社会实践论文提纲确定后,可以动手撰写社会实践论文的初稿。在起草时应尽量做到"纲举目张、顺理成章、详略得当、井然有序"。

(四)论文的修改与定稿

社会实践论文初稿写完之后,需要订正草稿中的缺点或错误,因此应反复推敲修改后,才能定稿。

第二节 大学生社会调查报告的撰写

社会调查报告是宣传唯物论和辩证法、坚持实事求是思想路线的有力武器,其撰写是社会实践活动中的重要一环。

一、社会调查报告的含义、特点及类型

(一)社会调查报告的含义及特点

社会调查报告是对某项工作、某个事件或某个问题进行深入细致的调查研究,对调查材料加以系统整理和分析,揭示出本质、寻找出规律、总结出经验或分清是非后形成的书面报告。

像考察报告、调研报告及××调查等都是常见的调查报告体裁。社会调查报告需要逻辑严密,摆事实、讲道理,具有强烈的说服力,从而使之成为科学决策的可靠资料。其主要特点如下:

1. 客观性

客观性又称真实性。客观性要求社会调查报告呈现事物本来的面目,不掺杂个人偏见的性质。社会调查报告的客观性是指调查报告应当以实际的社会实践活动为依据进行分析和报告,如实地反映符合报告要求的各项社会实践活动的要素,保证社会实践活动报告真实可靠,内容完整。

2. 针对性

针对性要求社会调查报告中心突出,明确提出所针对的问题,清晰交代这一问题所获得的事实材料,分析出问题的症结所在,并提出切实可行的建议和对策。

3. 典型性

典型性指个性反映共性的程度。任何个案,都具有共性和个性,是共性和个性的统一。在个案中,共性通过个性而存在,并通过个性表现出来。社会调查报告具有典型性,即要求社会实践活动调查报告所采用的事实材料要具有代

表性,所揭示的问题要具有普遍性,能够反映事物的共性。

4. 系统性

系统性要求看待问题、处理问题时需从整体着眼,从整体和要素的相互作用与相互联系中把握事物的本质和规律,找到最佳的处理方法,从而得出全面正确的结论。即要求社会调查报告的结论必须具有说服力,把被调查的情况完整地、系统地交代清楚,要抓住事物的本质和主要方面,写出结论的推理过程。

(二)调查报告的类型

调查报告的分类有多种。从涉及的范围层次上,分为宏观问题的调查报告、中观问题的调查报告和微观问题的调查报告;从调查研究的对象和内容上,分为新生事物的调查报告、典型经验的调查报告、历史进程的调查报告、揭露问题的调查报告;从调查研究的侧重点上,分为澄清事实型调查报告、思路启发型调查报告、可行性对策型调查报告;从调查研究的方式上,分为调查报告、研究报告、调查研究报告等。实际写作中往往有交叉,比如反映新生事物与总结典型经验的两种调查报告可能融为一体,有些问题的微观与宏观也分不太清楚。因此,调查报告怎么写要从实际效果出发,怎么有利于反映主题、说明问题就怎么写。依据内容不同,可以将调查报告分为以下几大类型。

1. 专题型调查报告

专题型调查报告就是侧重某个问题,对其进行较深入的调查后形成的报告,这类报告一般在标题上反映出来,如《一起流行性腮腺炎暴发流行的专题报告》。这类报告须及时揭露现实生活中的矛盾,研究急需解决的实际具体问题,并根据调查的结果提出处理意见或者对策。

2. 综合型调查报告

它是以综合调查众多的对象及其基本情况为内容,做全面系统的调查和反映的报告,具有全面、系统、深入和篇幅较长的特点。其与专题型调查报告的主要区别就在于它的综合性上,如《广东省海岛资源综合调查报告》,它使读者可以从报告中全面了解关于广东省海岛资源的整体情况。

3. 实际建议型调查报告

这是由于实际工作需要而撰写的调查报告,其主要内容是为预测、决策、制定政策、处理问题等进行调查所获得的材料及有关的建议。如《湖南省科技人员流动态势及其对策建议——关于科技人才外流的调查报告》。

4. 历史情况型调查报告

这是根据需要以历史情况为对象进行调查而形成的调查报告,它可以供人们了解某一事物或问题的历史资料和历史真相,如《1984年全国高考上海市历史试卷情况调查报告》。

5. 现实情况型调查报告

这是以正在发生、发展的一些现实生活为对象进行调查后所形成的调查报告。人们可以通过它了解和认识某些事物和问题的客观现实情况，以作为其他认识活动的依据或参考，如《农村经济组织形态的演变与创新——山东省莱阳市农业产业化调查报告》。

二、调查报告撰写的结构及要求

调查报告的结构形式多种多样，没有固定的格式。调查报告要求结合课程的内容，观点鲜明，立意准确，论述有力；所引用的事实资料翔实、数据准确。一份完整的调查报告应由以下部分组成。

（一）报告题目

报告题目应该使用简短、明确的文字，通过标题把社会实践活动的内容、特点概括出来，字数适当，一般不宜超过20个字（以30个字为极限）。题目有两种写法。

1. 规范化标题

基本格式为"××关于××××的调查报告""关于××××的调查报告""××××调查"等。

2. 自由式标题

（1）陈述式，如《××××大学硕士毕业生就业情况调查》。

（2）提问式，如《为什么大学毕业生择业倾向沿海和京津地区》。

（3）正副题结合式，使用正题陈述调查报告的主要结论或提出中心问题，副题标明调查的对象、范围、问题，这实际上类似于"发文主题"加"文种"的规范格式，如《高校发展重在学科建设——××××大学学科建设实践思考》。

调查报告的全部标题层次应统一，有条不紊、整齐清晰。相同的层次应采用统一的体例，正文中各级标题下的内容应同各自的标题对应，不应有与标题无关的内容。

章节编号方法是：一级标题编号用一、二、三、……；二级标题用（一）、（二）、（三）、……；三级标题用1、2、3、……；四级标题用（1）、（2）、（3）……。一级标题居中，二级及以下标题左对齐。前三级标题独占一行，不用标点符号，四级及以下标题与正文连排，且注意分级的编号一般不超过四级。

（二）学院名称及学生姓名

学院名称和学生姓名应在题目下方注明。学院名称、学生姓名应用全称，一般用 5 号宋体字。（指导老师可以根据自己实际情况作出规定，统一格式即可。）

（三）摘要

社会调查报告需配有摘要，摘要应反映社会实践调查报告的主要内容，概括地阐述实践活动中获得的基本观点、实践方法、取得的成果和结论。中文摘要字数一般以 200 字左右为宜，英文摘要一般至少要有 100 个实词。摘要的内容应简要说明调查目的，简要介绍调查对象和调查内容，以及调查研究的方法，并说明选用该方法的原因。

（四）前言

前言主要介绍社会实践活动的目的及意义，应包括相关背景、时间地点、人员组成、调查手段，实践单位或部门的概况及发展情况、实践要求等内容。其写法主要有，写明调查的起因或目的、时间和地点、对象或范围、经过与方法，以及人员组成等调查本身的情况，从中引出中心问题或基本结论；写明调查对象的历史背景、大致发展经过、现实状况、主要成绩、突出问题等基本情况，进而提出中心问题或主要观点；开门见山，直接概括出调查的结果，如肯定做法、指出问题、提示影响、说明中心内容等。

（五）正文

正文是调查报告的核心内容，要求对调研得来的事实和有关材料进行叙述，对所作出的分析、综合进行议论，对调研的结果和结论进行说明。主要是实践的基本情况、做法、经验，以及根据调研材料所得出的各种具体认识、观点和基本结论，重点介绍对实践中发现的问题的分析与思考，提出解决问题的对策建议等。正文要有新观点、新思路；坚持理论联系实际、实事求是，对实际工作有指导作用和借鉴作用，能提出建设性的意见和建议；观点鲜明，重点突出，条理清晰，文字通畅、精炼。字数一般控制在 5000～8000 字。

关于正文的结构，可按照内容表达选择不同结构。如反映基本情况的调研报告，可采用"情况—成果—问题—建议"式结构；揭露问题的调研报告，可采用"问题—原因—意见或建议"式结构。

（六）结束语

结束语可以是对整个实践活动进行归纳和综合而得到的收获和感悟；可以是实践过程中发现的问题，提出的相应解决办法、对策或下一步改进工作的建议；可以是总结全文的主要观点，进一步深化主题；可以是提出问题，引发人们的进一步思考;可以是展望前景,发出鼓舞和号召。

(七)参考文献

参考文献是调查报告不可缺少的组成部分,它反映实践报告材料的广博程度和可靠程度,也是对他人知识成果的承认和尊重。调查报告中参考文献的标注方式按国家标准《信息与文献 参考文献著录规则》(GB/T 7714—2015)进行。

(八)附件

对于某些不宜放在正文中,但又具有参考价值的内容,可以编入调查报告的附件中。

三、撰写调查报告的主要步骤

调查报告的写作过程应包括以下步骤:收集资料、拟订调查报告提纲、起草调查报告初稿、调查报告的修改与定稿等。其具体内容与撰写社会实践论文的主要步骤相似,故此处从略。

四、调查报告写作中应注意的问题

大学生在撰写社会调查报告的过程中,要处理好调查、研究、报告三者之间的关系。一般认为,"调查"是基础、"研究"是关键、"报告"是结果,要认真分析研究,科学概括出合理的结论。主要原则如下。

(一)要有科学求证问题的精神

撰写调查报告要实事求是,如实反映情况,注重实践成果的转化。通过深入调查研究,在广泛收集、充分占有资料的基础上,对占有的丰富资料进行认真分析研究,揭示事物的客观规律,从中归纳出具有普遍指导意义的规律性结论,这既是调查报告撰写的基本内容,也是撰写调查报告的主要目的。

(二)要注意运用典型事例说话

要撰写一篇高质量的具有启发意义的调查报告,就必须深入实际,详尽挖掘丰富的实践材料,这是前提和保证。没有丰富的实践材料,撰写的调查报告就成了无源之水、无本之木。同时,要善于运用材料说明观点,力求两者的统一。运用材料证明观点的关键在于对典型实践材料的恰当运用。在撰写调查报告的过程中,对于那些概括性材料、典型性材料、对比性材料、具体性数据等都是证明自己观点的有效手段,要注意去粗存精、去伪存真,灵活运用。

(三)语言要准确、精练、生动

在撰写社会实践调查报告时,要重视语言的锤炼与推敲,力求做到准确、鲜明、朴实、生动,并注意运用生动活泼的语言,适当采用格言、诗词及典故等,以增强调查报告的感染力和影响力。

第三节　大学生社会实践活动新闻的撰写

新闻宣传工作是引导大学生树立正确的世界观、人生观、价值观,激励大学生拼搏向上的一项重要工作。新闻宣传报道,特别是对重要事件、先进人物、先进单位等先进范例、成功经验的报道,对大学生社会实践活动有着重要的指导意义,有利于提高大学生社会实践活动的实效性。

一、新闻的含义、结构及特点

(一)新闻的含义

新闻,是指通过报纸、电台、电视台、互联网等媒体途径传播信息的一种称谓。新闻概念有广义与狭义之分。就其广义而言,除了发表于报刊、广播、互联网、电视上的评论与专文之外的常用文本都属于新闻之列,包括消息、通讯、特写等。狭义的新闻则专指消息,消息是指用概括的叙述方式、比较简明扼要的文字,迅速及时地报道国内外新近发生的、有价值的事实。一篇新闻报道,无论是消息、通讯还是特写,一般都包含6个要素,即时间、地点、人物以及事件的起因、经过、结果,也就是5个"W"和1个"H"——who(何人)、what(何事)、when(何时)、where(何地)、why(何因)、how(如何)。

新闻稿是公司、机构、政府或学校等单位发送于传媒的通信渠道,以公布有新闻价值的消息,通常会用电子邮件、传真、书信(电脑打印)的形式分发于报纸、杂志、电台、电视台(电视网络)、通讯社的编辑。

(二)新闻的结构

新闻的结构一般有以下五种基本形式:①灵活鲜明的标题;②引人入胜的

导语;③深化题旨的文体;④有的放矢的背景;⑤恰到好处的结尾。新闻的写作应重点掌握前面交代过的五个组成部分,即标题、导语、文体、背景和结尾。

(三)新闻的特点

1. 真实性

真实性是新闻最重要的特点。所谓新闻的真实性,就是要一切从实际出发,忠于事实,遵循事实本身所具有的客观属性。

新闻的真实性具体表现在以下诸方面:第一,它要求所写的人(事)、地点、时间、数字、情节都必须真实,甚至连细节描写也要真实。道听途说,扩大或缩小事实都是新闻所不容许的,比如学生没有参加某个社会实践,如果硬着头皮写新闻,写出来的新闻总有一种不踏实感,因为究竟开展了哪些社会实践不得而知,仅凭自己的感觉来写社会实践方面的新闻,这样的新闻肯定就会失去真实性。第二,要真实地反映事物的本质,不能只看表面现象,要挖掘出事物内部真实可靠的东西。如果奉行形式主义,新闻就没有真实性可言。新闻的真实性要求大学生要有高度的责任感,身临其境的体验,分析思考的头脑,力求客观、公正、真实、全面。

2. 时效性

新闻贵新,要新就要讲究时效。特别是在信息化社会,通信手段日益现代化,信息四通八达,竞争日趋激烈,新闻的战斗性、吸引力如何,很大程度上取决于传递的速度。新闻的时效性主要有两层意思:第一,新闻要及时迅速,用一句老话说新闻应该是"活鱼"而不是"明日黄花","快"是新闻的第二生命,任何迟缓都会削弱甚至失掉新闻的价值。如电视台新闻播放时常常有"本台刚刚收到的消息",这就突出了快和新。第二,新闻报道要合"时宜",即在最合适的时间内报道某一特定的新闻信息,有些新闻报道并不是越快越好,还有一个发表时宜和时机问题。尤其在一些特定的时期内一定要注意某一报道的效果,不能因为抢时间而不顾及影响。

3. 新鲜性

新闻有一种猎奇、出人意料、引人注意的特性,除了要求新闻报道的迅速性,还要求新闻写作的灵活性、创新性,要突破俗套、改革创新、变换角度写,以新带旧;要变换体裁写,以旧生新,以及语句的描述运用,标题、导语、正文、结尾怎样创新等。结合到社会实践方面的新闻,那就是在实践过程中收获的新思想、新视野,以及实践过程中所运用到的新技术、新举措等。

二、社会实践活动新闻的写作

新闻主要分为新闻报道和新闻评论。新闻报道主要指新近发生的、重要的、有社会意义的事实报道。新闻评论是报纸、电台用以直接表达意见、评价事实、引导舆论的一种文体。新闻报道与新闻评论相比较而存在。它评价生活，但不直接评论，而是通过对事实的叙述来达到评价生活的目的。它的表达方式主要是叙述。语言要求简洁明了、通俗流畅、生动形象。根据表达方式、结构体系、语言运用和时效性强弱的不同，新闻报道可以分为消息、通讯、报告文学、新闻公报等。这里，我们主要介绍消息和通讯的写作。

（一）消息的写作

1. 消息的含义

消息是指国内外新近发生的具有一定社会价值的人和事的简要而迅速的报道。以真切的事实打动读者，影响社会舆论。它直截了当叙事，具有极强的说服力，使读者信服。它面广、量大、内容丰富、读者众多。它能够迅速、及时地将瞬息万变的客观事实报道给读者。

2. 消息的类型

消息的种类，可以从不同角度加以区分。从内容上，消息可以分为农业消息、工业消息、文教消息、体育消息、社会消息等。从报道对象上，消息可以分为人物消息、会议消息、成就消息、参观消息、节日消息等。从报道范围上，消息可以分为国内消息、国际消息等。这里按写作体裁、写作特点来划分，消息可分为以下五类：

（1）动态消息。指快速报道国内外刚发生的、将要发生的、正在发生的事物动态。国际国内的重大事态，各个领域的新事物、新成就，都可以及时报道。大量的、连续的动态消息构成现实生活丰富多彩的画卷。

（2）综合消息。反映某些全局性的动向、成绩、教训等，报道面较广，声势较大。可以围绕一个中心报道许多有关的动态，还可以把一个地区或一个部门同类事实综合在一起加以报道。综合消息要有分析、有归纳、有综合。

（3）特写消息。特写消息是用电影特写镜头的手法写的一种新闻，往往集中描写重大事件的重要场面，或某件事的重要片段，语言形象生动。

（4）经验消息。它是对一些具体部门、单位开展工作取得成功经验的报道。这种消息通常要介绍情况、反映变化、归纳做法、总结经验，从事实发展过程中找出一些规律性的东西，以提供借鉴、推动工作。

（5）述评消息。述评消息是夹叙夹议，即报道和评论相结合的新闻体裁。

当人们对当前的事态不理解时,在报道事态发展的过程中需要加以评论,帮助人们提高认识;当事件告一段落或发生转机时,也需要及时地认清形势总结规律。

3. 消息的写作要点

(1)精心制作标题。消息的标题在消息的写作中具有重要作用。其主要表现为:一是导引;二是导向;三是美化和序化。消息标题的类型主要有主体类、从属类和整合类等三类。主体类标题是最基本的类型,它包括主题、引题和副题。主题又称主标题、正题、母题。引题又称肩题、眉题。消息标题写作要求是:准确、鲜明、凝练、生动。

在大学生社会实践过程中,消息写作的好标题必须反映调研的主题。该主题可以选择某一个村庄(社区)、某一个企业、某一个行业、某一单位、某一群体、某一特殊事物或现象进行调查,如某村的养老问题、新农村建设、新农合医疗、某地产业发展、文化发展等都可以作为调研主题。

(2)写好导语与主体。导语写法并不单一、刻板,不一定五个W俱全(时间、地点、人物、事件、为什么等俱全),但简洁、明了,能集中概括新闻的主要事实,揭示全文主题仍是对它的基本要求。主体部分写作应特别注意的是,主体与导语文字应避免重复,导语说过的话,主体不要再说。

(3)注意背景材料的穿插。背景材料写作要注意以下几点:第一,紧扣主题,使背景材料起到丰富、深化、解释主题作用,不能东拉西扯、漫无边际,偏离主要新闻事实;第二,要有的放矢,考虑读者需要,把背景材料写在读者最关心最渴望的"盲点"上,对大家都很熟悉的,不要重复;第三,要与主要新闻事实结合起来,使之成为整条新闻的有机组成部分。

(二)通讯的写作

1. 通讯的含义及特点

通讯是一种对新闻事件或人物进行详细而生动报道的新闻文体。它是运用叙述、描写、抒情、议论等多种手段,具体、生动、形象地反映新闻事件或典型人物的一种新闻报道形式。它是记叙文的一种,是报纸、广播电台、通讯社常用的文体。通讯与消息都具有新闻性、现实性和时效性,但通讯不同于消息。总的说来,通讯有几个明显不同于消息的特征,即:通讯能够报道某一新闻事实的全貌或过程;它重视对细节和情节的展开;它在文字上能够广泛运用多种表现手法。通讯写作成功的关键是要抓住矛盾来谋篇布局。只要我们在通讯写作中抓住读者的心理,根据读者关心的问题来组织结构、安排材料,巧设矛盾掀起波澜,就能写出吸引人的作品来。通讯的主要特点如下:

(1)新闻性。通讯是新闻报道的一种形式,它必须迅速、及时地反映现实生活中值得报道的人物与事件。通讯的内容必须具有新闻性,即要具有新闻价值。

(2)完整性。通讯是消息的深入和补充,或者说是消息的延伸和扩展。消息常常简要地报道一个事实的片段,通讯则要求在真人真事的基础上选材、安排场面和刻画人物,常常要详细地展示所报道人物和事件的具体情况,有时要反映事件的"全过程",因而具有完整性。

(3)形象性。通讯必须用具体、生动、典型的事例来揭示事件的本质,感染人、启迪人。消息概括性强,通讯具体性、形象性强。有人物的外形,有人物活动的环境,有事件过程及细节,有景物描写、心理描写。因而,通讯在表达方法上更加自由灵活、变化多端;比消息有更多的描写、议论、抒情;通讯的语言更加生动活泼,具有生活气息和文学色彩。

(4)评论性。通讯运用夹叙夹议的方法对人或事作出直接的评论。消息是以事实说话,除述评消息之外一般不允许作者直接发表议论。通讯则要求在报道人物或事件的同时,表露记者的感情与倾向。然而通讯的评论不同于议论性文体的论证,它须时时紧扣人物或事件,依傍事实做适时的、恰到好处的评价点拨。因此这是一种通过描写、叙述、抒情等表达手段进行的议论,它的特点是以情感人,理在情中。

2. 通讯的结构

通讯的结构灵活多样,不拘一格,可根据不同的内容需要灵活安排,即便是同样的内容,也可以运用不同的布局安排。

(1)标题。通讯的标题多数为单行式,有的有副标题,也只是交代报道的对象和新闻的来源。

(2)开头。通讯的开头多姿多彩,不拘一格。主要有以下两种方式:①直起式。开门见山直述其人其事,直接抒发感情或直接发表见解。②侧起式。利用铺垫的方法,从头说起,娓娓道来,然后再进入正题。

(3)通讯的中心。这是通讯的主体,这部分的关键在于要把调查采访来的纷纭材料理出一个头绪,然后酌情合理地安排使用这些材料。材料的安排布局,可以依照事物发展的前后过程为主线,有的是按"横式结构"组织材料,有的是按"纵式结构"组织材料,也可以用纵横兼备的线索安排布局材料。

(4)通讯的结尾。通讯的结尾比较灵活自由。有的是提出召唤,引读者共鸣;有的是意犹未尽,给读者留有回味的余地;有的用精辟议论结尾,揭示和深化主题等等。

3. 通讯的写作要点

(1)内容具体翔实,生动感人。基础在于有丰富具体、真实入微的材料,这些材料要靠深入的挖掘、收集。

（2）分析材料，提出主题。面对一大堆的材料，怎样才能把它加工制作成为一篇完整的通讯，哪些材料有用、哪些没用，各种有用的材料之间彼此是一种什么关系，在这些问题没有理清楚之前，不能盲目下笔。要理清楚这些材料就要认真分析材料，对材料进行一番"去粗取精、去伪存真、由此及彼、由表及里"的工作，找出众多材料本质的东西，也就是从分析材料中提出明确的主题。

通讯的主题，是在采访、写作的过程中逐步形成的。一般是先有素材，后有题材，再有主题。采访中收集到的大量的原始材料，尚未经过综合整理、提炼加工的东西叫作素材。

附录 A

国货弄潮正当时，走好未来发展路[①]
——关于国货品牌现状及发展的调查报告

胡子航（湖北师范大学计算机与信息工程学院先锋队）

【摘要】 新消费巨浪下，李宁走上纽约时装周，故宫文创衍生出紫禁城生活美学，完美日记估值达到 30 亿美元……越来越多的新国货品牌在消费领域崭露头角。2020 年，国货发展势如破竹。从一小时销售额破亿元，到季度销量增速领跑大盘，中国品牌正逐渐占领消费市场，掀起疫后经济复苏下一股汹涌的消费新浪潮。打开微博，"话题♯国货之光♯"有着 3.2 亿的阅读量，有 23 万用户参与了讨论，对国货品牌的溢美之词几乎"霸屏"。人们越来越爱用国货，其根本原因在于用户价值和理性消费意识的回归。"新国货"的崛起，印证了"中国制造"向"中国创造"的转变。

【关键词】 国货品牌　国潮　现状　未来发展

A.1　前言

在中国发展惊艳世界的大背景下，国产品牌和中国企业开始了全方位的逆袭之路。凭借完备的供应链体系，国货无论在品质还是创新上，都不逊于海外品牌，甚至有些品牌早已在世界舞台傲视群雄。从为海外品牌代工到如今自创品牌，诸多企业凭借过硬的产品质量赢得消费者的青睐。化妆品、时尚品、家纺、小家电领域，国货不仅俘获了国人的心，还在海外掀起消费热潮。技术创新推动了时代的进步，也铸就了中国品牌，促成了国货的崛起，一批以科技创新推动自身发展的品牌成为"国货之光"。华为、大疆、小米……都是以技术创新为企业发展的核心动力，提升产品品质，赢得了国人及世界的认可，成为中国品牌的标志性企业。

---

① 本文源于中国青年网。

越来越多的中国品牌抓住经济发展的机遇,将品牌与消费者紧密地联系在一起。消费者在消费的同时,也在与品牌共同成长。实际上,国货的崛起是中国发展的必然体现。随着时代的发展,人们不再只追求大牌商品,而是更加关注品质与服务,尤其是 90 后、00 后等新生代消费者,他们消费能力强,更加追求品质生活,讲究性价比与个性化。他们对于新品牌的接受力促使中国企业更加专注于品质,推动了"中国制造"迈向"中国创造",最终将中国品牌推向世界的舞台。

A.2 调查背景

过去,受制于历史原因,国货成了"价廉""质差"的代名词,即便"Made in China"风靡全球,也抵挡不住一些国人迷信外国货的热情。不过,随着互联网技术的快速发展,国货品牌在设计理念、营销理念以及科技创新等方面悄然发生了转变,一批质量好、卖相佳的"新国货"脱颖而出。在质量提升上,"新国货"的成就有目共睹。

伴随优质国货的崛起,"国潮经济"开始蓬勃发展。与以往不同的是,年轻消费者越来越倾向于在直播间里下单,直播间里涌动的"国货热潮"也成为一大消费亮点,不少老品牌在直播间里焕发了青春,不少新品牌在直播间里找到了机遇。

2020 年被誉为直播电商的"出圈元年",到了 2021 年,国货品牌上直播已经成为营销标配。中国互联网络信息中心发布的第 48 次统计数据显示,截至 2021 年 6 月,我国已有近四成网民成为直播电商用户。无论是从供给侧还是从需求侧来说,国货品牌已成为直播电商这个新货架上不可或缺的重要角色。告别价格战、夯实专业性,直播电商正助推越来越多的优质国货成为"国潮"。

A.3 调查目的及意义

A.3.1 调查目的

(1)希望通过本次调研,人们可以提高国货意识,拒绝野性消费,不盲目追求国外品牌,对国货品牌有更全面、更深刻的了解,从而更好地支持国货品牌未来的发展。

(2)通过数据分析、调研以及访谈等形式,了解国货品牌发展的现状,思考探究出国货品牌崛起的背景以及原因、总结出国货引起新潮的相关体现,以及结合对人们关于国货品牌的理解和看法的调查,从而为未来国货品牌的更好发展提出更全面的建议措施。

(3)通过调研了解人们对国货品牌消费意愿以及消费程度的相关情况,提出相应的方案,增强人们对国货品牌消费的信心,从而促进国货品牌更好地引领潮流,进而带动经济社会的高质量发展。

A.3.2 调查意义

在疫情的冲击下,数字化转型成为国内消费市场的核心动能,围绕着消费者、业态、品牌和营销场域的变革已然发生。与此同时,新发展格局下,国货品牌迎来了前所未有的发展机遇。

目前,国货老品牌也开始推出新产品新包装,推进品牌年轻化步伐。例如,蜂花檀香皂香味多了琥珀、沉香等新选择,质地多了液体香皂。在包装上,既有与北京故宫文创联名,从故宫藏品中选择元素设计出国潮新品,又有铁盒的复古包装。苏州稻香村则在产品口感、外形、营销等方面,都力求抓住年轻人的心。在营销方面,苏州稻香村从与头部主播合作直播带货、自建直播团队到开发微信小程序商城,再到尝试社群营销,不断被网友在直播间里"种草",而且"90后""00后"顾客所占的比例越来越高。

此次调查可以使实践团队队员锻炼才能、增加才干,提升队员们的调研能力和交际能力,培养团队精神,也更能深入地了解和认识国货品牌,探究当前国货品牌发展存在的问题,并通过积极寻找解决问题的措施,使人们对国货品牌有更全面的了解,让国货之风持续盛行。

A.4 调查方法及过程

A.4.1 调查方法

此次调查在原则上采取了随机抽样的方法,具体实施的过程中我们主要采用问卷调查法和访谈法再辅之以文献法,整个调查过程是理论与实践的有机结合。

(1)问卷调查法。问卷调查法的主要过程为调查问卷的设计、问题的制定、分发问卷、回收问卷、问卷数据的收集与整理、数据分析、后期调查报告的撰写。本次问卷调查采用自填式问卷的方法,问卷为自编问卷——《引领国货品牌新潮,走好未来发展之路——关于国货品牌的现状及发展的调查研究》。该问卷分为卷首语、标注信息栏、十一道选择题及一道简答题,其中问卷中的选择题主要围绕国货品牌的现状、不同年龄阶段的人们对国货品牌的态度看法、目前引领国货品牌新潮所面临的问题等进行设置,简答题则是谈谈具有发展前景的国货品牌并提出其发展的建议。问卷题目比较新颖独特,比较能反映出市民的真实想法和不同观点。问卷涵盖的内容较为全面、广泛。

(2)文献法。我们搜集了大量关于国货品牌发展历程的文献以及国潮热下人们的消费观等作为此次调查的参考资料与借鉴,并为后期的数据分析提供了一定的知识储备。

(3)访谈法。为了使调查取得更好的效果,我们将一些不便于书面表达和主观意识较强但又极其重要的问题列入了访谈之中。在发放问卷的同时,我们根据被调查者的自身情况和调查的情形,针对部分市民进行了访谈。

(4)线上线下结合法。为了使调查结果更具有真实性,我们采用了线上线下结合的方式去发问卷的做法,及时地收回了问卷,也保证了问卷的真实性和实时性。同时也锻炼了实践队成员,增强大家相互之间的默契和合作。

(5)实地考察法。为了使调查结果更具有真实性,我们采用亲自去线下发问卷的形式,及时地收回了问卷,也保证了问卷的真实性和实时性。同时也锻炼了小组成员,增强大家相互之间的默契和合作。

A.4.2　调查过程

(1)调查成员。参加本次调查的人员,由湖北师范大学计算机与信息工程学院先锋实践团队的所有成员组成。

(2)调查地点。湖北省黄冈市黄梅县新开镇。

(3)调查对象。此次调查对象主要是全体市民。

(4)实施过程。调查前期,全体成员进行相应的筹划和准备工作,确定了课题的背景目的及意义、维度、问卷及访谈;中期,进行线上和线下相结合的方式发放问卷;后期,进行数据回收、统计、确定回收率,然后结合定性定量的方法进行综合分析。

A.5　调查结果与数据分析

本次社会实践访谈36人次;问卷调查共计发放调查问卷964份,实际回收调查问卷964份,问卷有效率为100%。问卷回收后,我们又通过问卷星进行网上录入数据,将答案录入系统。然后通过数据分析、制作图表等方式对调查结果进行分析。在此次调查过程中,男性市民所占比例为43.57%,女性市民所占比例为56.43%。男女比例有差距,但相对均衡,这就保证了调查的普遍性,提高了调查结果的准确性。对于本次调查,填卷者年龄段在18岁以下的占比为8.92%,18~30岁占比为56.33%,30~45岁占比为18.88%,45~60岁占比为11.41%,60岁以上的占比为4.46%,虽然填卷者各年龄段占比有差距,但总体上还是保证了数据的可靠性,以及真实性。

A.6 数据处理与分析

A.6.1 市民对国货品牌的了解程度一般

根据数据分析以及以下几则访谈可知(附图 A.1),近一半的市民知道 10~15 个国货品牌,约有 27.49%的市民对国货品牌了解较少,8.09%的市民几乎不了解国货品牌,剩下的受访者表示对国货品牌印象深刻。近年来,在化妆品、家电、智能手机、运动装备等诸多行业,国货品牌均表现出了强大的生命力。面对重营销轻研发的质疑,一些企业纷纷加大研发投入,在特定领域建立起了业界领先甚至独创的技术优势。

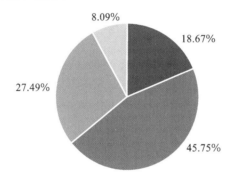

■ 非常了解(知道15个以上国货品牌)　■ 一般了解(知道10~15个国货品牌)
■ 较少了解(知道5~10个国货品牌)　　■ 不了解(知道5个以下的国货品牌)

附图 A.1　市民对国货品牌了解程度的数据分析图
(中国青年网通讯员胡子航提供)

问:您了解的国货品牌具体有哪些?

答:其实近几年兴起的国货品牌还是比较多的,像之前都已经比较出名的李宁、回力,还有安踏鞋类的品牌,吃的喝的比较多的有汇源果汁等,包括我们的那个卫龙辣条、白象方便面、思念、三全、旺旺这些饮食类的品牌,都是目前国内比较畅销的国货品牌。(教师,女,32 岁)

问:您了解的国货品牌具体有哪些?

答:我了解的国货品牌很多,具体有华为、小米、联想、安踏、特步、李宁、中国 FiLA,还有电器方面的格力、美的、小天鹅等。(学生,男,22 岁)

问:您了解的国货品牌具体有哪些?

答:我知道的常见的国货品牌有安踏、特步,电器有美的、海尔之类的,手机

有华为、小米,汽车有红旗、吉利。(农民,男,49岁)

问:您了解的国货品牌具体有哪些?

答:在科技方面有华为、小米、格力、美的等;在运动品牌方面有李宁、回力、安踏、鸿星尔克等,特别是鸿星尔克最近掀起了一股爱国热潮。(教师,男,45岁)

A.6.2 市民非常看好国货品牌发展

在大数据时代的当下,大部分市民认为国货品牌正在崛起,未来发展之路会越来越好,仅低于5%的市民认为国货品牌仍在夹缝中求生存,没有什么竞争力。如今,我国正在推动形成以国内大循环为主体、国内国际双循环相互促进的新发展格局,这对于国货来说是一次绝佳的发展机会。商务部研究院发布的《2020年中国消费市场发展报告》指出,随着我国制造业在国际分工格局中地位的提升和文化自信的增强,中国制造的技术、产品和服务已日趋成熟,部分国货品牌受到消费者的热捧。同时新冠疫情全球大流行对商品进出口产生不利影响,在以国内大循环为主、国内国际双循环相互促进的新发展格局之下,我国企业将继续加快出口转内销步伐,国货将更加受到消费者重视,国产品牌的地位将进一步提升,成为消费时尚。

"双循环"背景下,国货品牌背负着"国货制胜"的使命,引领中国消费者实现新一轮消费观念升级。制造业的强国之梦正在逐步实现,一个自给自足的内循环主体将惠及广大消费者、商家,并逐渐贯穿至国人生活的方方面面。随着新一代年轻人消费能力的增强,消费者对国货的认可度会越来越高。在中国经济持续增长的大背景下,闪闪发光的中国品牌未来可期。如附图A.2所示。

问:您所了解的国货品牌当前的发展状况是什么样的?

答1:目前国货品牌发展处在一个上升期吧,因为最近国家对国货品牌的支持,包括各种网上的代言呀,对国货品牌支持,还有青少年对国货以及国家的一个热爱,"国心"的一个崛起,所以国货品牌现在的发展是一个顺势而上的,是一个潮流趋势吧。(教师,女,32岁)

答2:国货品牌在中国消费市场刮起了一股"国潮"风,从"国货回潮"到"国货当潮"。不可否认,国货崛起已渐成趋势,在全球疫情演变尚不明朗的当下,主打国内生产、国内消费的国货品牌加速突围,成为构筑"内循环"的重要一环。(学生,女,18岁)

答3:近些年来,随着我国的经济实力不断攀升,众多中国品牌在渐渐崛起,在国内国际的知名度也随之越来越高。在迎来无数机遇的同时,也将会面临一定的挑战与考验。尽管我国的品牌在短期内取得了一定的成效,但是品牌经济的份额仍然不高,与发达国家相比,我国品牌发展还存在较大的差距。(学生,

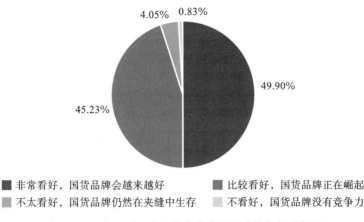

附图 A.2 市民对国货品牌未来发展看法的数据分析图
(中国青年网通讯员胡子航提供)

男,20 岁)

答 4:我认为不少国货品牌都具有中国文化特色,赋予了商品较强的中国文化属性,毋庸置疑也有部分国货质量还不高,但是不难看出国货品牌正在崛起,且崛起趋势非常之快,令国人欣喜。(学生,女,21 岁)

A.6.3 市民购买国货产品时会受到爱国情怀的影响

2021 年,国货风潮持续掀起巨浪,支持国货的声音不绝于耳。从 3 月 24 日"新疆棉"事件爆发,H&M、优衣库、耐克、阿迪达斯等一众跨国品牌遭到抵制,股价大幅下跌,其代言人陆续声明终止合作。在爱国情怀的驱使之下,广大消费者大力支持新疆棉花。社交平台上,成立五年,"粉丝"量达 119 万的微博大号"优衣库折扣资讯"发布声明改名"平价国牌挖掘机",开始给用户分享国牌商品。在"新疆棉"事件之后,中国服装品牌关注度增长达 137%。李宁、安踏、特步等国货品牌所属上市公司股价强势攀升甚至单日交易股价涨停。再到 7 月 22 日,国货鸿星尔克因"自身难保"仍低调驰援河南洪水灾区 5000 万元而持续占据热搜榜多日。众多网友涌入品牌直播间疯狂下单,郑州线下的鸿星尔克专卖店,不少货架上的鞋、服均被抢购一空。所谓"国潮"不再单单局限于"国风"设计的文创产品,或是"中国风"元素的服装样式,而是国产品牌开始在特定消费领域形成了巨大的影响力甚至开始引领潮流。市民购买国货品牌是否会受到爱国情怀的影响? 分析图如附图 A.3 所示。

A.6.4 国货品牌引领新潮的原因

伴随优质国货的崛起,"国潮经济"开始蓬勃发展。与以往不同的是,年轻

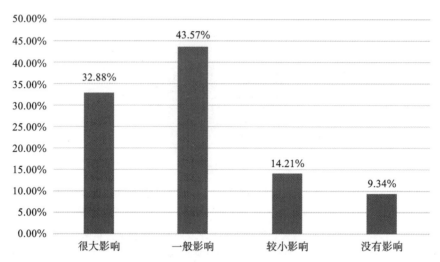

附图 A.3　市民购买国货产品时是否会受到爱国情怀的影响的数据分析图
（中国青年网通讯员胡子航提供）

消费者越来越倾向于在直播间里下单,直播间里涌动的"国货热潮"也成为一大消费亮点,不少老品牌在直播间里焕发了青春,不少新品牌在直播间里找到了机遇。2020年被誉为直播电商的"出圈元年";到了2021年,国货品牌上直播已经成为营销标配。中国互联网络信息中心发布的第48次统计数据显示,截至2021年6月,我国已有近四成网民成为直播电商用户。无论是从供给侧还是从需求侧来说,国货品牌已成为直播电商这个新货架上不可或缺的重要角色。告别价格战、夯实专业性,直播电商正助推越来越多的优质国货成为"国潮"。

由数据分析以及访谈结果可见,国货品牌体验感好、质量高,国家大力支持国货品牌的消费成为它引领新潮的重要原因,而且近些年国货也在寻求新的发展机遇,网络带货直播成功掀起一股浪潮,创新能力提高,国货品牌形式多样化,同时兼备技术和颜值。新国货品牌被消费者青睐的背后,既有走向舞台中央的新一代消费者的文化自信和他们更加多元的消费需求,又有新国货品牌带来的更加丰富的品质选择。同时,部分品牌将中国传统元素和现代元素相结合,吸引了拥有强大文化自信的年轻人。

问:您如何看待近年来国货盛行的潮流?

答1:我觉得是一个好的趋势吧,因为国货现在越来越盛行,证明我们国家更加繁荣昌盛,青少年的爱国主义意识,大众的爱国主义意识也更强,而且也证明了国货的一个崛起,说明我们无论是国货的设计,还是国货的竞争力,和其他品牌相比的可比性,都有很大的提升。(教师,女,32岁)

答2:我觉得发展趋势必然是好的。国潮的兴起,不是偶然,而是新时代的必然,国货品牌凭借"怀旧"和"创新"让新一代年轻人放下偏见,开始认同和接受,甚至对它们情有独钟。国潮的兴起,确实值得我们关注和支持。(学生,女,18 岁)

答3:我认为这是一个好的发展趋势,越来越多的年轻人将"国潮"作为追求表达自我情怀和文化态度的新形式。而围绕"国潮"下的国漫、国货、国艺、国乐、国学,正以肉眼可见的速度崛起、圈粉,且在技术、商业、文化等领域全面引发"国潮热"并席卷全民。(学生,女,19 岁)

答4:第一个我觉得比较重要的一点就是格力品牌董明珠女士,因为之前外国公司想要以八亿元的价格买断格力品牌,但董明珠她就以集团总裁的身份拒绝了。她觉得中国需要国货。就是因为她这种爱国情怀的引领,所以才感染了越来越多的中国人支持国货。再有一个是华为5G,我们的网络技术发展相对国外来说有一定的竞争力,所以国人在面临选择的时候可以考虑国货。(护士,女,24 岁)

A.6.5 国货品牌所面临的主要问题

近年来,国人对国产品牌的"青睐度"不断增长。一些传统国货和新创国货品牌通过新理念、新设计、新营销手段不断开拓年轻人市场,实现了从国货到国潮的升级进阶。与此同时,根据百度与人民网研究院联合发布的《百度2021国潮骄傲搜索大数据》报告显示,2011年到2021年十年间,国潮的搜索热度上涨了528%。目前,中国市场的各个赛道上,都有国潮品牌占据销量头部。但是,在高歌猛进过程中,一些所谓国潮品牌有名无实、野蛮生长,品牌价值和美誉度大打折扣。只有冷静思考,正视问题和困难,才能提供正确的解决方案和突破路径。

在产品方面,随着一些"现象级"国潮产品和品牌成为市场热点,各路商家纷纷跟风,涉嫌抄袭的事件不绝于耳。比如,李宁国潮刺绣款卫衣成为爆款后,很快就有大量国产服装品牌对其进行创意模仿;在美妆领域,某国货品牌近日在诸多互联网种草平台上深陷抄袭丑闻,各路"种草大V"纷纷指出该品牌涉嫌创意抄袭;某国货新式茶饮品牌新近设计的IP形象也因涉嫌抄袭被发律师函……

国潮品牌如雨后春笋般出现,呈现出欣欣向荣之势,但摆在国货面前的一大难题是定位低端、内卷化严重。大部分国货美妆品牌都扬起国潮旗号,但鲜有高价定位的产品,多是价格在200元以内的平价产品。虽然难以确定国货是否物美,但价廉常是普通消费者对国产品牌的第一印象。

A.6.6 提高人们国货意识的举措

首先,党政各级领导干部要率先自觉地树立起牢固而强烈的国货意识。领导者是决策者、管理者,手中握有权力。领导者的国货意识是否牢固和强烈,在一定意义上对于民族工业的发展、民族经济的振兴,具有决定性的作用。领导者国货意识牢固和强烈,就会在决策和执行政策的过程中注意支持、保护国货,努力为国货的生产和发展创造健康、良好的环境。反之,领导者没有牢固而强烈的国货意识,就不可能自觉地关心国货的生产和发展,就不可能为国货的生产和发展排忧解难,甚至对外国资本吞并国货名牌、占领国内市场视若无睹、置若罔闻,从而给民族工业、民族经济造成损失。此外,领导者还有着很强"领""导"和示范作用。

其次,宣传舆论要把握正确的导向,把提倡国货、保护国货、发展国货的意识贯穿于宣传舆论工作中。一要大力宣传,树立和增强国货意识。爱国货、用国货、保护国货、发展国货的积极意义和深远影响,使社会各界在振兴民族经济中认识到自己的职责和可能发挥的作用,从而作出各自应有的努力和贡献;二要大力宣传国货名牌和国货精品,既使人们知道国货名牌、国货精品对于发展民族工业、振兴民族经济的重要意义,又使人们了解它们所具有的科技含量和先进水平,为它们占有更多的市场份额鸣锣开道;三要宣传正确的消费观念,培养正确的消费心理,批评盲目崇拜"洋货"的倾向,引导社会消费健康地发展;四要实事求是地介绍"洋货",特别是广告宣传要严格把关,不能为了某种利益而把"洋货"说得天花乱坠,误导消费者。

最后,生产营销部门要加强责任感,把强烈的国货意识变为发展国货生产、推进民族工业的实际行动。生产营销是民族工业的"第一线",生产者、营销者国货意识的强弱,努力程度如何,直接关系着民族工业的兴衰。发展民族工业,必须有充足的产品数量,但更重要的是必须有优等的质量,尤其要有堪与"洋货"比肩,甚至胜于"洋货",为国内市场和国际市场所认可和接受的品牌。

A.6.7 国货引领新潮给社会带来的影响

国货引领新潮能够带动国民经济,提高国家整体实力。时代进步的今天,国民的思想也发生了巨大的改变,消费者权益受到国家的大力保护和重视。一件传统的服装与现代流行元素相结合,经过众多设计师巧妙的构思后,展现出不一样的风采。在保持原有经典的同时,无论是性价比还是新颖程度都得到人们的一致好评。

"守得住经典,当得了网红。"这是时下人们对国货最高的评价。在近年来的发展中,国货以自己独有的气质,再加上新引进的元素进行新的转型。网络平台的发展让越来越多的人熟悉了国货品牌的优势,使得各大品牌都受到高度关注,消费迅速增长。

时至今日,国货销售已经转亏为盈,从受人歧视到受万众瞩目,国货的崛起经历漫长的岁月。特别是在河南水灾后,鸿星尔克等国货企业的赈灾义举,让国人大为赞叹。网上更是掀起了一波"野性消费"的潮流,追国潮已然成为当下最流行的生活方式。

A.7 思考与建议

国货潮牌已成为购买趋势,花西子等品牌在这波浪潮中迅速崛起,被誉为"国货之光"。国货崛起得益于天时、地利、人和。天时,即整个品牌建设环境、线上线下、年轻人用户的心态改变和科技手段的应用等,给国货潮牌的发展提供了良好空间。地利,即消费升级与产业升级的两大趋势,为国货潮牌的发展提供了沃土。人和,即消费结构的变化,以"90后""00后"为代表的"Z时代"消费者已逐渐成熟,成为消费的主力军,推动了国货品牌的发展。

A.7.1 和中国特色、核心价值保持一致,展现自身的品牌魅力

笔者对"国潮"的理解是以优秀中华文化精神、优秀品质与设计为潮,国产品牌须树立以质取胜、自主创新的品牌建设思想,在此基础上讲好中国品牌故事。在具体的营销传播活动中,要和中国特色、核心价值保持一致,展现自身的品牌魅力。比如在神舟十三号载人飞船成功发射之际,美素入选中国载人空间站配套使用产品,在中国的"航天精神"加持下,品牌品质获得强大背书。无独有偶,探路者户外服装品牌也与中国航天进行跨界合作,将户外精神与航天探索精神相结合,扩大了品牌内涵。

A.7.2 沉浸式场景营销打造品牌"标出性",助力塑造国潮形象

利用沉浸式场景营销打造品牌"标出性",可以助力塑造其国潮形象。千篇一律的秀场、综艺节目植入已再难让国潮品牌"出圈",只有创新方式和平台,才能讲好国潮品牌故事。2021年9月,乔丹品牌联合陕西省博物馆打造了一场融合唐代文化的潮流大秀。此次大秀选址于西安北城墙安远门下,跳脱室内布局,与古都西安牢牢绑住;通过场景真实化,加深品牌与唐文化之间的联系;极具创新性的路径在为品牌注入新内涵的同时,也让品牌在众多同质化营销推广中脱颖而出。

A.7.3 贴近消费者需求,催动品类创新

新国货的崛起预示着一个新时代的到来,这得益于全球文化输出。与此同时,由于传统的渠道格局发生了很大的变化,传统品牌对于渠道和传播的掌控力减弱,创业者若创新性地解决了消费者痛点、行业痛点乃至社会痛点,在用户端形成口碑势能,就能获得较好的增长。

A.8 总结

中国的,就是世界的。国潮品牌既要有国际视角,又要立足国情,符合国际惯例和国别特征,展现自身的品牌魅力与文化内涵。只有这样,才能让国潮品牌不只"圈粉"国人,还能走向世界,赢得国际市场的认可与尊重。我们可以凭借一己之力让全世界刮目相看,作为国人更应该给国货更多的时间和包容。让国货崛起成为受人瞩目的存在,相信不远的将来国货会带领我们走向更加辉煌的舞台。

附录 B

追忆战火情
——浙大学子旧地探访纪念"里斯本丸"营救事件 80 周年①

化天然　马紫娴　徐啸　郭梦泽

　　1942 年 10 月,日军征用名为"里斯本丸"号的客货船,押运 1800 多名英国参战士兵从中国香港返回日本,路经舟山东极青浜岛,遭到美军潜艇鱼雷攻击而沉没。当地渔民见此情景,主动驾小舟陋船奋勇实施海上大营救,将幸存的 384 名落水英军士兵救上岸……

　　舟山渔民英勇营救"里斯本丸"号船英国参战士兵的感人事迹,是中英在第二次世界大战中作为盟友并肩作战、共同抗击法西斯侵略的重要见证,也是两国人民结下深厚情谊的历史佳话。

　　在"里斯本丸"营救事件 80 周年之际,浙江大学海洋学院的青年学子前往事发的庙子湖岛和青浜岛,追寻这段感人至深的历史,期待从中找到实现人类和平与发展的时代答案。

奔赴东极,思忆历史

　　经过两个小时的航行,同学们首先来到庙子湖岛。坐落在庙子湖岛上的东极历史文化博物馆中,陈列着不少"里斯本丸"营救事件的相关文物。步入展厅,一件件展品无声地诉说着这段曾经发生在舟山东极海域的感人事迹,一幅幅渔民英勇施救的画面仿佛浮现眼前,将同学们的思绪带回到八十年前。馆中,英军留下的纪念品和当年渔民施救所用的工具,经过岁月的洗礼,依然焕发着饱含人性的纯真光芒。"身临其境的参观探访让'五史'学习教育鲜活起来。舟山渔民大爱无疆的胸襟、无私无畏的奉献精神,正是中华民族伟大民族精神的体现。"参与活动的学生党支部书记郭学昊同学深有感触地说。如附图 B.1

---

① 本文源于中国青年网。

和附图 B.2 所示。

附图 B.1　浙江大学海洋学院同学参观"里斯本丸"营救事件纪念文物
（浙江大学海洋学院学生社团"舟山海洋文化研究协会"供图）

附图 B.2　浙江大学海洋学院同学在东极历史文化博物馆前合影
（浙江大学海洋学院学生社团"舟山海洋文化研究协会"供图）

越山跨海，探访旧地

在更深入地了解"里斯本丸"营救事件的来龙去脉后，同学们继续搭乘渡轮，前往距离"里斯本丸"沉没处最近的青浜岛，寻访舟山渔民救助英军的遗迹。在青浜岛，同学们在山海之间徒步数公里，实地考察了当年渔民藏匿英军的小孩洞（附图 B.3、附图 B.4）。小孩洞在一个直达海边的峡谷中，非常隐蔽。洞口仅容一人进入，狭长而倾斜。同学们依次穿过小孩洞，更为真切地感受到八十年前于生死之际结下的中英特殊情谊，对于人类命运共同体的建设有了更深刻的体会。"舟山渔民的善举感人至深,历史的真相值得铭记。生死之际的情谊永不褪色,友好共赢的中英关系定将延续。"马紫娴同学如此表示。

附图 B.3　浙江大学海洋学院同学实地考察渔民藏匿英军士兵的小孩洞
（浙江大学海洋学院学生社团"舟山海洋文化研究协会"供图）

附图 B.4　浙江大学海洋学院同学徒步穿过藏匿英军士兵的洞穴
（浙江大学海洋学院学生社团"舟山海洋文化研究协会"供图）

不忘历史,战火情深

通过两天的走访调研,同学们不仅对"里斯本丸"营救事件有了更深刻的认识,同样意识到"五史"学习和"人类命运共同体"构想的伟大意义。作为新时代的浙大海洋学子,如何让青春在全面建设社会主义现代化国家的火热实践中绽放绚丽之花,成为同学们回程中热议的话题。

"乘'五史'学习教育常态化长效化的东风,我们得以了解'里斯本丸'事件的前世今生。我们眼前这片蔚蓝的大海,也和英国的海岸相连通。传承中英人民友好情谊、构建人类命运共同体是时代赋予我们青年的伟大使命。我们必将扎实掌握专业本领、厚植家国情怀,将自己的知识和才干投入到中华民族伟大复兴和人类命运共同体构建的伟大征程中去,奏出属于中国青年的时代强音。"本次活动的组织者化天然同学这样说道。

附录 C

鄂西土家族摆手舞现状调查与思考
——以舍米湖村为例

张菡(华中师范大学音乐学院舞蹈系)

【摘要】 土家族摆手舞的历史源远流长,是土家族最具代表性的传统舞蹈形式,其深厚的文化底蕴有着很高的文化价值与艺术价值。但随着我国社会的迅速发展,摆手舞所依托的原生土壤已逐渐消失,当代年轻人对于土家族摆手舞的历史变迁、"正统身份"缺乏了解,且大多数人不愿参与到这样的艺术形式之中。基于这个现状,对鄂西舍米湖村土家族摆手舞进行田野调查,对其演绎形式、社会功用及文化价值等方面做统一梳理,对土家族摆手舞的现代传承与发展具有一定的价值。

【关键词】 土家族;摆手舞;现状调查;传承与保护

C.1 前言

土家族摆手舞是我国少数民族舞蹈的代表舞种之一,一直以来都是国内外舞蹈学术界重点关注的舞种。尤其是 2002 年我国文化部将酉阳命名为"中国民间艺术之乡"以来,与土家族摆手舞相关的文化资料、旅游产业、文艺演出、传承人等,成为鄂西、湘西、渝东等地区当地政府竞相抢占的文化品牌资源。然而,土家族摆手舞的历史变迁、"正统身份"、商业性演出与原生文化的冲突等问题也日益凸显,成为近年来摆手舞研究领域令人焦虑的文化现象。

作为我国首批列入名录的国家级非物质文化遗产,鄂西土家族摆手舞秉承传统,在时代的大潮中一路跌宕前行,在当地具有较高社会化程度。鉴于此,本文将结合 2019 年 8 月对鄂西舍米湖村土家族摆手舞所做田野调查,对摆手舞的演绎形式、社会功用及文化内涵等方面做统一梳理,以便在当下"非遗"保护和重塑社区民众文化归属感的过程中,对摆手舞各内在要素"当代化"、可持续传承策略的研究,以及为民族地区原生摆手舞的现代传承与发展提供参考。

C.2 鄂西舍米湖村摆手舞的现状调查

C.2.1 舍米湖村摆手舞的生存现状

据湖北省来凤县百福司镇舍米湖村文化旅游局驻村干部滕召群介绍：舍米湖村是少数民族特色村寨，该村寨是民族团结进步示范村、中国传统村落保护村、全国旅游扶贫重点村，地处来凤县南端，距百福司集镇11公里，与当地合光村、冉家村相邻，距湖南省龙山县乌龙山大峡谷景区8公里，国土面积1.75平方公里，其中耕地853亩、林地1500亩。下辖6个村民小组，175户702人。舍米湖村是尚待开发的处女地，亦是中国土家族摆手舞发源地。

滕召群提到，早在20世纪50年代，中央民族学院（现中央民族大学）潘光旦教授就在舍米湖村做学术调研，发现当地居民生活习俗不同于其他地方，进而认定居住于湘鄂西一带的居民为中国单一少数民族，并上报国家民委，命名为土家族，从而使来凤县成为我国土家族自治县第一县。舍米湖村内现存清顺治年间修建的摆手堂一座，每当逢年过节及各种庆祝活动，村民们都会在古摆手堂跳起摆手舞及举行各种祭祀活动。这座摆手堂已有400多年的历史，它彰显着土家族特有的文化，承载着古老的历史。

此次田野调查中，笔者在舍米湖村文化活动中心了解到，舍米湖村在2014年由彭昌松及彭大波、彭大楚、彭大兆领头组织了一支"心连心摆手队"，后更名为"来凤县摆手舞协会"，于2015年2月6日正式成立。根据协会副会长彭大丙的文字记录，最初协会成员共35名，年龄最小的成员15岁，最大的89岁。彭大丙负责组织，彭大楚负责打鼓，协会成员们每周都会练习摆手舞。2019年具体成员情况如附表C.1所示。

附表 C.1 彭大丙整理的2019年舍米湖村摆手舞协会成员情况一览表

姓名	性别	民族	分工	动作内容	锣鼓点/动作特点
彭承金	男	土家族	锣鼓（鼓王）	锣鼓的传承者必须是"左撇子"，锣挂在摆手堂院子中央的大树上，鼓置于锣下方，鼓手左手敲锣，左右手击鼓。	四套锣鼓点： 1.单摆和抖灰尘为同一锣鼓点； 2.纺棉花和老鹰展翅为同一锣鼓点； 3.双摆、比脚、擦背为同一锣鼓点； 4.撒种有一套锣鼓点。
彭大楚	男	土家族	锣鼓		
彭大吉	男	土家族	舞者		
彭大贵	男	土家族	舞者		
彭大财	男	土家族	舞者		
彭承早	男	土家族	舞者		
彭承益	男	土家族	舞者		
田德让	男	土家族	舞者		

续表

姓名	性别	民族	分工	动作内容	锣鼓点/动作特点
田永付	男	土家族	舞者	九套摆手动作： （按照表演顺序排列） 1. 单摆； 2. 拜年； 3. 撒种； 4. 双摆； 5. 比脚； 6. 擦背； 7. 纺棉花； 8. 抖灰尘； 9. 老鹰展翅	动作特点： 1. 顺拐，一顺边； 2. 屈膝、膝关节颤膝； 3. 下沉，重心低移； 4. 三步一颤屈膝颤动
彭承荣	男	土家族	舞者		
彭大时	男	土家族	舞者		
彭承富	男	土家族	舞者		
彭大万	男	土家族	舞者		
彭承勇	男	土家族	舞者		
彭平	男	土家族	舞者		
向承花	女	土家族	舞者		
黄辰英	女	土家族	舞者		
张云莲	女	土家族	舞者		
张巧云	女	土家族	舞者		
彭金兰	女	土家族	舞者		
鲁桂芳	女	土家族	舞者		
林桂英	女	土家族	舞者		
林礼珍	女	土家族	舞者		
林德翠	女	土家族	舞者		
杨大妹	女	土家族	舞者		
夏凤菊	女	土家族	舞者		
高云妹	女	土家族	舞者		

从成员构成和传承方式来看，有以下几个特点：

（1）依据彭大丙的说法，舍米湖村摆手舞协会成员年龄差距较大，但男女比例较均衡。

（2）从附表C.1可以看出，锣鼓手较少且均为男性，这是因为其传承以"传男不传女，传左不传右"为原则。

（3）从附表C.1中成员的姓氏可以看出，舍米湖村的摆手舞已在逐步弱化严格的师承关系，以自愿参加为原则，主要以家庭和村落的形式传承。

C.2.2 舍米湖村摆手舞的演绎形式

摆手舞属于鄂西南酉水流域土家族聚居区的集体性祭祀舞蹈，是土家族民众纪念先祖，祈求后代兴旺发达、年丰人寿的一种艺术形式。传统摆手舞主要以锣、鼓为伴奏乐器,动作古朴、粗犷。中华人民共和国成立前,土家族民众普遍跳的都是传统摆手舞。当时,各个村寨都建有土王庙,也叫"摆手堂",摆手舞就在这个空间里演绎。传统摆手舞的发展和变化与土家族生存的乡土社会结构及经济文化环境有着十分紧密的联系。舍米湖村现今尚存的原生态摆手舞可以视为传统摆手舞的延续。

笔者在舍米湖村调查时,当地村民及传承人普遍谈到,舍米湖村摆手舞的活动时间分别在每年腊月初八或是农历四月举行。在举行摆手舞活动之前,要先举行祭典仪式,行过叩拜礼以后,人们方可在神像下唱歌、舞蹈。不同的舞蹈动作表现中会有不同的舞蹈节奏:在表现日常生活中的内容时,舞蹈动作舒缓,节奏也相对平稳;在表现激烈的动作时,如"老鹰展翅",则会选用高亢激烈的节奏。

摆手舞分为不同的形式。在规格上,大摆手舞规模相对宏大,人数较多。整个活动除了与祭拜相关以外,还带有浓厚的生活气息,祭祀频率为三年或五年一祭;小摆手舞参与的人数较少且规模也很小,内容多与农事活动有关,用于祈求风调雨顺、五谷丰登,祭祀频率为每年一祭。舍米湖村是小摆手舞的发源地,人们在摆手舞活动中通过运用大臂带动小臂在身体的四周做有方向性的摆动,形成了"摆手不过肩"、顺拐、屈膝及下沉等风格特点。

从摆手舞的内容来看,它包含了土家族在历史变迁中所留下的种种痕迹,反映了舍米湖村人乐观的生活态度。正如村民彭大吉所说:"我们跳这(舞),无论是过节还是表演都是一样的,锣鼓一响,几多人号子一合,红火得很。"因为村里的村民肩负着重重生存压力,刀耕火种,运用坚强的意志与大自然作斗争,苦中作乐,对于生活他们一直抱有乐观坚强的态度。此外,从摆手舞的进行方式中我们不难看出有一种团结合作的集体主义精神,而从摆手舞动作所具备的象征性来看,摆手舞在形态上则体现出了舍米湖村村民的生活日常与对自然的敬畏。换言之,摆手舞的形态特征赋予了这一舞种独特的意义。

C.2.3　舍米湖村摆手舞的文化内涵与价值

据笔者观察,在舍米湖村的建筑构造上体现出了土家族的文化特质。舍米湖村的建筑大多重风水,建筑视野十分开阔。从正门处远望,视野一片辽阔,有一种天人合一的境界;摆手堂正中有棵古老的大杉树,枝叶繁茂,苍劲有力。在进行摆手舞活动时,树下均设有锣鼓,在表演时一人鸣锣击鼓,众人则围绕大树翩翩起舞,非常壮观,是中华文化审美特质的集中呈现。舍米湖村(寨)有其独特的文化环境及地域文化,这在一定程度上会潜移默化地影响摆手舞的发展与变化,其中所固有的价值体系依然是摆手舞艺术形态赖以生存的前提。舍米湖村村民一旦通过跳摆手舞融入这个社会价值体系,就能更好地去维护他们生活场域中的行为规范与社会准则。

　　笔者还发现,摆手舞在很大程度上记录并还原了舍米湖村村民的日常生活。正如舍米湖村摆手舞协会副会长彭大丙所说,"最原始的摆手舞共有四个动作:单摆、双摆、撒种和老鹰展翅。其中,单摆仿佛在溪水里赶鱼、捕鱼,双摆犹如土家人耕地的情景,撒种是土家人播种场景的再现,老鹰展翅好比老鹰般赶走田地里偷吃粮食的小鸟"。这其中蕴含着较为丰富的社会文化。另外,据舍米湖村的村民介绍,摆手舞不仅与村(寨)的村(寨)规民约相关,同时也体现了很多语言禁忌。土家族人通常将白虎作为图腾崇拜,认为白虎可驱邪救灾。他们还忌讳说出带有病、死、杀等字眼的话,认为这是不吉利的。可以说,摆手舞承载了村寨人的劳动经验与生活经验,同时也传递了村寨人豁达的价值观。通过表演摆手舞,村寨人将集体规约牢记心中,在生活中感受、体验摆手舞的文化内涵,并将其转化为符合社会发展及自身要求的价值观念,从而对当地居民的价值观念与文化理念产生潜移默化的影响。

　　此外,根据现有文献与实地调查,笔者发现:摆手舞凝聚了土家族人民在漫长历史发展过程中的精神财富,祖先崇拜的祭祀仪式是其最为核心的社会功用。这源于土家族先民们会将外界所发生的一切变动全部归因于一种说不清、道不明的神秘力量,在外界发生较大的变化时往往会产生一定的恐慌。因此,土家族先民会出于保护自己的目的将摆手舞与祭祀融为一体,使其具有一定的治愈性。

　　伴随社会的发展,土家族摆手舞在不断发展的过程中开始由祭祀功能转向娱乐功能。当地居民通常是通过摆手舞的练习和表演去感知其中的社会意义,最重要的是,他们能够领悟到其对自身的生活以及内在发展所产生的影响,这便是摆手舞存在的价值所在。

C.2.4　舍米湖村摆手舞表演形态的变化

　　舍米湖村摆手堂所体现的宗教崇拜,在一定程度上彰显了土家族的审美文化。随着多重文化的渗透,在土家族的宗教信仰受到冲击的同时摆手舞的艺术形态也产生了更为丰富的变化。

　　目前来看,舍米湖村所在鄂西南酉水流域的摆手舞从作品形态中呈现出两种迥然不同的状态,一种是经由普通地方文艺工作者创作后的非原生态作品,另一种则是经由专业编导改编的摆手舞作品。前者通常用来展示土家族民众的生活样貌,后者则是传统与现代的结合及再创造。如大型土家婚俗舞剧《土里巴人》、获中国第五届荷花杯民族民间舞比赛十佳表演金奖的《摆手舞女儿家》,它们都是将土家族热情、好客的性情与民族的精神内涵内化于心,多层次地构建土家族人民"神""形"相融的动作语汇,这无疑是土家族文化的显现。但从总体上看，土家族摆手舞的创作仍然处于一种相对滞后的状态，成功的作品屈指可数，创新上还有较大的空间。因此，真正具有说服力的摆手舞作品应当是立足于传统文化且能够展现一定的价值取向与文化内涵的作品，而不是一味地为了展现民间文化而将动作素材进行堆砌与拼接。

土家族摆手舞虽然是一种基于自然与生命层面的表演活动，但它与祭祀相关，更多表达的是土家人的世俗生活及文化信仰。在摆手舞漫长的发展过程中，已经经历了一系列的改变。其中，摆手舞的形态变迁可看作一种重要的文化现象，我们可以看到，无论是祭祖习俗还是歌舞表演均呈现出一种区域性的民间文化特色。其可贵之处在于，不管经历怎样的变化，摆手舞的形态依然会保有土家族原有的文化内涵与审美特征。

C.3 关于鄂西土家族摆手舞活态传承与保护的思考

随着当代社会的快速变迁，鄂西摆手舞赖以生存的乡土结构和经济文化环境已然发生变化，传统的自然经济趋于瓦解，而代之以现代的商品经济和精细的社会分工，经商、外出务工则逐渐成为土家族民众重要的经济来源。经济环境和生活方式的改变，使得当地年轻人对土家族传统习俗与文化日益疏离，原生态的概念在当地年轻人心中慢慢淡化，这一境况对鄂西土家族摆手舞的传承和发展造成了很大冲击。

C.3.1 关于鄂西摆手舞的活态传承的思考

笔者认为，对鄂西摆手舞的保护与传承，应采用一种活态传承的方式进行，将对摆手舞的保护行动融入当地居民及外来居民的生活。这就要求运用贴近群众的方式来保护它们，而不仅仅是用一种静态、呆板的方式进行。就摆手舞的活态传承而言，它相对于静态传承具有无可替代的作用，原因是其能够将珍贵的民族文化遗产活生生地展现在后人面前。在现实生活中，人们对于土家族文化遗产的认知还太少，像摆手舞这样的艺术形式只能在特定的场合中才能被大家看到，这就容易导致人们采用娱乐的现代眼光来观看，却忽略掉了其丰富的文化内涵与文化价值。针对这一状况，活态传承就能够向更多的人传递土家族摆手舞中蕴含的文化价值。

此外，活态传承中的承载者无疑是广大的中小学生。笔者以为，当地政府部门可考虑与学校进行强强联合，让土家族的文化遗产走进课堂，运用选修课程或者社会实践的方式让摆手舞渗透到学生的日常生活中，从而使他们更好地了解家乡的民族文化遗产，这便使摆手舞这一文化遗产得到最好的传承。

C.3.2　关于鄂西摆手舞活态保护的设想

在鄂西土家族摆手舞活态保护的问题上,笔者认为:

首先,政府部门应当制定相应的法律法规来实施对民族文化遗产的保护,使传承有一定的法律保障。这就需要充分发挥政府的职能,设立健全的传承机制,加大扶持力度,吸引更多年轻人投入到摆手舞的学习中来。

其次,土家族摆手舞的保护必然需要以雄厚的资金为后盾,而土家族的节庆活动较多,对于政府部门来说,可以考虑运用土家族民族文化艺术与旅游资源相结合的方式,在促进本地区经济发展的同时传播本地区的民族文化。舍米湖村摆手舞作为我国第一批国家级非物质文化遗产,专业性教材的创造性整理及发展可谓是当下更好地进行传承与保护的有效途径,这个工作需要在当地政府扶持下,由专业音乐工作者与摆手舞艺人携手共同完成。

最后,对鄂西土家族摆手舞的活态保护需形成一个多样立体的机制,尤其应将精力放在对传承人的保护上。以舍米湖村为例,摆手舞的传承人大多是年龄较大的老人,由于活态传承中更多是口传心授,因此需要政府牵头建立相应鼓励机制,吸引更多的年轻人加入传承计划。除此之外,对于摆手舞的活态保护,还应注重将其从被遗忘的边缘拉回到大众视野中。想要重新获取观众,便必须在契合其自身发展规律的条件下进行创新。其前提是,一要顺应时代的发展,二要遵从艺术发展的规律。只有如此,摆手舞的活态保护才能走可持续发展的道路。

C.4　结语

综上所述,鄂西摆手舞依然潜藏着生存的危机。令人欣慰的是,"非遗"保护的平台将这一日益被大家淡忘的艺术形式重新拉回到众人的视野中,以至于近年来越来越多的人开始走进鄂西地区,从不同角度探索舍米湖村摆手舞的文化魅力。笔者认为,当务之急是相关部门应当抓住机遇并出台有效的保护政策,与更多的专业人士或喜爱中国传统艺术的人们一道将活态传承和保护付诸实践,在创新中不断找寻适合鄂西摆手舞的发展模式,使其保有持久的生命力,最终将摆手舞的传承与保护深入到当地人民群众的日常生活中去,让更多的人领略到这个珍贵的少数民族舞蹈风采。

第七章 新时代大学生社会实践注意事项

当大学生走出校园参加社会实践,他们代表的将是大学生整体形象。大学生是社会上知识分子的代表,拥有丰富的知识和深邃的思想,而大学生的文明礼仪状况是其综合素养的重要组成部分,是高校德育工作成效的体现,也是社会主义核心价值观普及程度的重要表现,一定程度上体现了国民的文明进步程度。因此,在社会实践中注重礼仪问题就显得格外重要。此外,大学生长期处于校园中,对校园之外的环境缺少认知,面对突发状况的临场经验不足,而社会实践过程中又有诸多的不确定性,在社会实践时尤其要注意安全问题。加强大学生安全教育,对于大学生社会实践的顺利开展具有重要意义。

第一节 新时代大学生社会实践礼仪问题

大学生在社会实践过程中要特别注重礼仪问题,这样既可以方便开展社会实践活动,也可以给社会实践的开展地留下良好印象。新时代大学生是国家和民族的希望,是社会的特殊群体,他们接受创新文化,感知当代文明,吸收深刻的思想。总体来说,大学生的科学知识比较丰富,道德修养较好,是一个知识水平较高的群体,对社会实践礼仪也有相应的要求。随着社会文明的进步,人们开始重视个人礼仪,大学也开始重视礼仪培育,礼仪培育已成为我国大学教育不可忽视的一个重要领域,这不仅因为礼仪培育是道德教育的重要内容,而且因为它是现实社会发展的需要。在新时代大学生社会实践中,礼仪问题也是值得重视的一个重要方面。大学生社会实践礼仪教育的水平不仅反映学生的综合素质,也反映通识德育教学的成效。当学生离开校园投身社会实践时,每一次社会实践活动都将代表新时代大学生的风采和大学校园的整体形象,大学生将文明精神带到社会实践地,并时刻注重社会实践的礼仪细节,这都会为社会实践的开展起到促进作用。良好的礼仪不仅有助于社会实践地的人们接受大学生的社会实践,促进社会实践活动的开展,而且能在社会实践地留下良好印象,以便高校与其建立长期的社会实践合作关系。

一、大学生社会实践礼仪教育的重要性

大学生社交文明礼仪主要指大学生们在社会交往中为表达尊重和友谊而制定的行为规范和准则,它的本质特征是沟通,主要内容是表达尊重,目的是调节人际关系,表现形式是程式化的行为方式。大学生社交文明礼仪教学是知行合一的优质教育,其本质是德育的体现。因此,大学生社会实践礼仪教育的重

要性主要表现在以下五个方面。

(一)强化高校思想政治教育工作

文明礼仪教学是高校思想政治教育的重要组成部分,是学生德育工作的重要内容之一。文明礼仪教学的成效能够体现社会主义精神文明建设的成效,这主要是因为学生文明礼仪的状况不仅反映学生的思想品德素质,也反映整个社会的精神风貌。重视和加强学生的文明礼仪教学,不仅有利于提高个人的思想道德价值观,也有助于提高社会的文明程度。文明礼仪是人们在日常生活中创造的习惯性行为规范,属于道德行为范畴,是建设高水平精神文明的重要内容,是教育工作的重要基础。大学生思想政治教育是高校思想政治教育工作的重点,且在大学生社会实践中占有十分重要的地位,发挥着非常重要的作用。大学生社会实践的文明礼仪规范要求做好大学生文明礼仪教学,增强大学生思想政治教育效果。

(二)促进大学生的全面发展

加强大学生社会实践礼仪教育有利于提高他们的文明意识和行为水平。目前,我国高校不断加强大学生文明礼仪教学,加强相关方面的理论与实践研究,相关领域也在有序推进,但不可否认的是,大学生文明礼仪教学仍然存在一些问题,如理论指导滞后、专业指导不完善等,因而理论指导在某一链条中是缺失的。通过加强对大学生文明礼仪教学的研究,有利于指导大学生社会实践礼仪教育的相关工作。文明礼仪教学已经成为社会主义精神文明建设的重要内容之一,在巩固和提高思想政治教育质量的过程中,我们不能放松对文明礼仪教学和学生道德教育的研究。学生文明礼仪的德育工作要不断提高,学生的思想、行为和修养都要提高。思想政治教育的基本意义与对学生进行文明礼仪规范的目的是一致的,都是为了提高学生的综合素质。而关注社会实践中的礼仪问题,有助于提高大学生整体的文明礼仪水平,提高思想道德在社会实践层面的向心力、吸引力和凝聚力,还可以加强高校思想政治教育工作,提高高校的思想政治工作的适应性和效率。

大学生虽然身处校园,但他们也生活在社会中。随着年龄的增长和环境的变化,大学生的友谊意识会不断增强,文明礼仪教学是塑造大学生自我形象的特殊手段,是大学生社会化过程不可或缺的重要组成部分。通过文明礼仪教学的不断完善,大学生可以掌握基本的道德规范,增强思想品德的修养和气质的修养,大学生可以在人际交往中表现出自身的风采和良好的文明形象,进而与他人建立和谐融洽的人际关系,也有助于改善大学生的心理健康。文明礼仪教学是当今精神文明建设的重要组成部分,如果其成为精神文明建设的薄弱环节,将直接影响大学生的综合素质,思想政治教育的成效也会大打折扣。成长成才是大学生自身价值发展和实现的条件,是高校思想政治教育的核心工作。加强对大学生的文明道德教育,不仅是为了培养优质人才,也是为了满足当前的大学生成长目标。加强对大学生的文明德育,必须关注大学生的成长成才,形成正确的学生观和人才观。

大学生素质、文明素质是时代的呼唤和社会关注的焦点。社会之所以对大学生的素质要求越来越高,是因为国家、社会、家庭对人才的渴求。科学技术的飞速进步、激烈的人才竞争和知识经济的严峻挑战也使知识越来越重要,人们对大学生提出更高的要求。招聘者在招聘时肯定会考虑大学生的文明素质。21世纪的挑战不仅是一些外在指标的较量,更是深层次的素质和智慧的较量,是民族精神的较量。教育大学生自强不息,理解社会角色,善于分析大学生校园生活的岁月,可以提高大学生的学业和个人素质,使其拥有智慧的头脑、审美的眼光和文明的行为,并成为真正的知识分子。社会的气质影响着社会的其他成员,成为整个社会精神文明发展的典范。

(三)提高大学生的社会适应性

文明礼仪是消除隔阂、增进沟通、增进感情、相互合作的有效手段,要教育大学生采用适当、恰当的沟通技巧和情感表达,以及培养积极合作的能力。人际交往的主要问题是如何和对方友好相处。在社交场合,"礼貌"的最佳方式和方法是使用适当的礼仪,礼貌微笑和向别人问好可以建立起与他人的联系。人际交往是双向的,礼仪是一种非常规的沟通方式,不同的礼仪传达出不同的信息,在一定程度上可以影响甚至改变对方的心理和行为,进而影响双方的关系。人们在某种程度上通过行为、手势和表情来表达内心的感受。一般来说,一颗真诚的心,通过礼仪和礼貌态度,通过给予对方尊重、关注、理解、鼓励等,就会比较容易使自己被人们接受。礼仪是社交内容和社交技巧的统一体。教育要促进每个人的全面发展,即身心、智力、敏感性、审美意识、个人责任、精神价值观等方面的发展,这些对大学生踏出校门之后的社会适应性具有重要作用,可以使大学生更好地适应社会、融入社会,乃至奉献社会。

当前国际形势在不断变化,国际竞争越来越激烈,人才的竞争已经成为当今国力竞争的重要方面,而人才竞争归根结底是人才数量和质量的竞争。在激烈的竞争中能否成功,基本取决于我们国家能否培养出高素质的人才。所谓高素质人才,不仅是指其技术能力高,还包括思想品德好。大学生是我国社会主义建设的接班人,他们能否成长为人才,直接关系到我国社会主义现代化建设的质量。高校要树立正确的学生培养理念,高度重视学生的全面发展,加强对学生的文明礼仪培育,使学生掌握良好的文明礼仪标准、良好的沟通技巧、端正的情绪表达，养成良好的文明礼仪，提高其在现实社会中的适应能力，进而消除在工作沟通中遇到的障碍，增进情感交流，获得合作，突出优势。文明礼仪培育是大学生成长成才过程中的客观要求，开展大学生文明礼仪教学，就是让大学生做到知行合一，熟悉文明礼仪标准和道德标准，并将其与实践联系起来，注重其在日常生活中的践行，成为当今时代品格高尚的人才。

（四）落实党和国家相关政策

开展大学生文明礼仪教育教学研究，是落实党和国家有关政策。党和国家始终高度重视高校人才培养工作，特别是千方百计提高学生的文明素质和道德素质。党和政府积极倡导践行文明道德，把文明道德等相关要求作为思想道德建设的任务之一。2009年，中共中央印发《关于贯彻公民道德的意见》，明确指出"礼仪文明"是基本的道德准则。2019年，中共中央、国务院印发《新时代公民道德建设实施纲要》，指出"礼仪礼节是道德素养的体现，也是道德实践的载体"[1]。党中央对高校大学生文明礼仪培育的认识不断加深，文明礼仪规范的地位不断提高，文明礼仪教学的重要作用日益彰显。当前，党和政府对文明礼仪作用的认识已经不再停留在空洞的号召、呼吁、倡导等层面，而是开始将文明礼仪教学作为一种提高大学生的素质和文明水平的途径和手段。党和国家关于此方面的决定和要求，为我国高校大学生文明礼仪培育指明了方向，不断推动着文明礼仪培育的发展。大学生文明礼仪培育之研究，是落实党和国家相关政策的重要表现。

（五）促进中国传统礼仪文化的传承和发展

加强对大学生文明礼仪培育的研究，可以有效促进中国传统礼仪文化的传承和发展。中华文化是中华民族发展的不竭动力，"礼"在中国，乃是一个独特的概念，为其他任何民族所无（邹昌林，1992：12）。①加强大学生文明礼仪培育是传承传统文化的迫切需要。加强大学生文明礼仪教学，就是传承我国优秀的礼仪文明，对传承中华民族传统文化具有重大而广泛的意义。《礼记·礼运》中说，"故国有礼，官有御，事有职，礼有序。"[2]这里的"序"意指行礼时要有顺序。对大学生进行文明礼仪培育，有利于培养大学生高尚的品德和文明行为，帮助大学生了解和热爱中国传统的礼仪文化，自觉地传承与发展中华优秀传统。②文明礼仪培育是进行道德建设的有效途径。适当的礼仪培育引导大学生将社会道德标准逐步内化为个人道德品质，形成内在的道德信念和自我发展规律，

---

[1] 《十九大以来重要文献选编（中）》，中央文献出版社2021年版，第236页。
[2] 《礼记正义》，见《十三经注疏》，上海古籍出版社1997年版，第1425页。

真正做到"品行端正,礼节扩展";礼仪培育是树立大学生个人良好形象的重要组成部分,学习礼仪有助于形成一个人的良好形象,并能充分展示一个人的良好教育和风度。加强大学生文明礼仪培育的研究,有利于大学生的整体发展、全面发展,有利于建设社会主义和谐校园,有利于我国社会主义和谐社会的发展。同时,也能有效促进中国传统礼仪文化的传承与发展。因此,有必要加强对高校学生文明礼仪培育的研究。

二、大学生社会实践礼仪教育的途径

大学阶段是形成正确人生观和价值观的关键时期。大学生是国家的希望,是民族的未来。大学生文明状况直接关系到未来社会的文明程度。实现文明人格教育,既是学生道德品质形成和人格培养的要求,也是社会文明发展的迫切需要。将社会实践礼仪教育应用于大学生,首先要从宏观的角度进行礼仪基本理论的系统教育。没有礼仪的基本理论,社会实践礼仪教育就没有扎实、深厚的基础,无法深入人心,无法从根本上塑造社会道德,实现精神升华。

(一)学校举办社会实践道德培育课程

加强大学生文明礼仪教育是当前提升大学生文明礼仪素养的现实要求。我国正在一步步走向世界舞台中央,随着社会发展的进步,文明礼仪形象已成为个人形象的重要内容和国家形象的重要表现形式。在此背景下,全国高校开展文明礼仪教学活动,推动文明礼仪教学实践,产生了多方面的影响。

文明礼仪是由各种社会规范和礼仪要求组成的、以规范为核心内容和表现形式的礼仪规范体系。对礼仪可以有不同的理解,广义上是指一定时期的法律法规,狭义上是指人的行为规范、规则。所以,就礼仪内容本身而言,它大多是潜移默化的,但也主要体现在具体的课程中,以标准的形式来表述。每一种礼仪都有其规范的形式,规范是礼仪最鲜明的标志,它具有最通用的指令和控制。这些是人们行动应该遵循的原则。礼仪的价值在于通过自身的规范和积极的引导来调节人与人之间的社会关系,如果没有具体的规范,只有一些空洞的理论,礼仪的存在就没有实际意义,它也失去了存在的基础。事实上,对学生进行礼仪基本理论教学的目的,就是提高他们对某些礼仪规范的认识和理解。开展学生礼仪教学,需要重视优秀传统礼仪的培育。中国人自古就有讲究伦理的优良传统,在漫长的历史中创造了许多独特的文明礼仪,深受广大人民群众的喜爱,既创造了属于自己的优秀文化底蕴,也赢得了礼仪国家的声誉。这种传统礼仪勾勒出我们民族的历史风貌,反映了我们民族的道德精神。它对我国社会的发展起到很大作用,也是学生礼仪课程的重要组成部分。

社会实践的礼仪问题是高校文明礼仪教学的重要组成部分,文明礼仪是学生思想政治教育的出发点,也是加强学生德育工作的重要内容。大学生是高素质人才的代表,他们在社会实践中所展现的文明礼仪状况,能够间接体现社会主义核心价值观的教育价值。大学生文明礼仪状况,不仅是其个人思想道德状况的体现,对于反映社会整体道德风貌也具有非常重要的意义和价值。

(二)对大学生文明礼仪培育要做到知行合一

适当礼仪的发展取决于礼仪的实践。礼仪培育重在实践,大学生不仅要深入了解和传承中国传统文化,还要克服读书与做人之间的"两张皮"问题。必须将知识与行为有机地联系起来,体验和实践礼仪的真谛,不断规范自己的行为,让"行"与"知"齐头并进。大学生的礼仪培育主要是让大学生熟悉礼仪知识的重要性,帮助他们分析社会和集体生活中的各种现象,理解礼仪的意义和标准,引导他们以多种方式践行礼仪,通过礼仪实践培养良好的礼仪和品德。学习礼仪就是实践。学习礼仪规范,长期坚持实践,以身作则,可以内化道德意识,进而促进内在道德的修养,最终真正做到"心诚、外行、内智、言内"。

大学生文明礼仪教学要做到知行合一,需要学校、学生、家庭和社会等共同努力,但高校在其中发挥着至关重要的作用。文明礼仪培育是学校素质教育的重要组成部分,直接影响着高校学生的培养质量,因此,高校应该采取多种举措,同时发挥学生的主体性,形成文明礼仪培育的良性互动。高校应将大学生礼仪培育纳入相关教学和学校文化活动,通过举办礼仪知识竞赛和礼仪体验活动,营造文明的校园礼仪氛围。要让大学生在校园人际交往中运用礼仪知识和技能来体验成就感,并通过社会交往活动来巩固所学的知识和技能。大学生则要积极参与校园文化建设,自觉参加各种校园文化活动,以参加校园文化活动为契机,培养礼仪素质和文明礼貌,提高大学生素质培养意识,重视个人文明培育教育。教师应在组织学生参加社会实践活动方面给予必要的指导,为提高大学生礼仪质量水平作出更大贡献。

此外,学校和教师有义务且要有意识地培养学生的积极道德意识,增强他们的自律能力,潜移默化地影响大学生的文明礼仪,用日常言行增强他们的道德意识。文明礼仪培育的一个重要内容是充分发挥学校文化的中心作用。由于学校的文化传承和文化创新可以为文明礼仪培育提供动力,文明礼仪培育由此也可以达到事半功倍的效果。学生对校园文化的认同往往优于任课教师的强行灌输,因此有必要在自觉行为中培养学生的礼仪习惯。为此,在教育教学、自我发展、落实各项校规、开展各项活动和营造良好校园氛围等方面,都需要充分发挥学生的主体作用。例如:开展"明礼诚信"活动,制定自我发展规划并全面贯彻落实;发动全体师生监督校园不文明现象,开展辩论赛、演讲、表演小品、礼仪讲座等活动,弘扬文明作风,让礼仪之花遍地盛开;还可以通过广播、电视、公告栏、学校网络等媒体工具,呈现文明模范人物的生活和修养轶事,促进学校文明建设。当然,要提高大学生的礼仪素养,仅仅依靠学校的力量是不够的,还需要家庭和社会的大力配合。只有学校、家庭和社会共同努力,相互支持,大学生的礼仪教育才能取得良好的效果。

文明礼仪培育已经成为培养新时代新型人才的重中之重。礼仪有其独特的理论形式,它是一个由若干范畴和原则组成的系统,具有内在的逻辑联系。礼仪用理论思维将人类社会生活的方方面面以科学的形式"封装"起来,它来自人类社会生活,又高于人类社会生活,是指导人们对人类社会生活的正确认识。如果没有礼仪的理论基础,文明礼仪培育必然会浮于表面,缺乏深厚根基,也就不可能从根本上塑造人的品德,达到精神上的升华。此外,即使学生在入学前接受过一些礼仪培训,也具有一定的礼仪知识,但他们并没有得到系统的学习和训练,所以他们对礼仪的理解还很浅显,基本上停留在感性体验的阶段,甚至在不少大学生的意识中,礼仪只是一个简单的形式要求,根本没有任何内在意义。消除这种误解的重要途径是对症下药,系统地教授有关大学生礼仪的基本理论。大学生的知识和智力水平都比较高,他们的专业知识普遍具有系统且深厚的基础,知识面广博,思维能力较强,思想活跃,可以做到知识之间的连贯互通,具有对客观事物的理解和恰当反应的综合能力,也拥有较强的注意力、记忆力、思维能力、想象力,这决定了他们的礼仪培育不能仅仅满足一般要求,还必须有理解高水平思想理论的清晰思路,尽量使他们在基础理论指导下自觉掌握具体规范,最终完成对大学生礼仪基础理论的系统教学。

(三)要兼顾文明礼仪的内容和形式

加强大学生社会实践礼仪教育,要注重兼顾文明礼仪的内容和形式。形式就像仪式的外壳,思想就像仪式的灵魂。对于学习文明礼仪,这两个方面缺一不可,若只有其中一个方面,则难以领悟礼仪的真谛。比如,我们平时看到的"鞠躬礼"就是一种比较直观易学的仪式形式,但其内涵却需要我们去探究与领会。仪式的思想内涵是外在形式表现的根源,它隐藏在其中,我们无法直接看到。因此,在进行社会实践礼仪教育时,不能只关注礼仪的外在形式,而忽视礼仪所遵循的思想内涵。孔子主张以仁义为核心,与人为善,所以孔子要求人们注重仁义道德,注重善良品行。以孔子礼仪观为内核对当代大学生社会实践礼仪进行教育,就需要注重阐释礼仪文化产生的根源。礼仪的根源是道德,正是因为以道德为内在基础,礼仪才不被视为社会所要求的外在行为规范,而是当做一种符合人性的内在约束方式,这是礼仪内容的内在要求。

同时,也要注重礼仪文化的外在要求。大学作为人类文化传播的场所,主要以传授知识为主,对学生礼仪方面的管理着重在对课堂纪律的要求和开展一些课余活动。在思想道德教育方面重点是课堂教授道德知识,但对于学生的"行"则没有一个固定的衡量体系,而学生如何"行"正是学生文明礼仪外在形式方面的要求。大学的"职权"也有限,并不能包办社会、学生家长的一切事务,这也导致学校在教育学生方面存在许多不到位的地方。课堂礼仪教学和对礼仪的外在形式要求是培养学生礼仪的必由之路。如今,很多学生深深地感受到礼仪的缺失,但又不愿意突破自我,他们对文明礼仪如何促进大学生全面发展认识不足,甚至对礼仪外在形式的要求都难以做到,很难将文明礼仪的外在形式要求变成一种潜意识的行为。这就要求对大学生外在礼仪形式进行一些训练和实践,让学生潜意识的行为通过外在形式表现出来,在整个社会营造良好的氛围。文明礼仪外在形式的要求涉及全面的质量评估。现在,对大学生素质的综合评价已经引入本科奖学金、三好学生、优秀学生干部的评选中,这些"评选"在过去只关注学生学业成绩的发展,而忽视了另外一些方面的要求,如注意手势、问好和微笑等文明礼仪的外在行为。在综合素质考核中,部分学校过分强调学生参加活动的综合素质加分,而对品德考核重视不够,导致部分学生学习不差、品德高尚,课堂评估良好,但因为考试成绩不是很理想而没有得到应得的荣誉。由此可知,在对大学生的学习、生活和工作进行评价时,应增加道德评价体系指标的权重,注重大学生内在与外在的双重评价,以加强大学生道德行为的自律。只有注重内外修炼,才是大学生社会实践礼仪教育的目标,单方面强制其中的某一方面都是有失偏颇的。

(四)大学生社会实践礼仪教育渠道多元化

加强大学生社会实践礼仪教育,应该立足于中国传统礼仪文化。在实施教育的过程中,我们必须把握原则。大学生礼仪教育必须体现时代精神,立足现代,面向未来。其实,要坚持实践礼仪教育的民族性,就是要延续中华民族重礼、重善美的优良传统,创造出与现代社会生活相适应的礼仪标准。由此可见,民族性和现代性是一致的,民族性与现代性的统一是大学生礼仪教育最基本的要求。

第一,必须充分发挥大学生的自我教育、自我发展、自我提高的作用。我们可以在校园内开展各种道德活动,营造良好的校园氛围,鼓励大学生积极参与校内外的各种道德和公共社会活动,不断促进经验交流,展现礼仪的魅力。

第二,发挥教师礼仪和榜样的作用。教师形象好,审美能力强,语言表达风趣,充满个人魅力,这样的教师自身就是很好的典型,对于大学生文明礼仪的培育也会很有说服力。开展实践礼仪教育,教师首先要以自身良好的礼仪行为在学校生活的各个方面作出表率,对学生给予润物细无声的影响和教育。

第三，大型节日、庆典等文化氛围的熏陶。比如，大学一年级新生入学典礼上，学校可以请所有老师坐在台上，校长站在台下，向台上的老师鞠躬三下。之后，全体一年级学生及学生家长对老师进行"敬拜"，共同表达对老师的尊重和爱戴。毕业典礼可举行"答谢仪式"，毕业生在敬师礼的过程中感谢老师辛勤教育学生，时刻铭记学校和老师的培育之恩，终身缅怀母校。可想而知，如此隆重而又有意义仪式，必将会在学生心中留下深刻的记忆，有助于培养学生对老师和母校的爱。

第四，借助网络平台的教育优势、丰富的礼仪内涵、网络信息的丰富性和开放性、生动逼真的场景模拟、引人入胜的故事再现，让学生感到学习不再枯燥。在网络化的环境中，学生可以接触到来自古今中外、不同时期、不同地区的礼仪知识。互联网可以触及人类思想的方方面面，触动每个人的心灵。高校可以有意识地建设和完善贴近学生和社区的校园主页，激发学生的学习兴趣。例如，制作清晰直观的礼仪德育软件，利用在线聊天、辩论、咨询等方式，在线开展思想品德教育和实践礼仪教育，让学生享受学习过程，提升人格。

三、大学生社会实践礼仪的基本遵循

中国是世界文明古国，被誉为"礼仪之邦"。就其本质特征而言，中国传统文化属于礼制文化。礼是中华传统文化的核心，是中华民族宝贵的精神文化遗产。礼仪观念虽然起源于遥远的远古时代，在历史发展过程中存在局限性，但其中蕴含着超越时代和国家的理性因素、恒久价值。中国礼仪文化中蕴含丰富的克制、仁爱、尊重、和谐等伦理思想，无疑可以改善人们的精神境界，规范人们的思想行为，调节人与人之间的关系，对维护社会和谐稳定具有积极作用。礼仪是一个国家社会文明程序、道德风尚和生活习惯的反映。对一个人来说，礼仪是思想品德水平、文化素养和交际能力的外在表现，对大学生来说更是如此，大学生社会实践礼仪的基本遵循大致体现在以下六个方面。

（一）尊重意识

尊重他人是大学生社会实践礼仪应注重的首要方面。尊重他人不仅是高尚品德的体现，更是一个人内在修养的外在体现。尊重是中国传统礼仪最主要的特点，也应当是新时代大学生社会实践礼仪的首要问题。礼貌的本质是平等基础上的相互尊重。一个人只有在尊重他人的前提下才会被他人尊重，人与人之间的和谐关系，也只有在相互尊重的过程中才会逐步建立起来。当代大学生应摆正自己在人际关系中的位置，在社会实践中要明确自己的角色，对长者多一份敬重，对同辈多一份谦和，不断培养自身谦虚随和、择善而从的君子之风。

在大学生社会实践中,尊重他人主要体现为对社会实践的相关部门、相关群众的尊重,以及团队成员之间的相互尊重。

(1)对社会实践地相关部门的尊重意识。策划社区实践活动时,应事先与当地有关部门领导取得联系,获得他们的批准和支持,之后才可开展实践活动。与当地人打交道要诚实,注意礼仪,尊重当地风俗习惯。在进行社会实践之前,最好通过网络等渠道大致了解实习基地的风土人情,避免言行不当。实践结束时要感谢对方,归还相应物品,如果条件允许,还可以赠送对方有关校园文化的纪念品。要做好合影留念的规划,留出合影留念的时间,提前准备好队旗或横幅,队员们先摆好阵型,把重要物品放在一边,然后邀请领导和其他相关人员参加并合影留念。队员们要礼貌地向照顾大家或给予大家适当帮助的领导和工作人员表示衷心的感谢,欢迎对方来学校做客,保持联系、增进友谊。在合适的时间握手并说再见。为表示诚挚的谢意,在社会实践返校后,应通过书信、电子邮件、电话、传真等方式,对在社会实践中给予帮助、支持的领导和其他人员表示感谢,并及时反馈自己的实践成果。

(2)对社会实践中相关群众的尊重意识。在社会实践中与相关群众交谈时要做到以诚相待,取得对方的好感及信任,这样才能为进一步的交谈创造和谐氛围。交谈的内容要文明,态度要诚恳,做到神情专注、注意措辞、非礼勿言,不能伤害交谈或访谈对象的感情,否则将会阻碍交谈或访谈的进一步进行。在交谈中,幽默的语言要适当适度,语言要简明扼要,语音要优美、高低适度,语气要平和。在社会实践过程中树立尊重意识会更有助于社会实践的顺利开展,比如在发放问卷的过程中,如果不够礼貌可能会遇到群众不配合,或者群众不接受问卷,或者群众在问卷上糊弄式填写,这些都会大大影响社会实践的进度和成效。

(3)社会实践团队成员之间的相互尊重意识。团队是由每个成员组成的,每个成员都有自己的性格特征和兴趣爱好,在社会实践的过程中难免会出现成员之间的纠纷,这会导致社会实践不能顺利进行。因此,社会实践团队成员必须相互尊重,认可每个成员对团队的贡献,尊重他人的意见和建议,注意倾听,有效沟通,以使社会实践取得最大成果。社会实践过程中的相互尊重也是团队精神的一部分。社会实践过程中不可缺少的就是团队意识,团队意识的基础是尊重团队里的每一个人,核心是要注重彼此之间的合作,最高层次是向心力和全体成员的凝聚力,体现个人利益和团队利益的统一,确保社会实践活动的顺利开展。团队意识并不是要求团队中的每一个人都牺牲自身的利益,相反,表达个性、表达专长,充分保证每一个团队成员的权益,保证团队成员能够共同完成任务和目标,拥有明确的合作意愿,具有明确的合作方式,产生真正的内在动力,这才是团队意识最核心的部分。社会实践过程中必须有集体观念和团队合作意识。个人必须服从集体,听从指挥,不得随意做自己的事,不得擅自离队,离队时必须办理请假手续，按时归队，尽量避免单独行动。

尊重意识在社会实践中有许多表现，具体可以表现为语言尊重、举止尊重等。

语言是人际交往的重要元素，得体的语言可以有效反映学生自身的教养和对对方的尊重程度。社会实践是大学生与社会相连接的窗口，在社会实践中与他人交谈时要注重自己语言措辞的礼貌性，最大限度做到语言文雅婉转，在称呼对方时，一定要根据对方的年龄、职业、身份、地位、辈分以及与自己关系的亲疏、感情的深浅选择恰当的称呼，既要注重庄重、正式、规范，又要做到对他们尊重之情的充分流露。要做到语言彬彬有礼，与跟随的指导老师、实践单位交流时主动使用"您""请"等礼貌用语。同学之间沟通也要做到彬彬有礼，讲友善、讲友好。大学生在社会实践中的语言沟通要做到文明、礼貌、准确。语言是人类思维和谈话的载体，作为有知识、有思想的现代青年，要特别注重自己在社会实践中的语言礼仪，做到语言上的尊重。在社会实践中使用礼貌用语有助于大学生赢得他人的好感，推动社会实践的顺利进行。总之，大学生在社会实践中谈吐要表现得大方亲切，既不能慌慌张张、不知所措，更不能漫不经心、毫不在乎，言语要恰当适度，能够实事求是、恰如其分地展示自我的良好形象，既要友好自信，又不虚伪自负。

举止礼貌主要指"形体礼貌"，是指人的肢体动作要礼貌和规范。肢体动作是一种极为丰富的体态语言，是个人风度的具体体现。在某种意义上，举手投足的体态语言比有声语言更能发挥作用，展示自我的良好道德修养。个人在举手投足间的表现对个人形象的塑造极为重要。大学生作为社会上公认的高素质人群，优雅的举止对于其良好形象的进一步塑造意义重大；在社会实践过程中，大学生的知识涵养和个人品格流露于其社会交往的举手投足之间。大学生社会实践的举止礼貌要求是：端庄、自然、大方、稳健，不可出现抓耳挠腮、头部低垂、摇头晃脑、歪歪斜斜等不雅的行为举止。要做到举止落落大方、形态自然、动作合乎规范，站姿挺拔、走姿洒脱、坐姿端庄、蹲姿优雅。除此之外，要注重微笑。微笑是举止礼貌的重要表现方面，是善良、友好、赞美的表示；微笑是举止礼貌的基础部分，可以瞬间拉近访谈者与受访者的心理距离，创造良好的访谈氛围，也有助于大学生社会实践的顺利进行。

拜访访谈礼貌可以树立良好的形象。大学生在社会实践过程中如有拜访访谈的需求，应提前与相关单位或访谈对象预约，明确访谈目的并且向受访者说明情况，针对拜访访谈对象的情况提前做好访谈准备工作。访谈礼貌最基础的就是要守时守约。拜访对象确定之后，拜访者要准时赴约，这是个人讲究信用的表现。在时间规划上最好可以提前到达，以防路途当中有事情耽搁，如果确实有特殊情况需要晚些到达，拜访者要诚恳地请对方原谅，告知对方晚些到达的时间,并委婉地询问对方是否仍有时间进行访谈,必要时与对方进行商议,将拜访改期。到达拜访地点时要主动向接待人员说明自己的有关情况,如没有人接待,也可以打电话告知对方,切勿鲁莽进入实践单位办公室或受访群众家中。见面时要主动问候,如果初次见面,还应进行自我介绍,说话时要开门见山,简单寒暄后即可言归正传,进入主题。当受访者发言时要注意倾听,不清楚的问题可以委婉地请对方重新解释,但不要打断对方的发言。拜访时间不宜过长,当对所谈问题了解清楚后,便可起身告辞,如若话题未谈完,但受访者提议结束,或用身体语言表达出结束意愿,便可起身告辞,离开时要对受访者表示谢意。

(二)公德意识

遵守社会公德是每一位公民,尤其是大学生必须具备的基本品质。它既表现了人与人之间的相互尊重和对社会的责任感,同时也是一种礼貌行为。大学生应强化公德意识,明辨是非,见义勇为,尊老爱幼,遵守公共秩序,爱护公共财物,讲究公共卫生,自尊自爱,做公民的表率。礼仪作为一种行为规范,具有约束的作用,其最初是统治阶级为了自身统治的需要而制定和推行的行为方式及规范,久而久之,便约定俗成地成为社会的行为规范。新时代大学生在社会实践中应该遵守文明礼仪,自觉接受文明礼仪的约束。在社会实践中,注重公德意识主要表现在文明礼貌、助人为乐、爱护公物、保护环境、遵纪守法这五个方面。

(1)文明礼貌。社会实践过程中会遇到给别人打电话的情况,在打电话时注重文明礼貌显得格外重要。打电话时作为主动拨打电话的人,要考虑他人在接电话时的感受,不可打无准备的电话,打电话时要有相应的状态,不要出现躺着打电话或边吃东西边打电话这样的行为,拿起话筒前要想好自己要说的话,不要在打电话时支支吾吾、表述不清晰,要做到思路清晰、要点明确。此外,打电话时要选择合适的时间,尽量不要在休息时间打扰对方,打电话时要时刻注重自己的礼貌用语,注意控制打电话的时长,学会长话短说、简明扼要。当电话交流结束时,注意礼貌询问对方是否还有话要说,这是尊重他人的表现。在进行参观活动时,要注意不要大声喧哗,可以关掉手机或将手机调成振动模式,避免在参观过程中出现进食等不当行为。参观时多听多看,在取得对方同意的情况下可以采取绘画、录音、拍照等方式进行记录。不要四处胡乱走动,更不能"半途而废"。引导员讲解时要耐心聆听,不要轻易打断,不懂的时候要虚心请教。如果遇到对引导员的回答不满意的情况,应该以委婉的方式指出,并对其表示感谢,切忌当场直接表达不满或一言不发地走开。这些都是同学们在社交实践过程中要注意的礼貌细节。

（2）助人为乐。助人为乐是指怀有道德责任感，主动给予有需要的人以帮助，并引以为乐的一种道德行为和道德情感。助人为乐是中华民族的传统美德，已经在中国传承发扬数千年。在新时代，助人为乐既是良好社会风尚的体现，也是建设和谐社会本质意义的体现。助人为乐的意识通常表现为大学生对帮助他人的内容和后果的认识、感受和态度之总和。从情感的角度来看，大学生应该知道"我为大家，大家为我"的常识，这包括两个方面：一方面，助人为乐就是帮助别人，并从中获得很多乐趣，通过帮助他人来实现自己的价值；另一方面，每个人的力量都很弱小，这就注定每一位社会实践团队成员都可能面临困难，必须寻求团队其他成员的帮助。助人为乐是一种道德表现，大学生社会实践中也要注重助人为乐，向需要帮助的人及时伸出援助之手。团队成员之间要相互帮助，增强彼此的联系。团队成员之间的助人为乐可以帮助团队成员建立良好的友谊，促进彼此人际关系的和谐稳定，使大家的生活更加和谐向上，推动大学生社会实践工作不断发展与完善。

（3）爱护公物。爱护公物是大学生社会实践过程中文明礼仪的重要体现。大学生对爱护公物的理解主要与他们如何理解公物的表现形式和意义有关。公物的表现形式有很多，如政府用地、道路、公交站牌、路标、公共绿地、名胜风景区等。这些公物是人们在公共场所进行社会活动的物质基础，也是国家进步的物质保障，大学生应该对它们的重要性有所认识，并自觉形成爱护公物的良好公德风尚。在社会实践过程中，大学生跟随引导人或负责人进行调研参观时，要自觉遵守场所规则，不要轻易触碰所参观的任何物品，在标有"禁止拍照"字样的场所，不得拍照。爱护公物意识要求大学生坚决反对破坏公共财产的行为，要有保护公共财产的意识，对社会实践过程中践踏草坪、乱涂乱画、涂改书物等不文明行为进行坚决抵制。有一颗爱护之心，按照社会公德中爱护公物的要求来严格要求自己，这也是大学生爱护公物意识不断增强的过程。大学生是未来建设社会主义的主力军，培养其公德意识不仅有利于提高学生自身的思想品德素质、实现学生的全面发展，更重要的是有利于构建和谐文明的新型校园，引领社会潮流、提升社会的文明程度。

（4）保护环境。大学生的保护环境意识主要表现在对环境的友好态度，自觉树立热爱自然、保护自然、与自然和谐相处的意识。从古至今，人类经历了从崇尚自然、开发自然、征服自然到今天尊重自然、适应自然、建设环境友好型社会的过程。大学生要树立热爱自然和保护环境的意识，在社会实践中遇到环境破坏、资源浪费等现象时，要有责任意识，友善提醒并制止，要有以保护环境为荣、以破坏环境为耻的自我责任感。从行为倾向上看，大学生环保意识要求大学生要有保护环境的倾向以及行动，自觉做到节约资源和维护环境卫生。节约资源就是积极倡导和践行"绿色消费理念"，积极组织和参与"节电""节水""低碳出行"等系列活动,从思想深处重视自然资源。保护环境则要求大学生提高卫生意识,保持个人卫生和环境整洁。大学生在日常学习和生活中要培养从自己做起、珍惜自然资源、维护环境卫生的意识。在社会实践过程中,要注重保护环境,保持大学生的良好形象。

(5)遵纪守法。遵纪守法意识是指大学生对遵纪守法的认知、情感和行为倾向的总和。从认知方面来看,首先,大学生要对遵纪守法的含义有明确的把握。遵纪守法简单地说就是遵守纪律和法律,也包含一系列的契约、规定、规则和法规等。其次,要对遵纪守法的意义有正确的认知。法律既是对违法人制裁的依据,也是对守法人保护的依据,社会成员只有做到遵纪守法,才能使各项事务在各自的轨道上有序进行,进而维持社会的稳定与和谐。保持相对稳定与和谐不可缺少的因素之一就是人人遵守社会公共秩序。当代大学生不仅生活在校园中,还生活在社会中;不仅要在校园中遵守各种规章制度,也要在社会中遵守社会公共秩序,体现新时代大学生的精神面貌,为构建社会主义和谐社会作出贡献。譬如,在乘坐公共汽车时,有秩序地上下车,为老、弱、病、残、孕主动让座,不在公共汽车上喧哗吵闹,做到文明乘车;不要破坏公共场所设施,要爱护公共财物,在各公共场所保持文明礼仪,不扰乱社会公共秩序。这些都是当代大学生在社会生活中应遵守的文明礼仪和秩序。当代大学生应严格做到遵守社会公共秩序,彰显文明礼仪素质。

(三)友善精神

友善是密切人际关系的基础。友善是公民个体在日常生活、工作和学习等活动中必须遵从的道德准则。培育大学生友善品质是践行社会主义核心价值观的重要体现,也是促进大学生全面发展的客观要求。大学阶段是人生的一个重要阶段,培育当代大学生的友善道德品质,既是对社会主义核心价值观的践行,也是对现代大学精神的具体塑造,更是当代大学生学习中华民族优秀传统文化、在实践中养成友善道德观的有效方式。大学生在社会实践中要善于理解别人,特别是注意理解与自己观点、立场和态度不同的人,理解有缺陷、有自卑感的人。日常生活中理智行事,要善于角色互换,站在别人的角度思考问题,增强同理心,培养广阔胸襟、豁达性格,磨炼心理承受力和遇到突发事件时的应变能力。培育大学生的友善品质,是推进大学生追求真善美这一高尚境界的一项重要基础工程,是不断提升当代大学生综合文明素养、构建和谐人际关系的重要举措。当代大学生一旦具备友善的道德品质,拥有友善的价值取向,将直接助推中国未来社会精神风貌的良性提升。

(四)自信自律

人们掌握了礼仪规范,就会在心目中树立起道德信念和行为准则,并以此来约束自己在社交中自觉按礼仪规范去行动,做到自信自律。对大学生个人来说,培养自信自律的过程实际上是在高度自觉的前提下使自己的整体素质得到提高的过程。自律一词,是指用心在律,应从自身出发,正人先正己,加强自我修养,提升自身素质。纪律和规则在我们平时的工作、学习和生活中不可缺少。自信是发自内心的自我肯定与相信。一个有充分信心的人才能在交往中不卑不亢、落落大方,遇到强者不自惭,遇到磨难不气馁,遇到侮辱敢于挺身反击,遇到弱者会伸出援助之手。一个严于律己的人,总是能以严格的礼仪规范要求自己,即使遇到一些特殊场合,比如碰到不讲礼貌的人,也能心平气和地以礼相待。他们每时每刻都能讲究礼仪,而不受环境的影响,这是他们自我性情陶冶的结果,也是大学生应该努力学习的方向。

在社会实践活动中,掌握自信自律原则的基本要求至关重要。为更好地认识社会、了解社会,顺利完成社会实践活动的各项任务,大学生要用铁的纪律和礼仪道德来规范自己的行为方式,自始至终都要严格要求自己,要知道该做什么、不该做什么,无论何时何地都要自信自律、谨言慎行。

(五)诚信宽容

在人际交往中诚信是一种人人必备的优良品格,讲诚信的人处处受欢迎。孔子说:"民无信不立。""与朋友交,言而有信。"这说明诚信是个人立身之本。诚信主要是指在与他人交往中讲信用、守诺言。在社交场合,一是要守时,与人约定好时间的事如会见、会谈、会议等,决不应拖延迟到;二是要守约,即与人签订的协议、约定以及口头答应的事,要说到做到,即所谓"言必信,行必果"。大学生在社会实践中尤其要注意诚信原则,只有对别人讲诚信,才能够赢得他人的信任。特别是在实施问卷调查、参观访问、深度访谈、实地考察等活动中,只有双方相互信任、相互配合,才有可能取得实效。除诚信这一重要原则外,人际交往的基本准则还有理解和宽容。与人交往就像山谷的回声,你发出的是什么声音,反馈的也是同样的声音。宽容就是能容己容人,能原谅别人的过失,每个人都要学会推己及人,设身处地地多为对方着想,严于律己、宽以待人,树立容纳他人的意识。当然,宽容他人并不是怯懦胆小,宽容也绝不是纵容,不是放弃原则,而是坚持有理、有利、有节的原则。在社会实践活动过程中,大学生应当具有宽容别人的胸襟。在进行社会实践调研时,如果出现意见或观点尖锐对立,甚至有损我们自身的个人利益,我们也应该以宽大的胸怀宽容别人,这不但能显示出良好的修养,而且能使对方真正意识到自己的不足,从而更可能出现对方因此作出让步的情况,这样会更好地化解社会实践出现的纠纷,保证社会实践的正常进行。

(六)仪容仪表

仪容即容貌,包括发饰、面容等,是个人仪表的重要因素。良好的仪容仪表展现一个人的优雅优美形象。大学生在社会实践中注重自身的仪容仪表,有助于在社会实践过程中获得良好的印象及评价,可以拉近与他人的距离,便于社会实践的顺利开展,同时给人留下大学生青春活泼的美好形象。大学生重视社会实践中的仪容仪表,是其注重细节的表现,这在将来的工作与生活中都会受益匪浅。

大学生是半成熟的社会人,在交往中要文明,首先要注意仪容仪表和举止。仪容主要与一个人的容貌有关,反映一个人的精神面貌,是接触对象最直接感受到的信息。当代大学生应该精神饱满,服饰得体,塑造自身良好形象。在仪容、仪表上,应体现个人良好的文化素养、知识水平、审美情趣和风度气质;在仪态上,应端庄稳重、落落大方。告别粗俗、保持干净整洁,是对大学生仪容仪表最基本、最简单、最普遍的要求。男同学要注重细节部位的整洁,如眼、鼻、口、胡须、指甲,要明白"细节决定一切"的道理;女同学在条件允许的情况下可以化淡妆,适当的化妆也是自尊和尊重他人的表现。大学生仪容仪表主要是面部的修饰和发型的设计,无论是在校园里还是校园外,大学生发型都要以干净自然为原则。

大学生在服饰上也要讲究原则,要讲究穿着的时间、地点、场合、着装目的,应当遵循国际通行的"TPO"原则。穿着得当不仅能体现一个人的审美情趣,给人留下好印象,还能体现文化素养。事实证明,服装只有与气质、个性、年龄、职业、环境、穿着时间相协调,才能达到美的效果。学生穿衣的基本原则是要根据自己体型和此时的场景,选择合乎情理的颜色,尽量避免穿着花里胡哨的衣服。

行为主要与人体所表现出的各种形态有关,包括各种站、坐、行姿势,面部表情等。肢体语言学大师 Bird Whistell 的研究结果表明,交流中的信息主要是通过肢体语言来表达的,学生应学习正确的站姿、坐姿、行姿和面部表情。标准的站姿要挺拔舒展,保持线条优美;坐姿则要求端庄得体,这样长时间的坐姿也不会影响美观。正确的走路姿势应该是"行如风",步幅要适中,身体要协调,走路姿势要优雅优美,与人的面部表情相对应。面部表情要尽量丰富,富有表现力,能够以最快的速度传达信息。学生在与他人交往时要了解自己的面部表情,眼神要温柔和善,保持良好的笑容。此外,要注意说话的方式,人在社会中长大,拥有社会属性,需要与人交流,而谈话是最直接的交流方式,学生在谈话的时候要注意自己的态度、内容和技巧。

第二节　新时代大学生社会实践安全问题

安全是大学生社会实践最基本的要求,也是大学生顺利开展和完成社会实践的关键。安全就是没有危险、不受威胁、不出事故,我们只有做好防范,才能最大限度地减少事故发生的可能性,减小危害破坏的程度。安全和礼仪是大学生社会实践中都需要注重的准则和规范,特别是安全,是大学生社会实践的重中之重,应该给予足够的重视。

一、新时代大学生社会实践安全注意事项

(一)交通安全

出行及户外活动的安全问题关乎千家万户,大学生社会实践过程必须考虑安全问题,这就需要关注并增强交通安全法规教育、交通安全意识教育、交通安全反应和应变能力教育。大学生在社会实践过程中要提高交通安全意识,掌握基本的交通安全常识,自觉遵守交通规则,在道路上要走人行道,无人行道时要靠右行走,有交通信号灯控制的人行道,应做到红灯停、绿灯行,没有交通信号灯控制的要注意车辆,不要追逐、猛跑;有人行过街天桥或地道的要走人行过街天桥或地道;走路时要集中精力,"眼观六路,耳听八方",不与机动车抢道,不突然横穿马路,不要在道路上强行拦车、追车、扒车或抛物击车,不要在道路上逗留玩耍、坐卧或者进行其他妨碍交通安全的行为,不要钻越、跨越人行护栏或道路隔离设施,不要进入高速公路、高架道路或者有隔离设施的机动车专用道,不进入标有"禁止行人通行""危险"等标志的地方。进一步加强学生遵守道路交通安全的专项宣传和教育,督促司驾人员遵纪守法,切实提高学生遵守道路交通安全法规和自我保护的自觉性。

(二)财产安全

大学生社会实践过程中要注意自身的财务安全,提高防范意识。在出行时要通过正规的线下或线上途径买票,绝不乘坐没有营运资格的黑车。在车多人挤的地方不要随意放置行李,尽量将行李放在座位附近,防止失窃。不要有贪小便宜的心理,不是自己的物品不要随意拾取。现有不少作案者用花言巧语或"丢包、丢钱、丢金器"等伎俩引诱别人上当或进行敲诈勒索。不要让不熟悉的

人看管物品,更不要随意跟随陌生人下车换车,以防受骗。大学生虽然接受过高等教育,但还是处于心智逐渐成熟的阶段,各种防范意识还不够,被骗的情况屡有发生。近些年的案件中,大学生是被侵害的重要群体,作为社会的弱势群体,大学生在社会实践中提高防范意识、保证自己的财物安全显得尤为重要。

（三）投宿安全

大学生在社会实践中由实践单位提供住宿是比较常见的,但不排除大学生外出社会实践需要投宿的情况,在这种情况下,大学生外出投宿要注意保护自己的安全。外出时尽可能带全自己的相关证件,如身份证、学生证等。不要在没有营业执照的路边店、黑店和卫生条件差、治安措施不好的旅店住宿,防止被敲诈。管好自己的钱财,睡觉检查门窗是否关好。如有陌生人同住一个房间,要提高警惕,不要轻信别人的话,不要食用陌生人给的食物。

（四）权益维护

大学生的社会实践过程具有一定的特殊性,这种实践不同于行政、事业单位在人事制度中的见习期,也与《劳动法》中的试用期性质不同。大学生的社会实践大都是在学校的组织下到实践单位参与实践工作的,以此实现理论和实践更好结合,并达到深化学习理解科学文化知识的目的。由于大学生在参与社会实践过程中身份依然是在校大学生,接受学校的统一管理,学校与社会实践单位是一种委托关系,那么在社会实践过程中如果学生出现工伤、安全等问题,他们的权益就很难得到全面的保障。因此,在社会实践过程中大学生要注重保护自身权益,增强自身的法律意识、自我保护意识和维权意识,掌握一定的法律基础知识,学会自我保护,不能在自己利益受损的情况下仍然选择忍气吞声。在实践过程中约定双方的权利和义务,对实践过程中可能发生的劳动争议问题,应当约定争议处理方式,避免自身利益受损,注重自身权益维护。

（五）疾病预防

大学生在社会实践中要注重疾病预防工作,以免突发疾病使自己陷入危险境地。大学生社会实践过程中常见的疾病情况有以下几种:①水土不服。一些同学到达社会实践地点后可能会对当地环境不适应、水土不服,这些情况可能要经过一段时间的适应之后才可以治愈,这些在出行之前就要考虑在内。②中暑。社会实践如果选取在暑假期间,天气炎热、长时间在阳光下暴晒可能会引起中暑,因此在夏季进行社会实践时要注意选取适当的出行时间,尽量避免在高温下出行,如若出现中暑症状,要立即到阴凉处休息,并用清凉油等涂于太阳穴、人中穴处,情况严重者应及时送医。③抽筋。长时间出行会出现抽筋的症状,这时要找到合适的地方进行休息,用手拿捏大脚趾,伸直脚部,轻轻按摩,并减少行程。④传染病。在陌生地方进行社会实践,要注意一些传染性疾病,比如病毒性肝炎等,尽量不用公共毛巾、浴巾、餐具和茶具,不喝生水。⑤风寒。气候的迅速变化加上路途的辛苦劳累,自身抵抗疾病的能力就会减弱,很容易患上风寒。在气温变化大时要关注天气变化、避免淋雨等,以防感染风寒。⑥晕车。团队中有晕车的同学,则要提前准备好晕车药,尽量坐在靠窗通风的位置。

(六)保证通信畅通

大学生社会实践中要尽量保持电话等通信设备畅通,保证团队成员可以联系到自己,也要保证自己遇到危险或其他事情时可以联系上别人。大学生社会实践不可避免地要进行基层调研等活动,这些活动(尤其是野外活动)都有发生安全事故的可能性,比如下雨天可能会遇到山间泥石流、山洪等自然灾害,也可能会遇到迷路等情况。此时,如果和团队失去联系就会使自己处于一个非常危险的境地。大学生社会实践过程中要保证通信畅通,条件允许的情况下可以带上充电器或者充电宝,保障通信设备的电量供应,尽量不要单独行动,要跟随团队,将自身处于危险境地的概率降到最低。

二、加强大学生社会实践安全教育的重要性

由于社会治安形势严峻,高校周边治安环境复杂,校园治安形势不容乐观,加强大学生安全教育,提高他们的安全意识已成为当务之急。为了避免或减少大学生社会实践过程中出现各种安全问题,需要加强大学生安全教育,提高大学生的安全意识和应对安全问题的能力。

(一)帮助大学生树立安全意识,为社会实践活动提供安全土壤

增强安全意识是大学生社会实践过程中安全的重要基础。社会管理制度不健全、安保人员素质不高、安保系统和报警系统不达标等,都会影响大学生社会实践活动的安全性。如果大学生自身安全意识薄弱,自卫意识和技能较差,大学生社会实践活动的不安全性会更加明显。因此,进行社会实践活动前必须对大学生加强安全意识的教育,结合大学生在学习和生活中经常遇到的安全问题,让大学生真正了解社会治安形势,传授他们安全知识,开展自卫法制教育培训。让大学生自觉学习,掌握安全技能,做好自身的安全防范措施。这样,大学生在社会实践活动中的不安全性就会降低,这对提高大学生的身心发展和培养高素质的合格人才也具有重要意义。

创造良好社会环境是社会实践活动的基本要求。安全问题始终是学校、家长和学生关心的问题,安全、安静、祥和的社会环境是大学生社会实践活动开展的重要条件。高校虽然在不断扩大生源,但学生仍然是精英群体,肩负着推动社会发展和科技进步的重要使命,是全社会的希望。同时,学生也是家长的希望,保护孩子的生命安全和健康成长是家长的神圣职责。每一位家长都希望将孩子培养成为具有综合智慧和素质的人才,以适应社会发展的需要,也希望孩子能拥有一个美好的未来。但是,近年来针对学生的犯罪,如人身、财产犯罪等现象逐年增多,在一定程度上威胁着学生的正常生活和学习,也使人们不得不进行深刻的反思。现实生活中,这些与社会进步很不相称,且不利于学生健康成长的现象,引起社会各界和家长的极大关注,因此全社会需要配合教育部门共同努力,创造有利于大学生社会实践的良好社会环境。

总之,增强大学生安全意识是社会实践活动的一项重要工作,是解决大学生安全问题的前提。现在有些大学生对此并没有足够重视,在进行社会实践活动前开展安全教育,提高大学生对社会实践活动中安全问题的认知刻不容缓,全社会也应该共同努力创造有利于大学生社会实践活动的安全土壤。

(二)有助于完善高校德育工作,全面推行素质教育

社会实践中有关德育的看法和基本认识,是行动前的先决条件。没有科学的德育观,就不可能成功地创新德育,只有更新德育观念,才会出现预期的变化。高校德育工作要取得突出成绩,就要更新德育理念,关爱并重视每一个学生,真正做到"以人为本",坚持教育与管理相结合。就教育的出发点而言,道德不是囚禁、限制和约束人,而是立足于学生的发展,为他们的发展创造条件。应该看到,新形势下随着改革开放的深入,各种社会现象不断对学生思想产生影响,一些颓废落后的意识给学生带来消极的影响,甚至可能产生危险的问题。因此,在教育发展的新形势下,做好高校德育工作,采取合理有效的方法显得尤为重要。当代大学生具有强烈的自主意识和平等的愿望,高校教育工作者在管理学生时要始终坚持"以人为本"的教育思想和"民主平等"的管理方式。纪律教育不一定要严格灌输,而要理性认识、情感驱动,师生要相互沟通,纪律和情感要融为一体。始终把学生安全教育作为高校德育工作的重点,努力满足学生多样化、多层次的精神文化需求,提高学生的精神、道德意识和审美情趣。通过各种形式强化学生安全意识的德育理念,使学生保持高度的安全意识。

(三)安全意识有助于大学生能力的全面提升

高等教育重视培养学生的创新能力、实践能力和创业精神,注重提高学生的人文素养。在掌握必要的文化知识方面,学生必须具备良好的专业技能和适

应工作和社会变化的能力。如何适应新环境,与学生的道德文化素质、职业素质、健康的心理素质和强大的身体素质息息相关。学生在提高素质和能力的同时需要有安全意识。此外,安全教育是素质教育的重要组成部分。高校要充分了解学生教育环境的安全状况,有针对性地开展安全教育,提高学生的安全意识。实践证明,良好的安全意识对提高学生的综合能力非常有帮助,而加强学生的综合能力对提高学生的安全意识也非常有帮助,两者相辅相成、相得益彰。因此,作为培养高素质人才的重要基础,高校必须从安全战略和安全思维的角度认识加强学生教育质量的重要性和紧迫性。

（四）安全意识对大学生人生观、世界观和价值观具有积极意义

作为新时代的大学生,只有走向代表先进思想的道德文化,才能形成正确的人生观、世界观和价值观。这些因素的错误引导会造成潜在的危险,例如国家安全、教育安全、人身安全和他人的安全。因此,向学生灌输正确的思想观念,都离不开安全意识。实践表明,良好的安全意识有助于大学生树立正确、积极的人生观、世界观和价值观。

（五）为创建和谐校园贡献力量

大学生安全教育,尤其是社会实践安全教育,是贯彻全面依法治国新理念的基本体现,而创建平安和谐校园是当今高校的共同要求和目标。高校的诸多主体都在平安校园建设中发挥着重要作用,作为主体之一的大学生,其作用也不容忽视。大学生安全意识、预防技术水平、安全法律知识量和安全责任能力直接影响校园安全秩序。安全稳定关系到安全和谐校园建设,因此,营造安全和谐校园的根本需要是加强安全教育。

（六）降低社会实践发生安全事故的可能性

大学生由于长期处于校园之中,各方面安全意识都很淡薄,对于外出进行社会实践所需注意事项和如何应对社会实践突发状况经验不足,容易使自身处于危险的境地。所以,对大学生进行社会实践安全教育,有利于学生掌握一定的社会实践安全知识,知道应对突发状况的方法,降低社会实践过程中发生安全事故的可能性。

参考文献

[1] 习近平.在全国高校思想政治工作会议上的讲话[N].光明日报,2016-12-09.

[2] 毛泽东.毛泽东选集:第3卷[M].北京:人民出版社,1991.

[3] 江泽民.在庆祝中国共产党成立八十周年大会上的讲话[N].人民日报,2001-07-02.

[4] 胡锦涛.在全国教育工作会议上的讲话[N].中国青年报,2010-07-13.

[5] 胡树祥,吴满意.大学生社会实践教育理论与方法[M].北京:人民出版社,2010.

[6] 许国成,祝莺莺,韩晶晶.大学生社会实践教程[M].杭州:浙江大学出版社,2021.

[7] 杨世传.人的全面发展与大学生社会实践活动[J].黑龙江高教研究,2004(10).

[8] 盛连喜.新时期大学生社会实践活动的认识与思考[J].科学社会主义,2007(1).

[9] 中共中央文献研究室.毛泽东年谱(1893—1949):中卷[M].北京:中央文献出版社,2002.

［10］ 毛礼锐,沈灌群.中国教育通史:第1卷［M］.济南:山东教育出版社,1989.

［11］ 刘煜.大学生社会实践导论［M］.杭州:浙江大学出版社,2017.

［12］ 李治国.国货弄潮正当时［N］.经济日报,2021-12-26(08).

［13］ 党鹏.把脉国货发展新机会:在传承与创新中探寻变革路径［N］.中国经营报,2021-11-22(16).

［14］ 郑艺阳.老国货焕发新生:是情怀还是实力?［J］.消费者报道,2021(6).

［15］ 蒋丽华.中国消费品市场国货品牌快速崛起的原因分析［J］.中国市场,2021(34).

［16］ 冯婷婷.思想政治教育视域下大学生社会实践路径研究［D］.哈尔滨:哈尔滨理工大学,2022.